管理会计实践

Managerial Accounting Practice

郭永清 著

图书在版编目（CIP）数据

管理会计实践 / 郭永清著. —北京：机械工业出版社，2018.2（2024.7 重印）

ISBN 978-7-111-59148-1

I. 管… II. 郭… III. 管理会计 IV. F234.3

中国版本图书馆 CIP 数据核字（2018）第 023516 号

本书主要内容源自上海国家会计学院内部培训讲义，在参阅大量文献资料的基础上，结合近千份问卷调查及企业实践案例写作而成，是作者在日常对企业管理会计实践中的困惑所做出的思考。

全书先从理论层面追溯会计的起源、什么是管理会计，然后从业务和实践层面，分析管理会计与业财融合问题。对于公司战略规划、重大决策、运营流程控制、绩效评价这四个重要主题，作者从理论和实务层面做了深入分析和研究。最后，本书提供了河北联通的管理会计实践案例。

本书的宗旨是，教你构建全面的管理会计图景，在企业中融会贯通地去应用和实践。本书有利于财务人员、高校教师、企业管理者拓宽视野，提高业务实战能力。

管理会计实践

出版发行：机械工业出版社（北京市西城区百万庄大街 22 号　邮政编码：100037）	
责任编辑：冯小妹	责任校对：殷　虹
字　　数：240 千字	版　　次：2024 年 7 月第 1 版第 6 次印刷
印　　刷：北京建宏印刷有限公司	印　　张：16.25
开　　本：170mm×242mm　1/16	定　　价：69.00 元
书　　号：ISBN 978-7-111-59148-1	

客服电话：（010）88361066　68326294

版权所有・侵权必究
封底无防伪标均为盗版

目 录 Contents

推荐序一 管理会计先考虑解决什么问题，再考虑用什么方法解决（李扣庆）
推荐序二 未来已来，让我们在未来相遇（梁淑屏）
推荐序三 不拘理论概念，重在应用实践（李颖）
前言

第1章 转型中的会计　　　　　　　　　1

　1.1　会计的起源　　　　　　　　　　　1
　1.2　大众认知中的会计角色　　　　　　2
　1.3　发展中的会计角色　　　　　　　　3
　1.4　过程的管理和事后的总结　　　　　4
　1.5　会计的职能　　　　　　　　　　　5
　1.6　会计学科面临的挑战　　　　　　　6
　1.7　会计师面临的挑战　　　　　　　　7
　1.8　如何应对挑战　　　　　　　　　　8
　1.9　改变带来价值　　　　　　　　　　10

第2章 什么是管理会计　　　　　　　　14

　2.1　"管理会计"术语的由来　　　　　14
　2.2　管理会计的重心在"管理"　　　　15

2.3	管理会计的衡量标准是经济绩效	16
2.4	管理会计的边界	17
2.5	如何定义经济绩效	18
2.6	管理会计的任务	22

第3章 管理会计与业财融合   30

3.1	管理会计是达成企业管理目的的手段	30
3.2	成为融入业务的财务部门和会计师	31
3.3	业财融合下会计观念的更新	36
3.4	业财融合下的管理会计应用框架	38
3.5	管理会计应用框架的各组成部分及其工具	40
3.6	管理会计对企业组织结构的影响	46
3.7	管理会计与财务部门组织结构	47
3.8	管理会计实施中的跨职能团队	51

第4章 我国管理会计中业务和财务融合问题研究   60

4.1	研究背景	60
4.2	问卷调查的基本情况	61
4.3	我国企业业财融合的现状：财务会计人员的视角	62
4.4	我国企业业财融合的现状：业务人员的视角	74
4.5	我国企业业财融合的基本结论	79

第5章 管理会计与公司战略   82

5.1	战略管理会计的兴起与发展	82
5.2	会计师为什么需要参与公司战略规划	84
5.3	管理会计在公司战略规划中的职责	85
5.4	战略与经济绩效之间的一般考虑	87

5.5	行业对经济绩效的影响	87
5.6	竞争策略对经济绩效的影响	96
5.7	战略计分卡：上策、中策和下策	114

第6章　管理会计与重大决策　　118

6.1	公司的重大决策	118
6.2	商业模式的管理会计语言描述	120
6.3	今天的钱，比明天的钱更值钱	121
6.4	投资决策的管理会计工具	123
6.5	提升使用管理会计投资决策工具的三种能力	127
6.6	参与决策是一个会计师需要不断付出努力的过程	130
6.7	筹资是为投资服务	131
6.8	筹资的资金成本问题	132
6.9	筹资的资本结构问题	139
6.10	筹资的资金期限问题	140
6.11	筹资的顺序问题	141
6.12	筹资的时机问题	142

第7章　管理会计与运营流程管理　　144

7.1	面向客户的运营流程管理	144
7.2	管理会计与流程管理	146
7.3	管理会计角度的流程设计逻辑	149
7.4	组织结构和授权制度	151
7.5	基于业务流程的全面预算管理	152
7.6	业务流程中的风险管理和内部控制	158
7.7	业务流程和成本管理	163
7.8	业务流程与价值链	170
7.9	业务流程与全面质量管理	171

7.10	业务流程与精益管理	172
7.11	业务流程与管理审计	177
7.12	业务流程终端的会计信息系统	178
7.13	管理会计与业务流程融合：以采购为例	179

第8章 管理会计与绩效评价激励　　181

8.1	会计师在绩效评价激励中的职责	181
8.2	责任中心与绩效评价	182
8.3	绩效评价的难点	183
8.4	财务业绩指标及其局限性	185
8.5	正确的赚钱逻辑：平衡计分卡	187
8.6	激励	189
8.7	管理改进	190
8.8	标杆管理	191

第9章 管理会计与信息化　　192

9.1	信息化时代与管理会计	192
9.2	不仅仅是大数据，重要的是信息和知识	194
9.3	财务数据、业务数据和信息处理系统合而为一	198
9.4	会计师在企业信息化过程中的工作	200

第10章 管理会计和会计师的未来　　203

10.1	管理会计发展的驱动力	203
10.2	管理会计的未来趋势	207
10.3	会计会消失，还是会计师的岗位会消失	210
10.4	会计师未来的知识结构和能力	212
10.5	管理会计实践的法则和会计师的软技能	214

第 11 章　河北联通的管理会计实践　　218

11.1　企业简介　　218
11.2　企业运营变革刻不容缓　　219
11.3　管理会计视角下审视的行业资源优势　　220
11.4　河北联通以价值创造为导向的运营矩阵　　221
11.5　以创造价值为目标的河北联通运营变革路径　　224
11.6　河北联通基于价值创造的管理会计实践　　228
11.7　河北联通构建管理会计体系、助力企业转型的启示　　233

参考文献　　236

推荐序一
Foreword

管理会计先考虑解决什么问题，再考虑用什么方法解决

技术变革、全球化和中国社会自身的结构性变化是塑造当今中国社会经济发展的重要因素。这三股力量的相互交织，共同把管理会计推到了发展的前台。一方面，劳动力数量和结构的变化、更加严格的环境保护、知识产权保护以及新兴发展中经济体的快速发展，迫使中国企业必须转变发展方式，劳动力、土地、技术等低要素成本的时代似乎一去不复返了，必须转而向技术的运用、向管理要效率，必须转而通过技术创新和科学管理塑造新的竞争优势。另一方面，技术的快速变革，包括信息技术在财务和会计领域的广泛运用，将大量的会计人员从繁重的账务处理工作中解放出来，使他们可以有更多的精力更好地为企业的各类决策、运营等提供支持，而获取多样性数据与信息及时性的增强、便捷程度的提高，以及成本的下降，也为财会人员通过提供经过衡量的信息去支持管理提供了极大的便利。毫无疑问，中国社会的发展进入新时代，迫切需要管理会计理论和方法的支持，而不断变化的环境也对管理会计提出了更高的要求。

在财政部的大力推动下，近年来，我国政府相关部门、企

业界和学术界围绕管理会计理论和实践进行了大量探索，取得了很多可喜的成果。上海国家会计学院与很多合作伙伴一起，也一直致力于打造管理会计学术研究和人才培养的高地。郭永清教授是学院教研部负责人，他和其他多位管理会计领域的院内同行围绕大数据与管理会计创新、阿米巴在中国企业的运用、企业管理会计人才能力框架等问题开展了许多卓有成效的研究，这本《管理会计实践》就是他探索管理会计相关问题的一项重要成果。他希望我为此书作序，我欣然为之。

与许多管理会计著作相比，这本书最大的不同之处在于，作者强调要用管理思维思考会计问题，而不是局限于惯常的会计思维；要用会计方法解决管理问题，而不是就会计论会计。作为一本系统探讨管理会计实践的著作，本书的讨论几乎涵盖了与管理会计相关的所有主要管理和会计问题，例如业财融合、管理会计工具、管理会计与公司战略、管理会计与运营流程管理、管理会计与绩效评价、管理会计与商业模式、管理会计与投资决策等。这本书的另一个显著特色就是语言的平实流畅，与绝大多数会计类著作充满了分录、报表不同，本书除了极少数的几张报表外，作者几乎是用清一色的文字，将他对管理会计实践中很多问题的看法呈现在读者面前。我很同意郭永清教授的一个观点，即在管理会计实践中，理念远比方法重要，人们首先必须要清楚认识到我们希望通过管理会计体系来解决什么问题，然后才应该考虑选择什么方法去解决问题。我相信，作者在书中阐述的他对很多问题的思考能够给关注管理会计理论和实践的人们以很好的启迪。

相较于人们运用会计信息去改进经营和管理实践，管理会计作为一门学科的历史要短得多。相较于经营管理实践的需求，管理会计的发展任重道远。上海国家会计学院将继续推进管理会计高地建设，更多着力于管理会计理论研究和高端人才培养。我也衷心期待郭永清教授和所有从事管理会计理论研究和实践探索的各位同仁，能矢志不渝，求索创新，在构建中国特色的管理会计理论体系、推动管理会计理论和实践创新方面不断取得新的成就。

李扣庆

上海国家会计学院院长

推荐序二
Foreword

未来已来，让我们在未来相遇

2017年，"四大"会计师事务所相继推出了财务机器人，一时之间有关财务工作会不会被机器人所取代的讨论甚嚣尘上。科技日新月异、商业环境纷繁复杂，默守成规往往意味着平庸、落后甚至被淘汰。当今企业的财会团队不仅需要具备传统的会计技能，同时还应该掌握其他多种技能，如指导战略决策，加强企业内部管理，建设团队和激励他们追求卓越绩效，预测企业未来风险等，这些都已成为企业财会团队的"标配"和"日常"。

郭永清所著的《管理会计实践》，在参阅大量文献资料的基础上，结合近千份问卷调查及企业实践案例，以管理会计为主线，全面阐述了在企业发展过程中财务所扮演的角色，并结合当前热点话题预测了管理会计的未来发展趋势。在阅读本书的过程中，有如下几点令我印象极其深刻。

首先，财务人员为了确保自己是最具价值、最受企业青睐的人才，应当有能力应用非凡的领导力和职业道德技能"自上至下奠定基调"，从组织机构内部推动积极文化氛围的建立，从全组织的角度出发进行业绩管理和价值创造。2018年，ACCA专业资格一系列创新举措之一正是推出与之密切相关的"战略商业领袖"科目考试。郭永清教授的《管理会计实践》，对管理会计在公司战略规划中的职责、对经济绩效的考量、如何采用战略计分卡等工具提升财务战略管理和决策支持的能力都有全方位的介绍。

其次，"业财融合"是财会领域非常受关注的词，ACCA也曾就此联合上海国家会计学院以及毕马威进行调研，我们发现财务人员实现业财融合面临多重挑战。而本书也进一步阐述了业财融合是如何推动会计观念更新并进一步影响管理会计应用框架的，并且就如何打造财务部门组织结构、实施跨职能团队给出了建议。

2017年年底，ACCA联合郭永清教授任教的上海国家会计学院研究团队和毕马威中国，对中国企业在数字化转型时代下的中国企业绩效管理进行了针对性的研究。在研究中，我们发现有接近四成的受访者认为未来企业的部分管理会计工作将高度自动化，工作主要由企业整体使用的分析性软件驱动，几乎没有人工参与。财务的未来究竟在哪里？财务职业又将何去何从？本书结合了信息化、人工智能等重要事项，展望了会计行业的未来发展，并为财务人员指点迷津。相信通过阅览此书，我们可以找到问题的答案。

本书是一本学术价值与实践意义并存的佳作，通过阅读本书，企业的财会专业人士和管理者一定会大受裨益。除此之外，本书也有助于财会专业的学生和教育工作者加深对管理会计的理论与实践的认识。ACCA也将继续致力于培养具备实际工作经验与前瞻性思维的未来商业领袖。未来已来，让我们在未来相遇。

梁淑屏（Ada Leung）

ACCA中国区事务总监

推荐序三
Foreword

不拘理论概念，重在应用实践

管理会计不拘理论概念，重在应用实践。说到管理会计的实践，我认为表现在三个方面：一是管理会计的问题源自实践，二是管理会计的思考高于实践，三是管理会计的方法指导实践。在组织运用管理会计的过程中，如果可以做到这"三个实践"，管理会计就可真正"落地"，并发挥发现问题、分析问题、解决问题的强大功能，协同各职能为组织创造价值。

随着中国经济进入转型期，摆在企业经营者面前的不仅是经营成功的问题，更是要考虑如何使基业长青，可持续地发展下去。在国家经济转型的大背景下，以及国内劳动力成本上升、原材料价格上涨的大趋势下，如何降本增效，为企业创造价值，同时严控风险，以最优化的解决方案实现最大的经营效益，并兼顾社会价值，是摆在企业经营者和管理会计师面前的重要课题，也印证了这是管理会计实践大放异彩，发挥价值的最好时代。

企业需要大量的管理会计人才帮助企业转型。优秀的管理会计人才能够为企业提供更好的经营理念、更好的信息质量、更好的管理体系，从而帮助企业实施战略，在精细化管理的同时提升经营绩效。财政部在 2016 年印发的《会计改革与发展"十三五"规划纲要》中明确指出，加强管理会计指引体系建设，推进管理会计广泛应用，提升会计工作管理效能。加快推进管理会计人才培养，力争到 2020 年培养 3 万名精于理财、善于管理和决策的管理会计人才。

深耕中国 10 年，CIMA 一直致力于推动中国管理会计实践发展和管理会计人才建设，并见证了整个会计行业和中国财务管理者的成长与蜕变。由 AICPA 与 CIMA 共同创设的 CGMA 全球特许管理会计师头衔，是全球最广泛持有的管理会计师专业资格。CGMA 头衔以广泛开展的全球研究为依托，与雇主保持高度相关性，重点培养紧缺技能人才；通过严谨的教育、严格的考试和经验要求进行人才选拔。

实践出真知，CGMA 的知识体系来源于实践。2017 年，公会倡导的"财务的未来"圆桌讨论会在全球各地如火如荼地展开。与会财务高管围绕财务发展的国际化趋势和本土化特征，共同为描绘财务的未来，以及财务人才所需配备的胜任能力发表了自己的洞见。调研结果将反映在 2018 年的 CGMA 最新管理会计能力框架和考试大纲里，确保 CGMA 培养的管理会计人才能够真正走在时代前沿，满足全球各类组织的最新实践需求。

我们在中国举办的一年一度的"CGMA 全球管理会计中国年度大奖"（简称"CGMA 年度大奖"）是向社会传达管理会计对于组织治理与价值创造重要性的重要平台，至今已成功举办 14 届。这项活动也是我们诚意为实务界和理论界搭建的双向平台，每年的"最佳管理会计实践"大奖获奖企业不仅以其自身对行业的贡献赢得了荣誉，也为国内管理会计理论工作者提供了最佳研究案例。

郭永清教授在本书中为读者悉心描绘了管理会计实践的诸多侧面，以业财融合作为切入点，不仅涵盖公司战略、决策管理、运营管理、绩效评价等方面，而且对信息化时代和管理会计的未来发展发表了独到的见解，是一本通俗易懂、能够使行业人士和专业学生快速领略管理会计之美，掌握实践要义的上乘佳作。

回溯2016年，我会与上海国家会计学院及安永会计师事务所合作发布了《业财融合2016：全球的考察和中国的进展》，郭永清教授作为主要完成人之一贡献了大量新思。或许当年愉快的合作，也为这本《管理会计实践》的成书提供了一些缘起，每每想起，更让我对这本佳作的问世充满期待。

作为全球最具影响力的专业会计师组织，2017年新成立的国际注册专业会计师公会（AICPA|CIMA）继承了美国注册会计师协会（AICPA）和英国皇家特许管理会计师公会（CIMA）的强大资源，代表着全球公共会计和管理会计领域65万名会员和学员，旨在普及注册会计师和管理会计师的公信力，促进其个人职业发展和职业成功，拓展企业商务机遇，推动全球经济发展。相信今后会与上海国家会计学院，与郭永清教授团队有更多的合作，为中国的管理会计实践发展和财务转型尽己之力！

祝各位读者从本书中了解管理会计实践，从管理会计实践中凝炼经营管理真知。

李颖

国际注册专业会计师公会（AICPA|CIMA）北亚区总裁

前 言
Preface

本书的背景

财务转型是当今企业管理的热点问题,管理会计是未来会计的发展趋势。在学术界和实务界展开热烈讨论的过程中,更多的会计人员感到的不是欣喜,而是迷茫。

转型,要怎么转?管理会计,到底是什么?应该怎么做?我也一直在思考这些问题,并把自己的这些思考记录下来,形成了本书。

管理会计体系是企业能力的一个有机组成部分。从现实的情况来看,大部分的民营企业在从机会成长向体系成长转型的过程中,管理会计体系构建得并不理想。有些企业不重视,不愿意在这方面投入精力和资源。有些企业意识到问题的重要性,但是方法不当。在这个转型阶段,很多民营企业引进了一些职业财务经理人,但他们对企业的认识往往只是"管窥",只看到某一个部分,对企业整体的管理会计体系没有全面认知。来了之后,他们从各自熟悉的领域开始"加强管理"。比如,熟悉预算的财务总监进来之后,就开始设计全面预算管理体系;熟悉成本的财务总监进来之后,就开始设计成本管理体系;熟悉资金管理的财务总监进来之后,就开始设计资金管理体系……还有一些企业采取另外一种方式,就是请管理顾问公司。顾问公司有比较整体的、综合的,也有专攻某几项的。有些咨询公司对企业的实际情况不是很了解,但可能要证明专业性,就做了很多比较复杂的、文本化的设计。而更多的咨询公司是从某一个角度去设计,从局部来看可能还不错,但是整体上未必是最优的。

我最近浏览了很多管理会计的教科书。这些教科书从管理会计的定义、发展历史开始,到成本计算、成本性态分析、本量利分析、经营预测、决策、预算管理,再到绩效评价和平衡计分卡,但是,却根本没有提到这些内容之间是什么关系,如何在企业中去综合实践。这就导致很多会计师学完之后,不能建立全面的管理会计图景,无法在企业中融会贯通地去应用和实践。

什么是管理会计的基本范式?我理解的管理会计应该是问题导向,应该是针对某一种管理的困境、针对特定的矛盾所提出的解决问题的方法。管理会计的方法不求复杂,但求实用。所以,管理会计不一定要求新、求深,更多的是要求实效。

每个企业的情形和面临的问题都不一样,具体到管理会计的实践,也会存在着差异,因此,本书不研究每个企业的管理会计应该怎么做,而更多的是研究管理会计实践哲学层面的问题及其逻辑,试图建立一个管理会计的全景图。我希望这个管理会计的全景图既有非常宽阔的横向解释力——能够适合于很多企业,同时又有纵向的解释力——能够适用于企业的高级管理层,也能适用于专业的会计师,还适用于高级业务经理。这个全景图实际上是一个抽象的方法论。

本书的主要内容是我在日常对企业管理会计实践中的困惑所做出的思考,实属一己之见,内容中的不当之处,请读者海涵并指正。

本书的读者对象

首先,当然是各类会计人员,尤其是希望自己未来的职业生涯能有所发展的会计人员——学会用会计工具来解决管理问题的会计人员。

其次，是企业里的各类管理人员。管理会计要解决的是管理问题，各类管理人员都需要了解会计可以帮助其解决哪些方面的问题。

最后，是在校的会计专业和管理专业的学生。教材里讲授了各种管理会计的工具、技术和方法，然而，在企业实践中如何运用，两者之间还是存在着距离的。本书可以帮助这些学生更快地在企业管理实践中运用管理会计。

本书的主要内容

本书一共 11 章。

第 1 章追溯了会计的起源，分析了大众认知中的会计角色和发展中的会计角色的不同，然后讨论会计"过程的管理和事后的总结"，在此基础上总结会计的职能，提出会计学科面临的挑战和会计师们面临的挑战，探讨如何应对挑战，并提出改变带来价值的观点。

第 2 章讨论什么是管理会计。首先研究了"管理会计"术语的由来，提出管理会计的重心在"管理"、管理会计的衡量标准是经济绩效等看法，进而研究管理会计的边界，从管理会计的角度分析如何定义经济绩效，最后结合管理提出了管理会计的任务。

第 3 章研究管理会计与业财融合。管理会计是达成企业管理目的的手段，因此财务部门和会计师必须融入业务，要在业财融合下对会计观念进行更新，接着讨论业财融合下的管理会计应用框架、管理会计应用框架的各组成部分及其工具，最后分析业财融合对企业整体组织结构的影响、管理会计与财务部门组织结构、管理会计实施中的跨职能团队等问题。

第 4 章是我国管理会计中业务和财务融合问题研究。管理会计在中国企业的应用必须以了解现状为基础。本章内容包括研究背景和问卷调查的基本情况、我国企业业财融合的现状：财务会计人员的视角、我国企业业财融合的现状：业务人员的视角、我国企业业财融合的基本结论。

第 5 章，管理会计与公司战略。首先介绍战略管理会计的兴起与发展，讨论会计师为什么需要参与公司战略规划，研究管理会计在公司战略规划中的职责，接着分析战略与经济绩效之间的一般考虑、行业对经济绩效的影响、竞争策略对经济绩效的影响，最后提出战略计分卡：上策、中策和下策的观点。

第 6 章，管理会计与重大决策。首先介绍了公司的重大决策、这些决策与商业模式的关系，即商业模式的管理会计语言描述，并分析了货币时间价值，提出今天的钱比明天的钱更值钱。接着讨论成熟的投资决策的管理会计工具，指出工具的应用需要会计师们提升使用管理会计投资决策工具的三种能力，参与决策是一个会计师需要不断付出努力的过程。筹资是为了投资服务，讨论了筹资中的五个重要问题：筹资的资金成本问题、筹资的资本结构问题、筹资的资金期限问题、筹资的顺序问题、筹资的时机问题。

第 7 章，管理会计与运营流程管理。管理会计必须走入业务，走入流程。本章主要研究管理会计与流程融合的问题，包括：运营流程管理、管理会计与流程管理、管理会计角度的流程设计逻辑、组织结构和授权安排、基于业务流程的全面预算管理、业务流程中的风险管理和内部控制、业务流程与成本管理、业务流程优化与价值链、流程与质量管理、流程与精益管理、流程与管理审计、流程终端的会计信息。最后以采购为例说明管理会计与业务流程的融合。

第 8 章，管理会计与绩效评价激励。首先探讨会计师在绩效评价中的职责，接着研究责任中心与绩效评价、绩效评价的难点、财务绩效指标及其局限性、正确的赚钱逻辑：平衡计分卡、激励和管理改进等问题。

第 9 章，管理会计与信息化。主要讨论信息化时代与管理会计，不仅仅是数据，重要的是信息和知识，财务数据、业务数据和信息处理系统合而为一，会计师在企业信息化过程中的工作等问题。

第 10 章，管理会计和会计师的未来。主要分析管理会计发展的驱动力、管理会计的未来趋势、会计是否会消失、会计师未来的知识结构和能力、管理会计实践的法则和会计师的软技能等问题。

第 11 章，河北联通的管理会计实践。主要是案例分析，包括：企业简介,企业运营变革刻不容缓,管理会计视角下审视的行业资源优势,河北联通以价值创造为导向的运营矩阵,河北联通基于价值创造的管理会计实践,河北联通构建管理会计体系、助力企业转型的启示等内容。

本书的主要观点

学习的最高境界在于"知行合一"。然而,当前的管理会计,更多的是专家、学者们的鼓与呼,而在实践层面,则意兴阑珊。所以,我们提出"管理会计本质不在于'知'而在于'行'"。

管理会计是一种职能、一门学科、一项要完成的任务,而管理会计师则是实践这门学科、执行这种职能并完成这种任务的职业人员。绝大多数的财务人员都掌握了管理会计的知识,但是,在实际工作中,除了大型企业外,几乎很少真正得到应用。

管理会计是一门学科的含义之一是:有些专门的管理技巧是专门隶属于管理会计学,而不隶属于任何其他学科的。作为一门特殊的学科,管理会计有其自己的基本问题、特殊方法和特别关心的领域。管理会计区别于其他学科的本质特征之一是计量。

管理会计是一种实践,其本质不在于"知",而在于"行";其验证不在于"逻辑",而在于"成果";管理会计是否成功的唯一检验标准就是在企业管理中所发挥的作用和所取得的成就。

管理会计师不能满足于学会管理会计的技术——技术主义是不够的。管理会计师必须比"技术主义者"掌握更多的东西。他不能局限于自己所学的学科和所受的训练,不能满足于自己掌握的技能、工具和技术。

管理会计理论长期落后于管理会计实践的发展。为了避免落入无端的揣测和模糊的想象之中,新的理论往往只有在事件发生以后才能形成,是在对我们已经学到的、已经实现的和已经完成的进行归纳整理之后形成的。不同于自然科学,对于企业管理而言,实践总是走在理论的前面。同理,管理会计的实践总是提前于管理会计的理论。管理会计理论是后知后觉的。

闭门造车的管理会计理论，在实践中并不会有生命力。只有来自实践的管理会计理论，才会被更多的企业所接受。

当前，管理会计听起来很美，然而在实践中很难，这是管理会计发展面临的尴尬局面。造成这一局面的原因在于，作为一门学科的管理会计，存在着严重的不足：管理会计的技术、工具和方法，往往是抽象的结果，导致管理会计师无法在现实商业环境中真正应用；管理会计学科的知识，往往是静态的，根本无法满足现实中事物动态发展的实际情况；管理会计学科局限在传统的领域，没有进行有效的拓展，比如，成本决策往往会受到竞争对手策略的影响，但现有的成本管理从来没有考虑外部竞争环境。

如果管理会计要得到发展，我们必须对管理会计进行大幅度的创新和颠覆，必须给管理会计注入"行"的生命和活力。

致谢

感谢我的单位上海国家会计学院，给予了我很好的工作环境、学术平台以及研究支持。

感谢我的老领导夏大慰教授、管一民教授和谢荣教授对我的长期指导、关怀、鼓励和支持。

感谢上海国家会计学院院长李扣庆教授、副院长刘勤教授、卢文彬博士、易宏勋先生，对我教学和研究工作的支持。

感谢上海国家会计学院教研部全体教师对我的多年支持和帮助，感谢杨艺老师承担了我的部分部门行政工作。

感谢我的父亲郭春法、母亲史月芝、岳父江明俊、岳母谢君泽、妻子江丽、儿子郭骐瑞，给予我的温暖和幸福。

感谢机械工业出版社石美华编辑。本书中途几欲放弃，是石编辑的支持和鼓励，使得最终成书。

第 1 章

转型中的会计

1.1 会计的起源

"会计"一词最早见于《史记·夏本纪》:"禹会诸侯江南,计功而崩,因葬焉命曰会稽,会稽者,会计也。"然而这里的"会稽"虽有记录核实之意,但尚未作为财务核算专用。

孔子曾做过会计。在《孟子·万章》中有一句话:"孔子尝为委吏矣,曰:'会计当而已矣。'"其意思为孔子曾经做过管理库房的小吏,他说:"算账计数必须要准确才行啊!"

我国从周代就有了专设的会计官职,掌管赋税收入、钱银支出等财务工作,进行月计、岁会。每月零星盘算为"计",一年总盘算为"会",两者合在一起即成"会计"。古代中国除了政府官厅会计外,财主家从事会计工作的人称为"账房先生",官员下面负责财产打理的人称为"钱谷师爷"。

古代中国会计方面的应用要远远早于西方,其发达程度也超过西方。直到近代,由于西方国家的经济发展速度越来越快,西方会计的发展才逐步超过中国。1494 年,意大利的卢卡·帕乔利写出了《算术、几何、比及比例概要》一书。在威尼斯出版的这本专著,第一次系统地介绍了"威尼斯簿记法",并奠定了复式簿记的理论基础。它不仅标志着借贷复式记账法的形成,也意味着人类对会计的认识出现了历史性的飞跃。后来这一记账方法被逐步推广，相继传到德、法、英、美、日和中国。直到今天，借贷复式记账法仍为世界绝大多数国家所沿用。

只要有一点会计史常识的人都懂得：卢卡·帕乔利的名字，是同复式簿记和建立在复式簿记基础上的现代财务会计紧紧联系在一起的。

1.2　大众认知中的会计角色

在20世纪之前，中国虽然有会计的应用或者从事会计工作的人，但并没有"会计"这一专门的学科或者职业称呼。以前从事会计工作的人员通常是东家的账房先生、官员的师爷或者大户人家的管家，并通过师傅带徒弟的方式进行传承，其主要的职责在于记录、计算和汇总。

19世纪中期开始，西学东渐，但直到20世纪初清朝末年，西式簿记才开始进入我国。1916年前后，仅在中国银行系统、交通银行，以及官办、商办铁路等少数单位应用了西式簿记。从此之后，才逐渐有了"会计"这一专业名词的广泛使用。

"会计"是职业性的，是一种职能、一门学科、一项要完成的任务，而会计师则是实践这门学科、执行这种职能并完成这种工作的职业人员。现实生活中，我们讲到会计的时候，既可能是指会计职能、学科和任务，比如王某某是学会计的；也可能是指会计师，比如张某某是会计。为了后续行文方便，在此我们将"会计"界定为职能、学科和任务，从事"会计职能和任务"的人则称为"会计师"。

到目前为止，大多数人对会计师的印象，还停留在"账房先生"这一固化角色上。在百度百科中，"所谓会计，就是把企业有用的各种经济业务统一成以货币为计量单位，通过记账、算账、报账等一系列程序来提供反映企业财务状况和经营成果的经济信息。"概言之，会计人员即记账员、报账员。

1.3 发展中的会计角色

大众对会计师的认知,依然停留在数百年前的账房先生和管家的时代。然而,随着经济的发展,企业组织已经从原来的手工作坊演变为日益庞大的现代企业集团。昔日的账房先生,显然已经无法跟上组织的步伐。

在论述会计角色前,讲点题外话。

我1992年高考的时候填报的第一批第一志愿是广州外国语学院的西班牙语专业,外语专业录取之前需要口语考试,虽然我的笔试成绩不错,可是口语考试没有过关——乡下的高中哪里有什么口语课,能读能写就不错了,我刚上大学的时候同学就笑话我口音浓重的英语口语犹如日语。因此,我就被第二批录取,进了东北财经大学读国际会计专门化(当时还不是专业,带国际两字表明英语要求比其他会计专业高点),从此与会计结下了一辈子的缘分。

大学里的第一门专业课是《会计学原理》,认为"会计是一种经济管理活动,会计学是一门经济管理的科学"。与表面给我们的感觉不一样,会计并非一门精确的学科,而是一门模糊的学科——在会计的确认和计量中,需要会计师做出大量的估计和判断,比如折旧的计提、坏账准备的估计等。我在硕士研究生阶段学习的《会计理论》课程认为,"会计是一门主观艺术,而最具艺术性的地方,就是会计政策的选择与会计估计的判断"。

从企业管理的角度看,什么是会计呢?我们认为,会计是一门艺术性的学科,而从管理的角度来看,会计的本质则是一门"过程的管理和事后的总结"的学科。

前国务院总理朱镕基同志曾经为上海国家会计学院题写"不做假账"的校训。作为上海国家会计学院的教师,我在讲到校训的时候,就会给会计师学员们提出问题:"不做假账的要求,对于会计师来说是高了还是低了?"很多学员的回答是：这个要求高了。那么，为什么理论上来说最低的要求，在现实中却成了高要求呢？关键在于在绝大多数的组织中，都将会计师定位为组织后台的记账员和报账员，而忽视了会计的管理职能。

1.4　过程的管理和事后的总结

现代企业中，越来越强调会计的管理职能，因此会计学中出现了"管理会计"，以区别于此前定位于记账、算账和报账的"财务会计"。

我们通常说"会计是一门通用的国际商业语言"的时候，实际上指的是财务会计。财务会计有一套大家公认的会计准则，相当于语言的语法。会计师对一个组织发生的经济活动，根据会计准则的要求进行确认、计量、记录和报告，即"事后的总结"。比如，销售部门员工李某出差后回来报销差旅费 4100 元，会计师总结如下：借记销售费用 4100 元，贷记现金 4100 元。

要做到"不做假账"，会计师进行事后总结的前提是必须对经济活动过程进行管理，以保证"过程"和"总结"的一致性，达到类似纪实文学的效果。但是，在有些组织里面，会计师却未对经济活动的过程实施有效的管理，导致"总结"成了小说，甚至是科幻小说。

我经常受到邀请前往全国各地上课。有一年夏天，受某个协会的邀请，我前往讲授三天财务类课程，事先该协会发给我 200 多位学员的名单。虽然学员全部都报到了，但我上课的第一天上午总共就 50 多人，下午就 5 个人，其余的学员都到外面看风景去了。学员回到单位报销培训费和差旅费的时候，会计师记录为：借管理费用（培训费），贷现金。从头到尾听课的学员，前面做的事情和会计师事后的总结保持一致，为纪实文学，即不做假账；听了其中一部分课程的学员，前面做的事情和后面的总结有点不一致，为小说；而一点课程都没有参加的学员，则前后谬之千里，实为科幻小说。

如何能够做到"过程和总结"的一致，就成了会计师必须解决的问题。因此，会计师必须对经济活动的过程加以管理。

有些公司的财务部门已经对经济活动的过程实施管理。笔者给某外资企业协会组织的培训班讲授课程。第一次课间休息的时候学员要求跟我合影，我感到非常开心——我还以为学员们觉得我长得帅。第二次课间休息的时候这些学员又要求跟我合影，我就问为什么要拍这么多照片。学员答曰：公司财务制度规定，培训费用报销的时候不仅要有培训通知、学习报告和发票，还必须有课间的学习照片。我对此感到哭笑不得。就这件事情的管理而言，只关注了过程的形式，但是没有关注过程的实质——很多时候，教师在上课，很多学员却在看手机，即使有照片，也不能说明是在接受培训。因此，我建议这些公司的财务部门应该把制度改一改：培训结束回到单位，在报销之前必须跟同事交流学习心得，每一天的培训至少交流一个小时的学习心得；交流时人事部门旁听，交流效果好，同意全额报销；交流效果一般，报销一半；交流无任何心得，分文不报。这样，既保证了学习过程的真实性，又保证了学习的效果，同时构建了学习型组织——假设一个人参加培训花了5000元，与单位10个同事交流了学习心得，则达到了 55 000（=5000×11）元的效果。

可见，为了保证会计信息的真实性，会计师必须将自己的工作重心前移——不仅仅是事后的总结，还必须进行过程的管理。一个组织中，不仅仅要重视财务会计，更要加强管理会计的发展。在现代组织中，会计师的角色已经从以前的管家、账房先生和师爷，进化为组织的管理者。

1.5 会计的职能

当会计师的角色进化为管理者，会计的职能也发生了变化，从原先被动的事后记录和总结，演变为主动渗透企业各类活动的过程，即在财务会计的职能上，增加管理会计的职能。管理会计，要求会计师们走进业务，走进流程，走进数据，走进信息系统，融入企业，通过改进管理为企业创造经济绩效。

"管理会计"的重心在管理。一般而言，经济活动的过程管理，包括规划、决策、控制和评价激励。因此，与经济活动的过程相适应，在大众认知中的记账、算账和报账的基础财务会计职能上，会计至少需要增加控制和评价的管理职能。当然，理想中的会计还需要增加规划、决策的管理职能。

因此，会计的全面职能包括：规划、决策、控制和评价激励，以及记录和报告。在管理会计中，需要有规划会计、决策会计、控制会计和评价激励会计。

1.6 会计学科面临的挑战

当前的会计学科，面临着重簿记轻管理的现实。在过去将近100年的时间里，会计准则的研究、发展和实践成为会计学科的重点，并取得了显著的成果。国际财务报告准则在全球得到了广泛的应用。中国的会计准则改革也取得了显著成效，从1992年拉开会计准则改革序幕开始，到2006年出台整套与国际财务报告准则趋同的企业会计准则，会计准则体系日臻成熟。以会计准则为基础的簿记，虽然成果显著，但是如果我们仔细思考，可以发现其内核依然是卢卡·帕乔利的借贷记账法。也就是说，在500多年的时间里，我们一直围绕着"有借必有贷，借贷必相等"这一基本思想在不断地添砖加瓦，没有实现任何变革性的发展。

当时间来到21世纪，与500年前相比，世界已经发生了天翻地覆的变化，原来的手工作坊已经进化为庞然大物的企业集团，原来的书信传递已经进化为光纤电子，会计必须对此做出应对才会有未来。我们相信，在未来的 50 年内，会计一定会发生革命性的变化，而这种变化，往往不是来自于已有领域的突破——革命性的变化大多数来自于外部力量。这种外部力量，可能是信息技术，可能是企业管理的需要，可能是人工智能，也可能是任何其他因素。

会计学科中与管理相关的会计（管理会计）的研究、发展和实践，显得越来越无法应对快速变化的现实世界。管理会计理论长期落后于管理会计实践的发展。如德鲁克所言："为了避免落入无端的揣测和模糊的想象之中，新的理论往往只有在事件发生以后才能形成，是在对我们已经学到的、已经实现的和已经完成的进行归纳整理之后形成的。不同于自然科学，对于企业管理而言，实践总是走在理论的前面。"同理，管理会计的实践总是提前于管理会计的理论。管理会计理论是后知后觉的。当世界已经进入信息时代，会计则依然停留在工业时代，形成了会计学科和现实世界之间的巨大落差。

1.7 会计师面临的挑战

一是工作价值的挑战。企业的目标是创造价值，因此衡量工作价值的唯一标准是绩效。那么，当前以账务处理为核心的会计师的工作是否有为企业创造价值呢？当然有，但是，这些工作的价值显然不够高。如果以会计人员在企业中的薪资和奖金来对工作的价值进行排序，当前绝大多数会计人员只能排在企业所有员工的中位数或者较之略高的水平上面，这显然与我们认为会计人员应该是企业的核心地位人员存在着差距。为什么？答案很简单，在公司高管人员的观念中，会计人员的工作就是在其办公室中不停地计算数字、编制表格，会计人员的工作成果就是最后的财务报表，因此会计人员有了"表叔、表哥、表姐"的戏称，而显然这些工作是没有为企业增加价值的——企业创造价值只能在经济活动过程中实现，而不可能在事后计算中实现。那么，在中位数的水平上，是否说明企业高层管理人员对会计工作价值有一定程度的认可呢？我个人认为不一定，其原因主要不在于对会计工作价值的认可，而在于会计工作的性质——企业高层觉得会计人员知道企业很多事情，会计工作的性质比较重要。

如果把工作分为增值、必要非增值、非必要非增值，那么目前绝大多数会计师们的工作，都应当列为必要非增值。如果会计师们想要承担增值的工作，则必须推进管理会计的应用。会计师们如何能提升自己工作的价值呢？需要在传统簿记的基础上，更多地融入企业的经济活动过程。

二是工作能力的挑战。会计师们如果要融入企业的经济活动过程，意味着会计师们需要改变其知识结构，提升其综合能力——不仅仅要掌握会计准则、税法等知识，还需要掌握一定程度的工艺、技术、工程、产品、设计、研发等知识，并且通过与公司内其他人员的沟通和合作实现融合。因此，未来的会计师应该是复合型人才。

1.8　如何应对挑战

首先是会计学科的发展问题。

未来会计学科的发展重点，不应该仅仅停留在会计的报告职能上，而应该更多强调会计的管理职能。我国财政部从2014年开始，大力倡导管理会计，是非常有远见的。

会计学科的发展，应当适应企业的发展。中国的企业处于不断的转型之中。企业转型主要包括两类，一是从低成本要素的粗放式管理转向精益管理，二是从低成本竞争优势转向差异化竞争优势。会计是企业的一个器官，是企业的一种功能，企业的转型对会计也提出了转型的要求。

会计学科的发展，对象牙塔里的会计学教授提出了挑战。会计学教授们需要更多地通过田野研究,来获得一手的教学资料。在这方面,会计学教授需要多向管理学大师德鲁克学习。理论来自于实践,但又高于实践。而当前很多会计学教授"躲进小楼成一统",做出各种各样的模型,进行各类回归分析,开展各类实证研究,但是这些研究远离现实,逐渐成为学术界的自娱自乐。

其次,是会计师的转型问题。

当前的多数会计师,可以概括为记账反映型、标准执行型、被动消极型。也就是说,多数会计师的工作是被动地把一个单位曾经发生过的经济活动按照会计准则的标准进行记录,并汇总反映到财务报表里面,但是很少会问经济活动是否应该这么做,是否有更好的方式,是否合理、高效。转型后的会计师,应该是管理参与型、智能决策型、主动积极型,也就是说,需要参与到经济活动的过程中,主动积极发挥分析、决策等职能,履行好管理的职能。

很多会计师存在的一个疑问是:我不转型可以吗?把现在的工作做好,拿点工资,过好自己的小日子就可以了。我个人的看法是:是否转型,是不以个人的意志为转移的。当技术越来越发达,标准的记账反映型工作,比如原始票据整理、凭证录入、账簿登记、简单的计算分析等,未来将大概率被财务机器人所替代。换句话说,会计师不转型,在未来只能被淘汰。以前的技术革命,是用机器替代人工,而未来的技术革命,将是直接用人工智能淘汰人。会计师们只有从事需要人才能做出的规划、决策、控制、评价等工作,才不会被机器所取代。

很多人认为上述说法是"狼来了"似的哗众取宠,20世纪90年代计算机普及的时候就曾经有人提出类似的观点,但是现今财务和会计人员并没有被计算机所替代。我要说的是:也许你还没有感觉到危机,但是有越来越多的案例表明,这次是"狼真的来了"!大公司的基础标准化会计工作将越来越多地通过共享服务中心来完成。不仅仅是英特尔、IBM等国际公司，我国的中兴通讯、华为、中国石化、中国电信等公司都已经有财务共享服务中心，并且越来越多的公司在建设或者打算建设共享服务中心。共享服务中心极大地提升了基础会计工作的效率，原来需要 10 000 名会计人员处理的基础会计工作也许只要 2000 名甚至更少的人来完成，而剩下的 8000 名会计人员要么转型成为智能化管理会计师，要么就是失业。大公司的财务部门架构已经或将会发生巨大的变化，从原来的职能式结构转为与公司发展相适应的战略财务（价值创造）、业务财务（管理与控制）、共享服务中心（基础标准化工作）、职能财务（资金、税收等）。在实践中，我接触的很多国内大型公司的首席财务官现在面临的最大烦恼是共享服务中心建设后多出来的会计人员怎么安排的问题。

有人会说，我只是在小企业从事财务工作，不会面临类似大公司的改革。小企业的财务会计人员在未来面临的挑战是社会化的共享服务中心——代理记账公司。

借用最时髦的词语"供给侧改革"，我国的会计人员也需要进行供给侧改革——我国有 2000 多万会计人员，可见并不缺乏会计人员，但是能融入企业管理的会计师则并不多见。

1.9　改变带来价值

会计师们在年度结束的时候，多要回顾并进行年度工作总结。我上课的时候，经常会问学员：你们去年的工作总结写了吧？今年的工作总结又准备写点什么？很多学员跟我开玩笑，自己在电脑里把去年的工作总结找出来，改改日期和数字，今年可以继续使用。如果确实如此，那么可以说我们在过去的一年里没什么进步，财务部门的工作也没有什么成绩和亮点。

对于一个有追求、有抱负、有职业发展规划的会计师而言，显然不会满足于低附加值的记账、算账、报账工作，而会追求更高的职业发展。同样，对于一个有追求、有理想的财务部门，也不会仅仅满足于后勤支持服务部门的定位，其会谋求转型和发展，成为记账型支持服务部门、控制型管理部门、价值型推进部门三者合一的财务部门，在公司的未来规划、重大决策、执行控制、绩效评价等智能化的工作方面发挥应有的作用。

有一些人提出，在大多数企业，财务部门本身就是弱势部门，中国企业财务总监（总会计师）的生存环境不理想，欧美企业中的首席财务官往往是企业公认的二把手或三把手，但中国企业中的财务总监（总会计师）即使能进入企业领导层，往往也是排名在最后的领导。因此，要从记账型财务转为价值创造型财务很难。再者，虽然很多从事财务工作的朋友提出财务部门不应该仅仅是后勤支持服务部门，还应该是价值创造部门，但是在绝大多数非财务管理人员根深蒂固的观念中，财务部门就应该只是一家公司的后勤支持服务部门，因此财务转型很难得到公司其他高层的支持，这一工作可谓难上加难。

我个人的看法是：正因为难，所以才有价值；我们一时无法改变外部的环境和他人的观念，我们现时可以改变的是我们自己；财务转型不仅仅是企业管理高层是不是重视的问题，而是我们自己是不是具备转型的意识和能力的问题；财务部门树立起权威成为强势部门，关键是要在工作中让大家看到我们对公司的发展大有助益。一家公司的财务部门仅仅是后勤支持服务部门，还是既是后勤支持服务部门又是价值创造部门，说到底，不是财务部门自说自话可以定的，也不是领导讲话可以定的，而是需要财务部门通过工作所带来的实实在在的业绩来确定。

虽然我们一再说要成为价值创造型财务部门，但是财务部门真正要创造价值是很难的。财务部门的价值什么时候体现？有朋友把财务部门的价值创造体现归为税务筹划、外汇风险管理、资金管理与降低资金成本、充分利用各种政策优惠等，我也表示赞同，这是财务部门职能业务价值的体现。这些方面体现的是财务部门本职工作中较有价值的部分，但依然没有跳出财务来看待财务工作的价值，也依然很难让公司管理高层和其他部门认同财务部门是公司的价值创造部门。我认为，我们在做好创造价值的财务本职工作的同时，要跳出财务来看财务——财务是公司的一种能力，如同公司的研发能力、营销能力等，在为公司创造价值。

那么，什么时候财务会体现为公司的一种能力呢？我把这种能力归结为六个字：改变带来价值。当财务部门的工作给一家公司的管理和业务带来好的改变的时候，才能让大家切实感受到财务部门的工作价值和业绩。这个时候，不用我们说，企业领导层的观念也会自然而然随之改变，财务部门在一家公司中也会自然成为专业、权威的强势部门。这种改变，要从我们财务部门自身开始，从提升我们自己的实力开始。

每个公司财务部门面临的企业的情况不一样，要做出的改变自然也不一样。改变的原则是先易后难，循序渐进。我就以一个朋友的事情为例来说明"改变带来价值"。

我的朋友研究生毕业后进入了总部在北京的一家央企的财务部门，工作表现优秀，过了几年公司要提拔他，但是总部没有合适位置，因此就把他外派到了下属的一家在外省的二级集团公司担任总会计师。这家二级公司的高管除了他来自北京外，其他高管都是出自本省当地。这种情况下，他刚到任的时候，日子好不好过可想而知。但是，我这个朋友还是有两下子的。刚去的前几个月摆正态度、低调了解公司的情况，然后找了一个合适的时机跟董事长、总经理汇报工作，提出公司存在"三高"问题。哪"三高"呢？高银行存款、高银行贷款、高利息费用。为什么会出现这种情况呢？因为作为建筑施工行业的集团公司，下属有很多子公司、分公司、项目公司，这些公司有的钱多没地儿花，银行存款多，有的资金紧张，银行贷款多，贷款利率比存款利率高导致利息费用高。怎么解决？与一家银行签订战略合作协议，通过资金池进行资金集中管理。董事长、总经理一想这是财务分内之事，也不影响自己的权威，就支持他做，当年就做成了——这是先易后难。

到了第二年，董事长和总经理一看集团公司利息费用确实下来了，对下属单位的管理和控制也真的加强了不少，这总会计师看来还有点水平。接下来，总会计师与董事长、总经理沟通汇报工作的时候，认为所有的采购权限在子公司、分公司、项目公司，不仅风险太大，而且很难保证经营效果，因此要建立集团集中采购中心，实施分级采购制度。在集团公司高层的支持下，用一年左右的时间把设想变为现实，整个公司的采购流程都发生了重大变化，并且集中采购后的采购成本下降也非常明显。财务部门逐步用事实和业绩来证明，财务部门不仅仅是服务支持部门，还是价值创造部门，是一种公司的能力。

到了第三、第四年，刚好赶上国务院国资委、财政部等部门都要求加强企业内部控制，在前期采购控制的基础上，在整个公司开展全面内控，梳理制度，优化流程，改变公司高层、业务部门的思维方式和行为习惯。内控建设中的一个主导思想是：内控不仅要合规，还要提升效率，改进效果。很多人认为内控和效率是天生的矛盾，其实这是错误的，两者在这家公司得到了很好的平衡。

到了第五年，财务部门在他的主导下，在整个公司范围内开展全面预算管理。为什么很多公司的预算管理效果不理想？预算管理是要以扎实的内控和流程管理为基础的，没有这个为基础，预算管理就是空中楼阁。很多没有夯实基础的公司一上来就做预算管理，发现预算管理实际中不理想，然后就得出了"预算管理无用论"。因此，财务部门推动一个企业的改变应该"循序渐进"。

总而言之，财务转型是正在进行时，如何让我们自身的工作更有意义、更有价值，是有远见的会计师和财务部门要长期思考并努力实践的重大问题。

第 2 章

什么是管理会计

　　未来，会计的发展重点在于管理会计。那么，"什么是管理会计"就是一个需要认真探讨的问题。要回答这一问题，必须首先讨论什么是企业管理，离开企业管理来探讨管理会计是一个极端错误的看法。而现有的管理会计教材，往往犯了这一错误，离开企业管理来开展管理会计教学，把管理会计看成独立存在于企业管理之外的工具、技术和方法，最终给大家形成了管理会计就是解答小学算术应用题的一门学科的错误印象。

2.1 "管理会计"术语的由来

　　在会计发展的历史上，第一次提出管理会计术语是在 1922 年，当时叫"管理的会计"，是在美国会计学者奎因坦斯的著作《管理的会计：财务管理入门》中出现的。麦金西在 1924 年出版了名为《管理的会计》的著作。此外，布利斯也发表过一本叫《通过会计进行经营管理》的专著。这些书被西方誉为早期管理会计学的代表作，书中的内容主要介绍会计如何进行标准成本计算和实施预算控制的一些经验，也就是会计师们如何运用标准成本和预算控制参与企业管理。

　　1952 年在伦敦举行的会计师国际代表大会上正式提出了"管理会计"这个专有名词。此后，现代管理会计的理论与实践得到不断发展，逐渐受到重视。20世纪70年代，管理会计还主要是在美国、英国等西方发达国家得到重视。到80年代，"管理会计热"开始影响全球，并对日本、韩国等新兴经济体的发展起到了促进和推动作用。从1972年起，美、英等国成立了专门的管理会计机构组织专门的管理会计师（CMA）资格考试。1980年4月在巴黎举行的一次欧洲会计专家会议上，与会者发出呼吁："为了在当今复杂多变的世界上能够使企业生存下去并繁荣起来，一个战略性的问题就是应用和推广管理会计。"

从20世纪80年代开始，为了解决"管理会计相关性消失"的问题，会计学术界提出了"战略管理会计"并取得了一定的研究成果，包括"平衡计分卡""战略成本管理"等理论研究和实践应用。

2.2 管理会计的重心在"管理"

就"管理会计"这一术语而言，由"管理"和"会计"两个词组成。我认为，其重心在"管理"——用会计的信息、技术、工具和方法进行管理。

由于重心在"管理"，因此我们需要对"管理"一词有所了解。在德鲁克的《管理的实践》一书中，提出"管理企业必须是一项创造性的而不是一项适应性的任务。管理层创造经济条件或改变经济条件，而不是被动地适应经济条件，才能把企业管理得成功。"也就是说，管理是要采取行动以实现预定的效果。

德鲁克进一步指出："当然，迅速、机敏而理性地适应经济情况的变化，这总是很重要的。但是管理却超越了被动反应和适应的范围。管理就是指负有责任来设法塑造经济环境，制订计划，着手提出并实行改变经济环境的计划，经常把经济条件对企业行动自由的限制推回去。因此，什么是可能做到的——经济学家所谓的'经济条件'——这只是管理一个企业的一端。为了企业的利益还应当做些什么,这是管理工作的另一端。既然人永远不能真正'主宰'他的环境,既然人总是被牢牢地夹在各种可能性之中,那么,管理的具体职责就是把想要达到的目的先变成可能的东西,然后变成实际存在的东西。管理不单单是经济的产物,而且应当是经济的创造者。只有成为经济环境的主宰,并且以有意识和有目的的行动来改变环境,这才是真正的管理。因此,管理企业就意味着根据目标来进行管理。"

据上所述,就企业的管理会计工作而言,会计师不应被动地适应企业的需要,而是应该积极主动地采取行动来推动企业绩效和目标的实现。具体来说包括两个方面:一是会计师为企业的管理服务,给各级管理部门提供管理所需的会计信息;二是会计师直接参与到企业的管理过程中,对企业的经济活动做出引导和干预。

管理会计的本质,是企业管理的一个组成部分,是一种功能,是一种器官。离开了管理,管理会计也就不是管理会计了。

2.3 管理会计的衡量标准是经济绩效

企业管理的首要职能是经济绩效。在制定任何决策、采取任何行动时,管理人员都必须把经济绩效放在首位。虽然企业的存在除了实现经济绩效以外,还有各种其他目标,比如提供工作机会以保持社区的稳定、慈善活动等,但是经济绩效是其他目标的前提。因此,最终检验管理的是企业的绩效,唯一能证明这一点的是成就而不是知识。换言之,管理不仅仅是一门学科或一种专业,更是一种实践。虽然管理的最高境界是"知行合一",但是从某种程度来说,在实践中"行"比"知"还重要——管理的本质在于"行",而不在于"知"——众多出身"卑微"的著名企业家的例子很好地说明了这一点。这些企业并没有多少管理的理论知识,但是在实践中却取得了很好的成果。

作为管理的一个组成部分，管理会计自然也应当符合上述管理的要求。因此，在一个企业里面，不是看管理会计的知识和体系自身多么完美或者会计师们的证书有多少含金量，而是要看管理会计给企业产生了多少绩效——最终的绩效是衡量管理会计是否成功的唯一标准。

2.4　管理会计的边界

作为企业管理的一个组成部分，管理会计是否存在着边界？

关于管理会计的边界，实务界和学术界都进行了很多探讨，比如什么是管理会计，什么是财务管理，什么是成本会计，什么是财务会计。我个人的看法是：管理会计的边界与管理的边界是一致的，即任何管理问题都需要通过会计来回答是否能创造经济绩效，帮助企业创造经济绩效的会计就是管理会计，对企业的经济绩效结果按照既定规则（会计准则）进行描述的会计就是财务会计。说得再通俗一点，帮助企业赚钱的会计就是管理会计，企业赚钱后数钱的会计就是财务会计，数钱的规则就是企业会计准则。

怎么帮助企业创造经济绩效？企业创造经济绩效是一个开展活动为客户带来价值的过程，因此，与过程有关的会计就是管理会计。在实践中，让企业家、首席财务官和会计师们去区分什么是财务管理，什么是成本会计，什么是财务会计，没有任何意义。企业需要的是经济成果。

企业创造经济绩效的过程，往小了说，就是企业的研发、设计、采购、生产、销售、服务的过程；往大了说，就是从企业的战略规划开始，到企业的投融资决策、运营管理，到绩效评价。战略和投融资是考虑要赚取未来的钱，运营管理是要赚现在可以赚到手的钱。因此，会计师们帮助企业创造经济绩效，就需要参与到上述过程并帮助企业改进上述过程，为业务部门提供服务和指导，实现"业财融合"，这就是管理会计的业财融合的逻辑。企业创造价值的过程包括战略、决策、执行和评价，与之对应，管理会计包括规划、决策、执行、评价四大职能。实现管理会计的职能就是会计师与企业管理相融合的过程，就是会计师走进业务、走进流程、走进数据、走进信息系统的过程。

很多人接着会提出来的一个问题是：管理会计的四大职能与企业管理一致，企业管理的事情管理会计都能做，那岂不是什么都成了管理会计的范畴了？管理会计岂不成了"帝国主义"？管理会计是一门学科的含义之一是：有些专门的管理技巧、工具和方法是专门隶属于管理会计学，而不隶属于任何其他学科的。作为一门特殊的学科，管理会计有其自己的基本问题、特殊方法和特别关心的领域。管理会计区别于其他学科的本质特征之一是计量。管理会计需要对战略、决策、创新、客户、流程、绩效进行计量。如果失去计量，就不是会计的范畴了。比如投资，战略规划部门可以根据宏观环境、行业趋势判断哪个项目是好的，但是到财务这里，就必须能够量化，比如净现值、内含报酬率等。因此，根本就不需要担心管理会计"帝国主义"的问题。

还有很多人提出管理会计和财务会计的关系问题。管理会计是参与过程帮助企业赚钱的会计，财务会计是数钱的会计，前面的过程赚了多少钱，后面数出来的结果就是多少钱，过程决定结果，过程和结果要保持一致，如不一致，那就是做假账了。要让企业有好的财务结果，就必须有好的过程。过程和结果的关系不言自明，两者之间应该是融合和统一的关系，因此管理会计和财务会计也是融合与统一的关系。只是管理会计具有灵活性和个性特征，而财务会计必须按照会计准则，因此管理会计和财务会计的数据本质上是融合和统一的，只是财务会计按照会计准则来列示而已。

2.5 如何定义经济绩效

管理会计应当帮助企业持续创造经济绩效。那么，什么是"经济绩效"

就成了企业管理会计的一个基本问题。我们认为,在管理会计中,经济绩效体现为可以明确计量的价值。

就"价值"来说,不同的著作当中有诸多不同的论述,马克思《资本论》中关于商品价值和劳动价值的论述堪称经典。但是,管理会计中的价值到底指的是什么?又应当如何进行计量?只有解决这些问题,管理会计才能实现从理论到实践的落地,才能发挥好指导实际工作的作用。

在很多财务与会计的学术论文、教材著作以及其他各种场合中,我们都自然而然地运用"价值"这个概念,天然地认为这是一个非常明确的概念。例如,在2014年10月美国注册会计师协会(AICPA)和英国皇家特许会计师协会(CIMA)发布的《全球管理会计原则》中提出了"价值量"原则:"分析对价值的影响。管理会计将组织战略与其商业模式联结起来,该原则有助于组织模拟各类不同场景,借以了解它们对价值的创造与价值的保值的影响。"但是通观全文,没有对价值进行任何的详细界定和论述。

其实,细细思考,在管理会计研究中,我们很少有对"价值"进行过定义、界定和明确。我们在很多场合泛泛地运用"价值""价值量"等概念,但是在实际工作中,这些概念过于宽泛无法界定,同时又很难用技术工具衡量,因此这些概念在管理会计实务工作中显然无法使用。我们认为,企业管理会计中的"价值",应该能满足我们通常所说的会计的确认、计量、记录和报告等需求,至少具备以下几个基本的特征:

(1)可以明确界定,有比较确切的内涵和范围,即会计所说的"确认"。虽然管理会计的确认标准可以根据企业需求确定而不一,但能够"确认"应该还是管理会计的一个基本要求。

(2)具有很强的包容性,能够通用于管理会计的各个领域,包括营运规划、管理决策、成本控制、预算管理、绩效评价等。我们不能在管理会计的不同环节、不同领域使用不同的价值概念,否则根本无法建立系统的管理会计应用体系。

（3）可以计量，这也是管理会计的"价值"最重要的一个特征，管理会计与战略管理、人力资源管理、营销管理等最主要的专业区别之一就是"计量"，否则，管理会计将与其他的管理混合在一起。比如，营销管理中常用的"顾客价值"概念，虽然对于营销管理非常有用，但是顾客价值在实际中很难计量，也很少有企业甚至几乎没有企业可以计算出顾客价值。如果管理会计中的"价值"也是模糊、难以计量的，则管理会计就失去了应有的技术含量，在实践中也很难发挥良好的作用。如果管理会计不具备计量的特征却又插手企业方方面面的管理活动，会给人造成一种企业所有的管理活动都可以纳入管理会计范围、管理会计什么都可以管，但是管理会计实际上又什么都管不了的印象。

（4）可以标准化，也就是说，在不同的发展阶段、在不同的企业，指的是同一个概念和内容。因为标准化，管理会计的"价值"概念才可以得到广泛的推广和运用。

（5）符合管理会计实践的需求，可以在规划、决策、控制、评价中得到一贯而有效的运用。

与管理会计的"价值"相关的范围包括：成本、效益、净现值等。管理会计的早期发展阶段，价值的主要体现是成本，也就是关注企业的"投入"；后期发展阶段，价值的主要体现是效益，也就是关注企业的"产出"；最后，价值的主要体现不仅关注投入和产出，更主要的是产出和投入的比较，也就是关注企业的现金流入和现金流出相比较后考虑货币时间价值和风险调整后的经过贴现净现值。

我们认为，以现金流和自由现金流的现值作为管理会计的"价值"的核心，可以满足上述特征，从而构建起一个严谨、逻辑一致的概念框架：①现金流和自由现金流可以明确界定。自由现金流即企业在维持原有营业规模的基础上，企业通过经营活动所取得的现金净流量。②现金流和自由现金流可以具有很好的包容性。比如管理会计中的重要概念"成本"，其实就是现金流的流出；"经济效益"，就是净现值。③可以计量。④可以标准化，不同企业、不同时点的现金流都可以统一到同一个标准。⑤可以在管理会计的规划、决策、运营和考核等各个环节、各个方面加以运用。

因此，在管理会计中，价值是以现金为基础进行计量，一项业务的价值是其未来现金流的贴现，一个公司的价值是其未来自由现金流的贴现。用财务的语言来说，不管是阿里云还是中航工业，所有企业创造价值的目标都应该是：在本金安全的前提下，投入现金，收回更多的现金。因此，就有了现值、终值、现金流贴现模型这些管理会计专属的工具、方法和技术。

综上所述，企业管理会计终极目标——创造经济绩效，提升企业价值——也就是提升一个企业"风险和报酬平衡下的企业自由现金流现值"。一个企业所有的业务都应该围绕着这一价值目标来开展，企业财务部门也以此为切入点来开展管理会计的实践。

例如，企业在进行战略规划时，其他业务部门考虑国家宏观经济、自身竞争优势等因素，而财务部门在战略规划中发挥作用时，则需要考虑已有的类似项目的净现值多少、风险大小等问题，而不是泛泛而谈规划的好坏。这是需要可计量的数据来支撑我们的价值判断的。我国企业的财务会计部门并不缺少记账、算账、报账的会计人员，但是缺少这种具有战略视野、能够整理竞争者动态会计信息、判断未来盈利信息和行业变化并能进行适当量化的高级人才。

再例如，在进行管理决策时，比如投资决策，管理会计就必须进行类似项目净现值、内含报酬率、风险敏感性分析等对项目的价值进行确认、计量和报告，否则就成了空谈。而这些分析，都是以现金流及净现值为基础的。

还例如，企业日常营运过程中，为什么要节省成本？成本少了，现金流入多了，现值就高了。为什么要降低存货？存货少了，存货占用的资金少了，仓储管理支出少了，存货报废少了，现金流入多了，现值就高了。

为什么投资新业务？希望新业务带来更多的现金流入……一切公司的管理问题，都可以回归到最本质的价值问题。

又例如，在日常运营中的应收账款管理问题。假设我们把一批价值800万元的商品，在2016年1月8日以1000万元的价格出售，一般人很容易得出我们赚了200万元，但是这从管理会计的角度来说是错误的——什么时候收回？以什么方式收回？如果不明确上述问题，我们就无法得出正确的判断。如果这1000万元我们按5年分期收款，每年年末收取200万元，假设企业的资金成本为5%，则第一年企业将增加40万元的资金成本，第二年增加30万元的资金成本，第三年增加20万元的资金成本，第四年增加10万元的资金成本，这笔业务的利润根本就没有200万元。我们以现金流以及净现值为基础进行考虑，就很容易得出正确的判断。因此，财务部门和业务部门就要一起从现值的角度考虑业务是否赚钱以及赚了多少钱，企业对业务部门考核的时候不能仅仅用名义收入减去名义成本，而应该以现值为基础进行管理和考核，从而实现业财融合，为企业持续创造价值。

以现金和现金流为经济绩效和价值的衡量标准，将是贯穿本书的基本原则。

2.6 管理会计的任务

我们必须通过管理会计的任务来定义管理会计。管理会计必须执行这三项任务，才能让自己的工作有所贡献。管理会计的这三项任务同等重要，具体为：经济绩效、员工管理、时间的要求。

2.6.1 第一项任务：经济绩效

企业的资源首先是资本，因此，追求资本的经济绩效，是给管理会计的首要任务。对企业而言，经济绩效是其存在的理由和目的。经济绩效并非企业的唯一任务，但却是排在首要位置的任务，因为其他所有社会责任（教育、慈善、社区活动等），都要以企业的利润和自由现金流为基础。

管理会计必须在每一个决策和行动中把经济绩效放在首位。经济绩效既是管理会计活动的前提条件，同时又是衡量管理会计活动是否有效的唯一标准。

衡量资本经济绩效的财务工具是管理会计中研究最深入的一个领域。在 20 世纪，管理会计就设计了很多指标和工具来帮助企业做出资本决策，比如净现值（NPV）、内含报酬率（IRR）、投资回收期、杜邦分析法，等等。杜邦公司的杜邦分析法是其中的经典工具之一。该方法以资产回报率为核心，分解为两个方面的指标：

资产回报率 = 净利润 / 资产 ×100%

= 净利润 / 营业收入 × 营业收入 / 资产 ×100%

= 销售净利率 × 资产周转率 ×100%

资产回报率由销售净利率和资产周转率构成，要提高资产回报率就必须提升产品和服务的销售净利率，同时提高资产周转率。对于很多企业来说，提升销售净利率受到外部市场因素的影响，可能难度比较大，但是，提高资产周转率则更多地取决于自身的努力。杜邦分析法其后不断被各大公司付诸实施。在《我在通用汽车的岁月》一书中，斯隆对该方法在实践中的应用以及带来的成果，进行了详细的回顾。

按照管理学大师德鲁克的看法：只要企业人士有目的地不断为之努力，资本生产力是可以维持甚至提高的。在资本生产力上努力，是提升资产回报率最简单通常也是最迅速的方法，能带来很大的影响。如果一种产品的生产成本为 94 元，销售价格是 100 元，则利润率就是 6%。如果资产周转一次，那么资产回报率就是 6%。如果资产周转速度提高到每年 1.2 次，那么资产回报率就将提高到 7.2%。在竞争激烈的市场，提高 20% 的利润率通常非常困难，甚至根本不可能实现。但把资产周转率从每年 1 次提高到 1.2 次，基本上只需要持之以恒的例行辛苦工作。任何认真对待工作的人，都有能力做出这种程度的改进，也就是在未来将资产周转率提高 20%，从而将资本生产力提高 20%。

2.6.2　第二项任务：员工管理

资本要实现经济绩效，需要另一个资源的配合——人。富有成效地使用人力资源，企业才能运转。因此，如何通过人的管理，让员工融入企业获得个人成就和满足感，成为管理会计的第二项任务。

在传统的会计观念里，我们更多是把员工作为成本和费用，然而，员工更是一种重要的资源。尤其是在知识经济的背景下，企业必须拥有优秀的员工才能获取竞争优势。诚如德鲁克所言："人是我们最主要的资产。"

原因在于，传统标准仍然执着于 18 世纪的迷思，认为劳力是唯一的生产资源，是唯一的实质"努力"，认为人类的所有成就最终都能以劳动力为衡量的单位。这种观念表现了机械论的谬误。但是在现代经济体系中，生产力提升从来都不是靠体力劳动而达成的。事实上，企业从来都不是靠劳工来达到提高生产力的目标，生产力提高是用其他方式取代劳动力之后的结果。其中一个替代方式就是资本设备，换句话说，以机械取代劳力。

至少同样重要，但未被探讨的问题是：以教育水准较高、善于分析推理的人才来取代技术或非技术性劳力，换句话说，以管理人员、技术人员和专业人才来取代"体力劳动者"，以"规划"取代"工作"。显然，企业必须在安装资本设备以取代体力劳动者之前，就完成这样的转换；因为必须先有人规划和设计设备——这是具有概念性、理论性而且分析性特点的工作。事实上，只要稍加思考，就会发现经济学家所强调的"资本形成率"其实只是次要的生产要素，经济发展的基本要素必然是"智力形成率"，也就是一个国家能以多快的速度培养出想象力丰富、有愿景、受过良好教育、具备推理和分析技能的人才。

规划、设计和安装资本设备仍然只能反映以"脑力"取代"体力"后所提升的一小部分生产力而已。至少同等重要的是直接转换工作性质对于生产力的贡献——从需要许多技术性或非技术性劳动力，转换成需要受过教育、见多识广的人才进行理论化的分析与概念性的规划工作，而不需任何资本设备的投资。除了制造业以外，在交通运输业和矿业、销售行业、金融和保险业以及服务业中（即在美国经济的半壁江山中），生产力提升完全是以规划取代劳动、脑力取代体力、知识取代汗水的结果，因为在这些行业中，资本投资只是很小的因素。

就会计中的管理费用来说，有两种管理费用：一种是生产性的管理费用——用于管理者、技术或专业人才的费用。这种费用取代了一笔至少数额相等的用于生产性或非生产性的员工费用或资本支出。另一种是寄生性的或摩擦性的管理费用。这种费用不但没有提高生产力，反而降低了生产力，这是由摩擦造成的，反过来又会制造摩擦。

因此，我们需要的生产力观念是，一方面能将投入与产出的一切努力都加以考虑，另一方面又能根据与产出结果的关联性来呈现所投入的努力，而不是假定劳动力是唯一的生产性投入。但即使是这样的观念——尽管已经向前迈出了一大步——如果它对于努力的定义仍然局限于可见的形式和可以直接衡量的成本，也就是说，是根据会计师对努力所下的定义，那么这个概念还是有所不足。有一些无形的因素对于生产力有即使不是决定性的也是巨大的影响，却无法以成本数字来衡量。

人力资源中，越来越多的不再是体力劳动者，而是知识型员工。当前的管理会计还停留在体力劳动者时代，没有进化到知识型员工时代。管理会计通过每小时生产多少件产品，或者每元工资生产多少件产品，来衡量体力劳动者的生产力；但这些指标显然不适用于知识型员工，知识型员工的生产力与数量关系不大，而主要与质量有关。管理会计的任务，是要让员工个人的价值观与雄心为企业的能量与绩效做贡献。

当前所有的管理会计书籍，在评价和激励中略微涉及对人的管理，除此之外对人的管理的研究非常少。没有这部分内容，哪来的管理？没有管理，何来管理会计？很多管理会计的工具、技术和方法，如果不考虑不同人员的情况，其效果可能会失之毫厘，谬以千里。

依赖于员工，依赖于优秀的人才，企业才可以从根本上解决所面临的挑战。管理会计需要花更多的时间来思考员工管理的问题。

2.6.3　第三项任务：时间的要求

时间是所有企业最宝贵的资源。每一个管理问题、管理决策和管理行为中都存在着时间的要求。管理总是要同时考虑现在和未来，同时考虑短期和长期。我们不能用危害企业长期借款甚至牺牲企业未来生存的方式换取短期利润。管理必须始终让企业在当下正常运作，同时让企业在将来能实现绩效，有所增长，有所改变。

电影《超体》给我留下了深刻的印象，其中有一句关于时间的台词，大意是："如果一辆车行驶的速度达到光速，肉眼就看不见了，那你怎么证明它存在过？只有时间可以证明。"通俗点说就是，这辆车在某段时效内曾以生命体可以捕捉到的能量形式运行，而在无数个时间点叠加之后，这辆车的构成物质实际上已经归结为零，也就是其转化为另一种存在的形式而无法再被生命体（人类）可见，那么可以证明它存在过的决定者只有时间。女主角 Lucy 还说："我们运行的所有社会体系不过是一张草图，我们只知道1加1等于2，可是1加1根本不等于2，世界本没有数字，也没有字母。我们把我们的存在塞入人类的框架体系当中，使之便于理解，我们创造了一个体系，以便忘却原本难以理解的体系。"因此，《超体》作为科幻哲学电影的结论是：时间才是客观世界里万物的度量衡！

回到现实中，我们可以说，在企业管理中，时间与质量、成本和现金一起，具有非常重要的价值。时间是很多企业的秘密武器——在时间反应上享有的优势可以为其他竞争差异提供基础，从而构成一家公司总体上的竞争优势。

传统观点认为：获得竞争优势的最佳方式是以最低的成本提供最高的价值。而现在，企业需要在最短的时间内，以最低的成本提供最高的价值，这样才能取得成功。这个最短的时间，包括更短的时间内为顾客提供新技术的产品、更短的时间内对顾客的服务需求做出反应，也包括顾客在最短的时间内学会使用产品、在最短的时间内启动机器设备，等等。

《乔布斯传》中乔帮主关于时间所带来的价值的理解，从其中的一段话里可见一斑："在苹果刚刚开始设计第一代 Mac 麦金托什电脑时，乔布斯来到拉里·凯尼恩（Larry Kenyon）的面前，他是负责为 Mac 设计操作系统的工程师。乔布斯直截了当地告诉拉里，Mac 目前开机启动的时间过长。拉里的第一反应，就是开始解释原因。但是乔布斯直接打断了他的解释，问他，如果能救人一命的话，你可以将系统启动时间缩短 10 秒钟吗？拉里考虑了一下，说也许能够做到。乔布斯于是拉来一块白板，列出如果 Mac 卖出 500 万台，而每天每台机器开机多花费 10 秒钟，那加起来每年就要浪费大约 3 亿分钟，而 3 亿分钟至少相当于 100 个人的寿命！通过这个简单的公式，拉里彻底震惊了。在一个星期之后，拉里让 Mac 的启动时间降低了 28 秒，并且之后 Mac 系统的启动速度一直快于同时期的 PC 系统。"

这个世界，已经不仅是大鱼吃小鱼的时代，还是快鱼吃慢鱼的时代。基于时间竞争的公司具有如下特点：

- 将时间耗费列为重要的管理和战略指标。
- 利用反应力贴近顾客，增加顾客对自己的黏性。
- 快速将价值交付体系转向最有利可图的顾客，迫使竞争者转向不太有利的顾客。
- 设定业内的创新步调。

- 比竞争者成长得更快，利润更高。

正因为时间对于公司竞争优势的重要性，所以我们不难理解为什么任正非在华办公司内部总裁办电子邮件中怒斥财务团队——我们不能将邮件中的事情仅仅看作财务部门的工作态度或者员工责任问题，而是要站到战略的角度来看：拖沓的流程将使公司的竞争优势荡然无存，面临温水煮青蛙式的灭顶之灾。

尽管具有时间竞争优势的公司并未马上意识到反应速度加快的价值，但是灵活和快速反应能力将在很多方面使公司以及公司的顾客受益：存货量下降，顾客取消或改变订单的可能性减小，可以在更接近需要的时候才决定购买，现金流量周期加快，给顾客提供更多的定制服务和产品，等等。

有研究表明，很多企业的产品或者服务在价值交付系统中，大部分的时间都花于等候上。延误主要由以下原因引起：

- 流程限制，包括最低产量或信息批量、处理规模的限制、日程安排及日程批准所占用的时间。
- 质量问题，包括因设计不当和不注意细节，而必须做出的体力和脑力返工。
- 结构性困难，包括产品和信息的迂回流动、职能部门间的层层传递，以及相关的设施放在了不同的地方。

一家公司要提高反应速度，那么公司的营运结构——公司增值链的元素如何设计和相互联结——必须植根于系统思考中。如果公司的每个工作部分都与其他部分紧密相连，使工作能在第一时间顺利完成，那么就能事事快于竞争对手。

在一家公司努力培育时间竞争优势的过程中，财务部门应该如何反应呢？财务部门应该审视所有与自身有关的业务流程，推动和执行一项既定计划，减少自身给组织带来的延误，并从公司全局思考：自己的公司怎样培养速度更快的能力？现在的营运结构何处令公司行动迟缓？在与HR等部门设计公司的绩效评估指标时，从过去的注重竞争成本和质量，转为注重竞争成本、质量和反应能力。

财务部门推动和执行能迅速改善组织反应力的计划，不是件容易的事情。一家公司总是有各种各样的计划和项目，反应力计划需要与人才计划、营销计划、研发计划等竞争，以争取公司管理高层的注意。因此，改善组织反应力计划必须由公司的首席财务官来推动而很难交给下属——改善反应力要求打破跨部门和部门内的僵化做法，减少延误。同时，要维持改善的速度和随之而来的益处，财务部门必须在经营哲学上有所改变——必须将注意力从成本转到时间，将目标从控制和部门最优化转到提供资源，用以压缩整个组织作业流程的时间。

具有时间竞争优势的公司，给顾客带来时间价值的同时，将会带来自身良好的财务结果：更高的毛利率、更快的存货周转速度、更快的应收账款周转速度、更高的资产周转率、更高的 ROE 和更高的可持续增长率。

管理会计通过货币时间价值，很好地解决了资本的现在和未来、短期和长期的平衡问题。当前管理会计尚未找到有效的方法，很好地解决员工的现在和未来、短期和长期的平衡。

身为有远见的财务部门必须相信，时间是公司的头号竞争者，而财务部门应该是公司时间竞争优势的助推者。

管理会计必须对上述三个维度的资源进行持续改进，把资源从处在低位、结果递减的地方，转移到处在高位、结果递增的地方。

在过去的发展中，管理会计主要强调对现存业务的管理。我们认为，管理会计不仅要关注现存业务，还要关注未来业务创新。因此，持续改进包含两个方面：一方面是充分利用现存的东西，让现有的业务自始至终地更接近完全发挥潜力的状态——若以潜力为标准，哪怕最成功的企业也大多为低效率运转；另一方面，持续改进要求创造未来的业务，让企业获得持续发展的能力。

第 3 章

管理会计与业财融合

3.1 管理会计是达成企业管理目的的手段

任何管理会计的研究和实践,若不首先探讨企业管理要执行的任务,就是对管理会计存在错误的看法。这样的书籍没有把管理会计看成达成目的的手段,而是把它看成独立存在的东西。它们未能理解管理会计只存在于对绩效的思考当中。大多数已有的管理会计书籍从管理会计自身开始探讨问题,从而让管理会计成了一门只讨论技术、工具和方法的学科,并且管理会计在企业实践中也成为束之高阁的东西。我们的一个基本观点:管理会计遵从企业管理需要,不理解企业的使命、目标、战略和任务,管理会计工作也就无从富有成效。

企业管理的对象是为了实现企业目标和战略由全体员工所实施的各类活动,我们把这些活动称为业务。

企业高层通常会要求财务部门和会计师加强财务管理——严格财务审核和监督。可是,财务管理的内容是什么呢?很多公司加强财务管理的结果是变成了会计管出纳,出纳管会计。仔细思考,我们就会发现,虽然一个公司的资金收入和支出全部是经过财务部门之手,但是真正属于财务部门能影响到的收入和支出相对于整个公司来说,可以忽略不计,钱都是其他部门花出去或带进来的——财务管理不是要管好财务部门,而是要管好所有部门的业务。

因此，管理会计要发挥作用，必须融入企业的各项业务，实现财务和业务的有机融合。

3.2 成为融入业务的财务部门和会计师

财务部门为什么在有些企业和单位会受到诟病，并造成财务部门和业务部门的矛盾？要讨论这个问题，我们首先要明确一点：财务部门和业务部门的共同目标是为企业创造价值。只有这一点明确了，才具备解决问题的基础，离开这一点，两者根本就没有解决问题的共同点，只能是公说公有理，婆说婆有理。

按照经典的理论，一个企业确定战略和目标后，层层分解到不同的部门和组成单元——问题产生了，分解后的部门目标可能会与初衷不一致，用诗意的语言来说就是："走着走着，我们已经忘记了我们当初为什么要出发。"这样就造成了部门目标与企业整体目标的偏离。比如，财务部门为了合规而合规，为了制度而制度，但是没有考虑合规和制度到底是为了什么，合规和制度说到底是要与业务部门一起为企业创造价值这一个目标服务的；技术研发部门为了技术而技术，为了研发而研发，但是没有考虑技术和研发到底是为了什么，技术和研发说到底是要满足客户的需求从而为企业创造价值这一个目标服务；销售部门为了销售而销售，但不考虑资金回收的可能性、速度、对企业资金的影响等，销售说到底还是要围绕为企业创造价值这一个目标服务；等等。企业管理的核心，就是要时刻把所有部门、所有人都捻成一股绳，围绕着企业创造价值的目标——"不忘初心，方得始终。"因此，解决财务部门和业务部门矛盾的过程，就是捻成一股绳的过程。

那么，企业怎么能够主动地去解决矛盾问题呢？我们认为需要做到以下几方面。

3.2.1 财务部门和会计师应当懂业务

要解决问题，首先财务部门要成为懂基本业务的财务部门。目前，财务部门存在的问题是跟其他部门的分隔和界限太明显，财务是财务，业务是业务，两者之间交流的时候基本上就是"鸡同鸭讲""对牛弹琴"。财务会计人员绝大多数接受的教育是财务会计知识，而对企业的业务知识懂得太少。大家可以试着回答：公司的前十大客户是谁？公司的竞争对手是谁？我们跟竞争对手比较有什么优势？公司所处行业未来面临的挑战有哪些？等等。如果上述问题财务部门都不知道，那就是一个不懂业务的纯粹的传统财务部门，基本就是进行财务和会计处理，很少能参与到企业价值创造的过程。我们不需要成为业务专家，但是需要懂得企业的基本业务知识。

目前企业的财务部门可以分为三类：记账型、控制型、价值创造型。我国绝大多数企业的财务部门是记账型——业务部门完成业务，财务部门按照会计准则记账、算账、报账，这种类型的财务部门在管理层眼中几无价值，按照网络流行语来说，"不管你记还是不记，企业的资产就那么多；不管你算还是不算，企业的利润就那么多；不管你报还是不报，企业的现金就那么多。"企业的资产、利润、现金流既不是你财务部门记出来的，也不是你财务部门算出来的，你只是把情况进行汇总反映。财务人员自己也可以扪心自问：我们到底给企业带来了什么价值？记账、算账、报账也具备基本的价值，但是附加值不够高。完全记账型的财务部门跟业务部门的矛盾并不会很大，虽然财务部门有时候对业务部门心有不满，但基本上以业务部门为主。

有很多企业在财政部《内部控制规范》的要求下，转向控制型。很多企业在做内部控制的时候，目标定位就有问题——把合规目标放在首位而忘了其他目标，导致做内控制度和流程对企业来说得不偿失。我们应该牢记：合规只是企业做内部控制顺带的初级目标，内部控制的高级目标是提高企业的运行效率和效果从而贯彻企业的战略目标，对于制度、流程我们要搞清楚为什么这么做、好处在哪里、坏处在哪里。而更恐怖的是，一旦制度和流程定型，执行者不考虑具体情形和企业变化而一成不变僵化执行。这一类型的财务部门和业务部门的矛盾最大。因此，财务部门要时刻从高级目标的角度来审视制度和流程，切忌为了制度而制度，为了流程而流程。时刻牢记：与业务部门一起为企业创造价值是我们的出发点。

未来企业财务部门应该不仅仅是记账型、控制型，同时还是价值创造型，在记账型、控制型的基础上通过发挥会计的管理功能为企业主动创造价值：为业务部门的决策提供支持，参与业务；从业务部门的角度结合公司整体目标设计、规划公司的组织结构、业务流程，在控制和效率之间取得平衡；通过财务数据，发现企业制度、流程和管理中的问题，指导业务部门如何做得更好；通过竞争者财务数据分析，掌握竞争对手动态，参与到企业的规划中；通过标杆管理，帮助企业取长补短；通过管理，把各个部门在偏离企业整体目标的时候拉回到正确的轨道上来；等等。这一类型的财务部门和业务部门能够很好地实现融合，也就是我们所说的业财融合，业务、财务一体化，两者之间的矛盾得到了很好的解决。

因此，企业的财务部门应该积极主动地谋求从记账型到记账型和控制型，最终到记账型、控制型和价值创造型三者兼备的财务部门的蜕变和升华。

3.2.2　财务部门要培养整个企业的基本财务思维和知识

我们认为，财务部门的首要职责就是提升整个企业各个部门和全体员工的财务知识和能力。

俗话说"一个巴掌拍不响",在财务部门和业务部门的矛盾中,除了财务部门的原因外,业务部门也有原因——有些矛盾道理在业务部门,但也有些矛盾其实道理在财务部门。要解决道理在财务部门但业务部门不理解的矛盾,财务部门就应当成为公司内部的财务培训师、制度宣传员、流程讲解员。同时,也要求业务部门应当学习基本的财务思维和知识、掌握制度和流程。

首先,财务部门应当通过沟通、交流以及实际的业绩扭转自身的形象。在多数人根深蒂固的观念里,天然地把财务部门视同为后勤支持服务部门或者说"二线部门"——这是因为多数人只知道"财务会计",而不知还有"管理会计"。把财务部门视为支持服务部门的理由很简单——因为财务部门不直接面对顾客。其实,财务部门不仅仅是支持服务部门,还是一个企业的中枢部门——包括规划、决策、控制、评价等管理职能。一个优秀的企业一定不会是靠天吃饭、在所有业务过程结束后才知道是否赚钱,而是在实现规划、决策中就可以知道基本的结果,并通过事中的控制保证不会产生太大的差异,最后通过评价加以进一步改进。因此,优秀的企业在管理中遵循"以终为始"的原则,以财务管理为核心,从财务结果的角度来考虑业务规划、流程建设等问题。**严肃地说,懂业务的价值创造型财务部门对于偏离企业整体目标的业务部门及其业务具有一票否决权,才能保证所有部门和业务对企业目标的向心力**——当然这一类型的财务部门目前在实际中并不多见。打个比方,端午节龙舟比赛的时候,有 200 个划船的队员,只有一个击鼓者,我们不能因为击鼓者没有产生物理上的前进动力就把他归为二线和服务支持部门,击鼓者的作用是控制好整体的节奏并赢得比赛。比赛中某个队员偷懒可能还不要紧,但是击鼓者一旦没有发挥作用,则比赛必败无疑。优秀的财务部门可以说是"运筹帷幄之中,决胜千里之外"。希望财政部出台的《管理会计基本指引》能在极大程度上改变企业对财务部门的定位。

其次，财务部门和业务部门应该一起来制定业务制度和业务流程。有很多企业认为内部控制、预算管理等就是财务部门的专职工作，一股脑全部交给财务部门，由财务部门单独完成，等到实际执行的时候发现问题多多，产生了一系列矛盾。这些工作应该是双方一起合作完成，既考虑业务执行的可行性，又考虑财务控制的必要性，在控制和效率之间取得平衡。制度规则和业务流程要随着形势的变化，与时俱进，进行修订。但是，一旦制度规则和业务流程确定，那么业务部门就必须严格执行，板子就不能打在财务部门身上，否则制度和流程成为摆设，公司运作无章可循，将成为企业管理的灾难。

最后，财务部门懂得业务的同时，要成为财务培训师、制度宣传员、流程讲解员，培养业务人员的基本财务思维和知识，让大家不仅知"财务"然，还要知"财务"之所以然。财务管理不仅仅是财务部门一个部门的事情，业务带来财务的结果，财务管理是整个公司所有部门、人员工作的一部分。业务人员不需要成为财务专家，但是需要懂得基本财务思维和知识。现在的问题是，很多业务人员都认为财务是非常专业难懂的东西，是财务部门一个部门的事情，而我们财务人员也以专业人员沾沾自喜。我们要用非常简单、通俗的语言，把财务思维、知识传递给大家，而千万不要以难懂、拗口的专业术语为傲。我们要知道业务人员怎么才能听得懂。举个例子：销售部门800万元的商品按照1000万元的价格卖掉，我们赚了多少钱？一般人都认为赚了200万元并按照200万元进行业绩提成，但是财务思维，首先考虑收回的概率，其次考虑收回的时间和资金成本，我们跟销售人员讲解的时候不要讲一大通现值、货币时间价值等概念，只要告诉大家我们要考虑利息就可以了——现值、复利、货币时间价值等业务人员可能听不懂也不需要懂，但是你一说利息大家就都明白了，销售业务时需要考虑利息的问题。如果一个企业，每个部门、每个人都懂基本财务思维和知识，财务管理要想做不好也很难。因此，财务部门应该是一个企业财务思维和知识的培训师、传播者，这要求我们不断提升我们的沟通能力。

3.3 业财融合下会计观念的更新

业财融合要求财务部门成为适应动态发展的现实商业世界的财务部门，而不是像传统的账房先生那样拘泥于记账编表的小天地自娱自乐。

财务部门不能沉浸在财务会计理论世界中，需要回到现实商业世界，树立动态和发展的竞争观念并在实践中加以应用。财务部门最大的问题是，会计专业知识有余，而动态和发展观念不足。有关公司财务的经典理论看来是太简单、太苍白了。它们已经谈不上有什么贡献，反而成了进步和理解的障碍。这些理论并没有立足于动态均衡，而是把竞争和决策视作静态经济中的静态均衡现象。经典理论建立在抽象的成本行为模式基础之上，而这些成本行为模式在现实生活中是几乎不会出现的。这些理论对企业竞争行为所做的种种假设在现实中根本观测不到，也无助于竞争行为的预测。我们应该认识到，用会计理论来诠释经济行为并不恰当，因为会计理论是为其他目的而建立的。从现实出发，我们认为在动态竞争中，不应该以会计理论为基础，而应以现金流量为基础——"现金流量是一切的关键。"

为什么财务部门会受到很多诟病？因为很多经典的静态财务理论运用到动态的环境中后会得出错误的结果，自然而然就会引起不满。举几个简单的例子：

通常财务部门认为，产品定价要能弥补产品成本——这是静态的观念，等于出卖未来获得短期利润。动态地考虑问题，如果我们先发制人地降价、率先扩大生产能力，则能买到市场份额，降低相对成本，从而在初始时看来低于成本的定价在未来将足够弥补降低后的成本，并使潜在的竞争者对所处的行业兴趣大减，从而稳固我们的竞争地位。

对财务政策来说，经典理论认为，举债将会提高企业的财务风险，企业的总体风险随之增加；但是，如果一个企业积极利用债务支持先发制人的降价和生产能力扩产行为，从而帮助企业获取市场份额，最终将降低企业的总风险。

再例如，对于直接人工成本，财务部门习惯用定额人工成本或者标准人工成本来衡量，但是，现实中人工成本会随着学习曲线或者经验曲线而发生变化。经验曲线成本是看得见的现象，在经典的财务和会计理论当中却很少涉及。

一般观念中，所处的行业价格上涨对于企业是利好消息，但是，短期的提价将会加速新生产能力的引入，在市场需求总量不变的情况下，将减少行业的长期利润，从而对于企业长远发展来说是一个利空。战略的真谛在于控制对手为扩充生产能力而进行资本投资的意愿。

在投资决策中，我们习惯于用历史数据和趋势以及目前竞争格局下的价格成本信息等计算净现值和内含报酬率。其实投资决策是一种市场份额决策——我们需要考虑竞争对手的反应。随着行业内所有竞争者生产能力的扩张，一般会引起价格的下降。因此，投资决策对外所传达的竞争信号是否会影响行业市场份额等，是投资决策中我们需要动态考虑的问题。

还有，传统的财务和会计理论中，对于利润过度重视。账面利润只不过是一个信号，只有当它代表了企业最终可能取得的竞争地位时才不至于造成误导。现金是唯一有价值的东西，但只有当企业无须再为捍卫竞争地位进行投资时，现金才能真正体现出其价值（自由现金流）。

好的CFO应该是一个企业的业务规划者、控制者、培训师，要具备技术专业知识、沟通能力和战略视野，可谓"千军易得，一将难求"。大多数企业里的财务部门要成为真正有价值的财务部门，实现财务和业务的真正融合，还有很长的路要走。

3.4 业财融合下的管理会计应用框架

企业的管理体系起始于企业的目标，根据目标制定战略规划，在日常经营活动中根据战略规划进行经营决策以实现对战略规划的贯彻执行，在执行中进行不间断的控制以保证对目标的不断逼近，执行完成形成结果并对结果予以绩效评价和激励，并针对结果进行反馈，依据反馈对目标、战略规划、经营决策、执行控制、绩效评价进行修订和不断优化。这是一个不断循环交叉反复的过程。具体参见图 3-1。

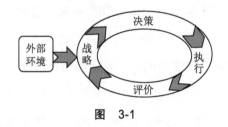

图 3-1

管理会计的应用，首先要考虑的是：我们要解决什么问题？管理会计的目的，就是解决企业管理的问题。因此，与企业管理相对应，管理会计的应用体系包括：参与公司战略规划的管理会计；与战略执行决策相关的管理会计，包括投资决策会计和筹资决策会计；与日常经营控制相关的管理会计，包括预算管理、成本分析与控制；与经营结果评价相关的管理会计，包括绩效评价与激励机制。

管理会计的应用体系是一个开放式的闭环系统，各个组成部分都需要考虑和吸收动态变化的外部因素，同时各个组成部分之间又互相支持和影响。战略制定需要通过战略执行落实，战略执行后需要日常经营保证战略的结果，结果反馈后修正战略制定、战略执行和日常经营。

管理会计的应用体系如图 3-2 所示。

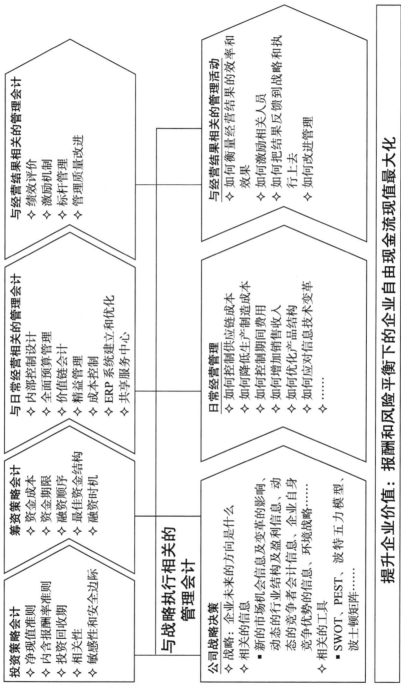

图 3-2

3.5 管理会计应用框架的各组成部分及其工具

第一个组成部分是参与战略规划的管理会计及其工具。

战略是一个企业未来的发展方向，如何确定战略对于一个企业来说至关重要。企业一般都通过进入利润丰厚的行业或者建立竞争优势获得高额利润。企业的战略通常都是通过回答两个基本问题而定义的，即"我们应该从事哪个行业？""我们应该如何竞争？"第一个问题所针对的是诸如多元化公司的多元化、纵向整合、进入和退出、资源分配之类的问题，强调对市场，特别是竞争者和客户的深入了解，目标不仅是洞察目前的状况，而且要预见具有战略意义的未来变化。第二个问题解决企业如何在特定行业或市场中竞争。如果企业要生存甚至赢得竞争，就必须制定可持续竞争优势的战略。一个企业在进行战略考虑时，通常在竞争情报系统的基础上考虑运用相应的模型和工具。可以运用的成熟模型和工具包括但不限于行业生命周期分析、核心竞争力和能力分析、优劣势分析、PEST 分析、波士顿矩阵、波特五力分析、资源分析、未来分析等。

管理会计如何在企业战略规划中发挥作用呢？在进行企业战略规划中，管理会计需要建立竞争情报系统。竞争情报系统是企业制定、评估和修订企业目标、战略和策略的基础。企业既可以利用竞争情报系统评估行业生命周期，又可以利用竞争情报系统评估现在和潜在竞争者的能力，以维持或发展竞争优势。竞争情报系统为战略规划提供了信息，比如，投资和发展哪个行业、哪个市场或哪个产品，在哪个行业、哪个市场或哪种产品上收购或建立合资企业，剥离或退出哪个行业、哪个市场或哪种产品。

竞争情报是搜集资料、整理信息和制定决策的过程。而管理会计的职能就是搜集资料、整理资料并转化为信息，再根据信息制定决策。决策通常是与管理者共同制定的。管理会计通过多种方式积极参与和介入竞争情报流程，包括但不限于：明确建立新的或改进的竞争情报流程是非常必要的；引导高管及其他管理者，理解竞争情报流程的必要性；与跨职能团队一起制定一个设计、开发和实施竞争情报系统的规划；确定竞争者分析的适当工具和技术；为竞争情报工作提供财务信息、分析和专业经验；在目标成本管理中应用竞争情报；确保竞争情报工作与企业短期目标、战略、长期目标和内部流程建立必要的联系；不断评估新的、改进的竞争情报流程及其对企业的意义，不断改进流程；等等。

在运用上述工具制定战略时，显然影响企业的战略，因此还需要通过管理会计来提供战略规划方面的财务分析信息。在战略规划中可以利用多种财务分析技术，虽然这些技术都有其局限性，但是深入挖掘和分析有助于理解企业自身以及竞争者的经济和财务特点、能力和潜在方向。财务分析技术包括传统比率分析、可持续增长率分析、分解式财务比率分析、竞争成本分析，等等。

第二个组成部分是与决策相关的管理会计。

在企业战略确定后，需要管理会计来落实相应的战略。企业战略决定了企业的投资方向和资金需求，而投资又进一步决定了企业的筹资需求，接着决定了企业日常经营管理中的重点工作，最终决定了企业的绩效评价和激励机制。例如，互联网企业和钢铁企业的投资、筹资、经营管理以及绩效评价和激励，将存在着极大的不同。虽然日常经营管理也可以看作公司战略执行的一部分，但通常我们将投资和筹资视为公司决策的重要部分，因为投资决策和筹资决策属于重大决策，确定后在比较长的时间内不会有大幅变动，而日常经营管理中遇到的决策可能是每日都需要进行的。

投资策略会计是落实公司战略最重要的环节，需要充分收集各类内外部信息，测算投资的净现值或者内含报酬率，以及投资回收期等。在按照上述准则进行判断的时候，对有关因素的考虑，应该遵循相关性原则。为了规避可能的错误判断，需要对影响因素进行敏感性分析，并预留足够的安全边际，以期取得报酬与风险的平衡。

筹资策略会计需要与投资策略保持协调，以实现资本结构和投资结构的匹配程度。筹资策略会计中，在考虑资本结构的同时，需要考虑资金成本。通常企业用加权平均资金成本或者边际资金成本来进行相关的筹资决策。从一个企业的全部资金来源看，不可能是采用单一的筹资方式取得的，而是各种筹资方式的组合。因此，企业总的资金成本也就不能由单一资金成本决定，而是需要计算加权资金成本。计算加权资金成本的方法是根据不同资金所占的比重加权平均计算所得。边际资金成本是指资金每增加一个单位而增加的成本。当企业拟筹资进行某项目投资时，应以边际资金成本作为评价该投资项目可行性的经济指标。

第三个组成部分是与日常经营管理控制相关的管理会计。

与日常经营管理控制相关的管理会计，通常包括预算管理、价值链会计、精益管理、约束理论、成本控制、流程管理、客户价值管理等。不同企业日常经营管理的重点可能不同，比如制造业可能更加关注精益管理和成本控制，而服务业则可能更关注客户。

预算管理是指企业在战略目标的指导下，对未来的经营活动和相应财务结果进行充分、全面的预测和筹划，并通过对执行过程的监控，将实际完成情况与预算目标不断对照和分析，从而及时指导经营活动的改善和调整，以帮助管理者更加有效地管理企业和最大程度地实现战略目标。

价值链会计，又可称为价值链会计管理，它是以市场和客户需求为导向，从自身企业出发，以价值链的整体价值增值为根本目标，以提高价值链竞争力、市场占有率、客户满意度和获取最大利润为具体目标，以协同商务、协同竞争和多赢原则为运作模式，通过运用现代信息技术和网络技术，从而实现对价值链上的物流、信息流和资金流有效规划和控制的一种管理活动。

精益管理，是根据用户需求定义企业生产价值，按照价值流组织全部生产活动，使要保留下来的、创造价值的各个活动流动起来，让用户的需求拉动产品生产，而不是把产品硬推给用户，暴露出价值流中所隐藏的浪费，不断完善，达到尽善尽美。精益管理由最初的在生产系统的管理实践成功，已经逐步延伸到企业的各项管理业务，也由最初的具体业务管理方法，上升为战略管理理念。它能够通过提高顾客满意度、降低成本、提高质量、加快流程速度和改善资本投入，使股东价值实现最大化。精益管理的目标可以概括为：企业在为顾客提供满意的产品与服务的同时，把浪费降到最低程度。企业生产活动中的浪费现象很多，常见的有：错误——提供有缺陷的产品或不满意的服务；积压——因无需求造成的积压和多余的库存；过度加工——实际上不需要的加工和程序；多余搬运——不必要的物品移动；等候——因生产活动的上游不能按时交货或提供服务而等候；多余的运动——人员在工作中不必要的动作；提供顾客并不需要的服务和产品。努力消除这些浪费现象是精益管理最重要的内容。精益管理需要管理会计做出相应的努力，包括：精益和简化的企业会计应用精益方法对流程进行会计核算，消除交易流程、报告和会计方法中的内在浪费；支持精益转型的会计流程聚焦于计量和理解为客户创造的价值，基于整个价值流而不是单个产品或服务；明确及时地沟通信息；组建跨职能价值流团队；强化内部会计控制与通过谨慎的规划削减交易同时进行。

约束理论，是指核心约束限定了任何一个企业的绩效，大多数企业只有少数几个核心约束。如果企业要提高绩效，就应该聚焦于有效地管理这些约束的生产能力和核心能力。约束理论在企业中广泛应用，具体用途和好处包括：缩短生产准备时间，提高产品和服务质量，大幅提高盈利能力，降低存货水平，减少瓶颈限制，管理约束，控制统计波动，提高竞争地位，协调战略营销与经营决策，引进边际定价概念，在供应链层面应用持续改进，等等。约束理论的目的不是通过降低成本提高利润，而是通过确定和管理主要约束，寻找提高企业的固定成本和资源的利用效率以减少浪费并提高盈利能力的方法。

成本控制，是通过各种成本管理手段保证成本在有竞争力的水平上。企业应当了解它们的成本和驱动成本的因素及行为并采取相应的控制，具体方法和工具包括边际成本分析、作业成本法、标准成本法、生产能力成本管理、目标成本法、产品生命周期成本法、供应链成本管理等，各种方法可以共存、协调和融合。

流程管理，是一种以规范化地构造端到端的卓越业务流程为中心，以持续地提高企业业务绩效为目的的系统化方法。战略决定流程管理，流程需要支持战略的实现，战略举措要落实到对应的流程上去。不但要找出实现战略举措的流程，同时还要对其进行有机整合和管理。战略地图、价值链最终都必须与流程体系对接。流程管理的核心是流程，流程是任何企业运作的基础，企业所有的业务都需要流程来驱动，就像人体的血脉流程把相关的信息数据根据一定的条件从一个器官（部门）输送到其他器官（部门）得到相应的结果以后，再返回到相关的器官（部门）。一个企业不同的部门、不同的客户、不同的人员和不同的供应商都是靠流程来进行协同运作，流程在流转过程中可能会带着相应的数据——文档 / 产品 / 财务数据 / 项目 / 任务 / 人员 / 客户等信息进行流转，如果流转不畅，一定会导致这个企业运作不畅。

第四个组成部分是与结果评价相关的管理会计，即绩效管理和激励机制。

所谓绩效管理，是指各级管理者和员工为了达到组织目标共同参与的绩效计划制订、绩效辅导沟通、绩效考核评价、绩效结果应用、绩效目标提升的持续循环过程，绩效管理的目的是持续提升个人、部门和组织的绩效。绩效管理和激励机制在企业战略、资源与流程之间建立了一种系统联系，是一个综合管理流程，通过确保每一个员工都了解企业所处的状态及其发展方向实现企业的战略目标，建立一个持续的改进过程。在绩效管理中，平衡计分卡得到了比较广泛的应用。

平衡计分卡是从财务、客户、内部运营、学习与成长四个角度，将组织的战略落实为可操作的衡量指标和目标值的一种新型绩效管理体系。设计平衡计分卡的目的就是要建立"实现战略制导"的绩效管理系统，从而保证企业战略得到有效的执行。因此，人们通常称平衡计分卡是加强企业战略执行力的最有效的战略管理工具。

与结果相关的管理会计的另一工具是有效的标杆管理。标杆管理又称"基准管理"，其本质是不断寻找最佳实践，以此为基准不断地"测量分析与持续改进"。标杆管理是创造模板的工具，它可以帮助企业创造自身的管理模式或工作模板，是实现管理创新并获得竞争优势的最佳工具。有效的标杆管理由立标、对标、达标、创标四个环节构成，前后衔接，形成持续改进，围绕"创建规则"和"标准本身"的不断超越、螺旋上升的良性循环。

最后一个组成部分是贯穿战略到结果全过程的风险管理。

企业风险管理（ERM）是一个过程，它由一个主体的董事会、管理当局和其他人员实施，应用于战略制定并贯穿于企业之中，旨在识别可能会影响主体的潜在事项，管理风险以使其在该主体的风险容量之内，并为主体目标的实现提供合理保证。管理会计应当为企业从各自为政的风险管理发展成为整合的风险管理做出重要贡献，包括但不限于：作为企业风险管理的支持者，支持并参与从各自为政的风险管理向全面企业风险管理转型；为经营管理者提供企业风险管理框架和流程方面的专业知识和经验；协助高管和经营管理层分析和量化企业对各经营单元的风险偏好和风险容忍度；开展用于风险确认的标杆管理；协助确认和估计各种风险化解方案的成本和效益，指导管理者应对风险；支持涵盖企业风险管理的完善公司治理；等等。管理会计应当通过积极参与企业的经济活动，将风险管理整合进企业持续的管理活动中，这些经济活动包括战略规划、预算、平衡计分卡、全面质量管理和六西格玛、公司治理，等等。

3.6 管理会计对企业组织结构的影响

管理会计的应用，需要企业组织结构的支持。从这个意义上来说，管理会计是公司的工作职责。优秀公司的董事长和总经理，一定是优秀的管理会计师——如果让这些董事长和总经理到商学院传授管理会计的课程，必定引人入胜且卓有实效——可惜的是，从投入产出角度，董事长和总经理的薪酬远远高于教授的薪酬，因此几乎没有董事长和总经理愿意到学校任教。

研究管理会计对企业组织结构的影响，包括两个层面：一是企业整体的组织结构，二是财务部门自身的组织结构。

管理会计对企业整体组织结构的影响

如果大家想要深入理解管理会计对企业整体组织结构的影响，我建议大家不妨认真阅读艾尔弗雷德·斯隆先生的《我在通用汽车的岁月》。

斯隆在汽车行业50多年的管理经验，不但使自己成为20世纪最伟大的企业家，成为职业经理人的榜样，而且对管理理论的发展也做出了伟大的贡献。他对企业的组织结构、计划和战略、持续成长、财务成长以及领导的职能和作用的研究，对职业经理人概念和职能的首次提出，都对现代管理理论的形成和发展产生了极大的影响。

《我在通用汽车的岁月》一书虽然没有明确提出管理会计及其实践，但是书中将近一半内容都在论述与管理会计相关的问题——如何解决通用汽车的财务控制、财务成长、稀缺资源和资金的分配问题，可以说，前半部分内容就是通用汽车在20世纪前期的管理会计实践史。斯隆先生认为，"财务不可能在真空中存在，它必须与运营结合起来"，实在是超越了他所处的时代，颇有先见之明。当前，依然有很多企业领导人员无法认识到财务的重要性以及财务和运营的正确关系。

通用汽车为了解决管理中的财务问题和业务问题，在公司层面设立了两大委员会——执行委员会和财务委员会。其组织结构的变化见图3-3～图3-5。㊀

通用汽车在1921年的组织结构图，可以"秒杀"当前我国很多大公司的组织结构图。从通用汽车的组织结构图可以看出，不管整个公司怎么发展和变化，董事会下设的最重要的两个委员会——执行委员会和财务委员会一直没变。执行委员会管理业务，财务委员会管理财务，两个委员会之间的委员间或有所重叠，并且能够保持高效、顺畅地沟通和合作——业务和财务之间实现有机的融合。

在董事会和高管层下面，通用汽车虽然按照事业部来进行机构设置，但是其业务线和财务线一直是保持平等地位，以实现两者之间的高效合作。

从业财融合的角度，管理会计的落地必须有相应的公司层面的组织结构予以保证。

3.7 管理会计与财务部门组织结构

目前很多公司的财务部门组织结构以财务和会计的传统职能为出发点来设置，一般来说包括会计、出纳、税务等。为了发挥管理会计职能，需要以公司的业务需要为出发点调整财务部门的组织结构。

在业财融合的背景下，财务将借助信息技术更多地参与到业务活动中。我们必须对传统的职能式、矩阵式的财务组织形式进行改造，以适应业财融合的需要。企业财务的财务组织形式分为战略财务、业务财务、绩效管理财务和共享财务。

战略财务是指参与企业未来规划和战略决策，制定企业财务政策的财务管理体系。

㊀ 图3-3～图3-5来自斯隆所著《我在通用汽车的岁月》，华夏出版社。

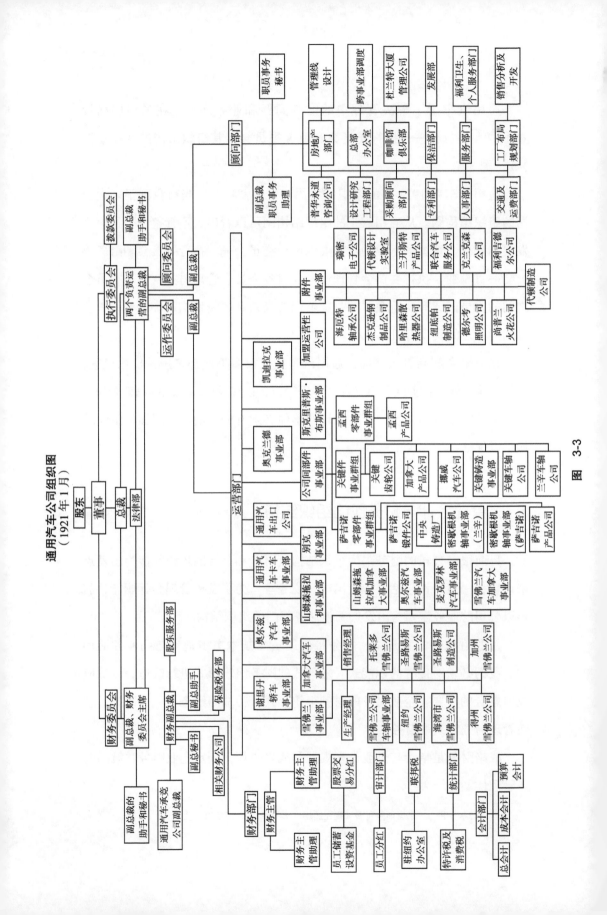

图 3-3

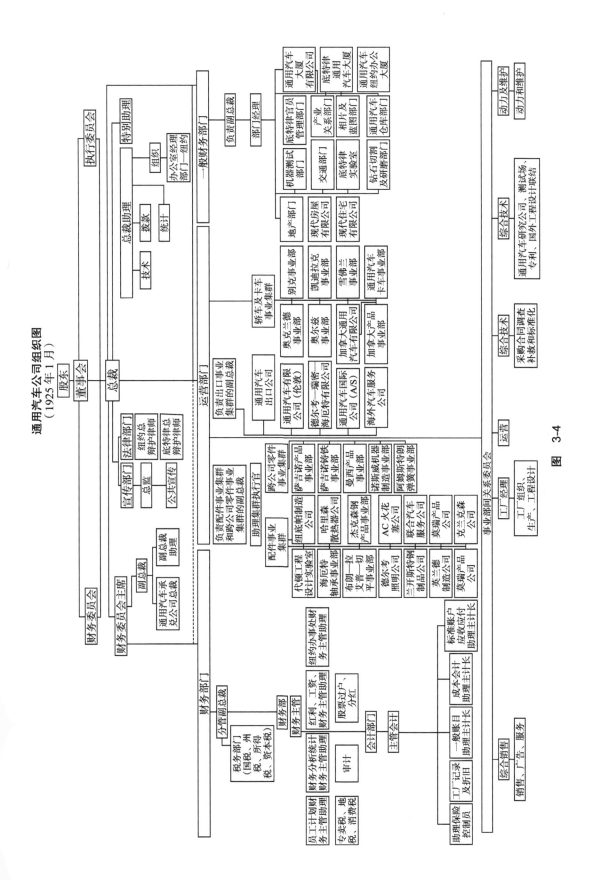

图 3-4

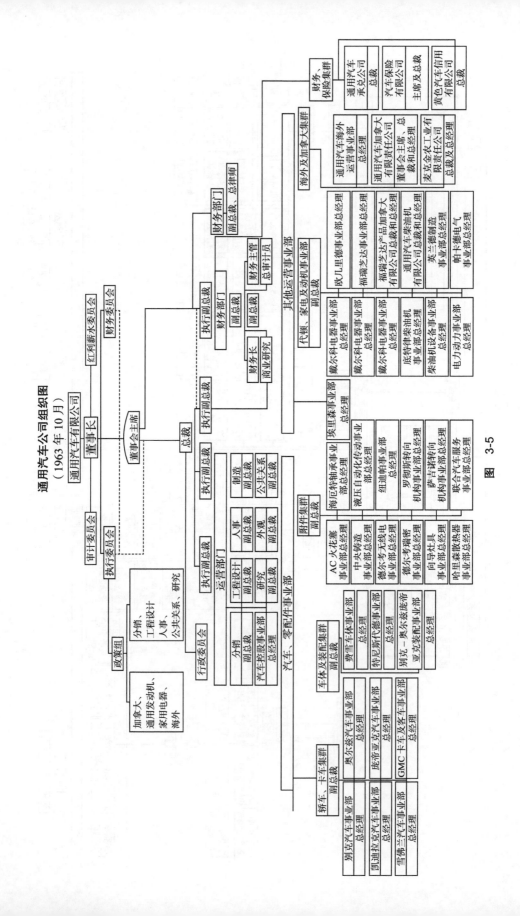

图 3-5

业务财务是指财务主动介入业务，业务要配合财务进行实时的业务反馈和信息传递，终端的财务人员参与业务，如研发时的目标成本管理、采购时与供应商谈判的价格管理等，一起为企业提升经营的效率和效果从而为企业创造更多的价值，同时保证前端流程可以进行更加规范的处理和规划。

绩效管理财务是指财务通过参与到公司层面和业务层面的目标设定、营运分析、评价激励等，保证整个公司"利出一孔"。

共享财务就是把分布在各地子公司的财务和共性业务集中到共享中心，将一些事务性的财务工作通过信息化进行高效快速的处理，从而节约时间和精力，让财务人员参与企业的战略制定，梳理业务流程，为企业创造价值。共享财务的好处：首先是信息透明、信息共享；其次是流程规范、流程优化；最后，有利于更好地制定战略决策，支撑集团的战略。

3.8 管理会计实施中的跨职能团队

管理会计对企业组织结构的另一个影响是必须发展跨职能团队。

企业要想获得成功，就必须与客户、供应商、员工、工会、股东甚至竞争者建立合作关系。企业的任何一个职能、单元或部门都无法单独控制最终产品或服务，所以管理复杂系统成为重中之重。传统的组织结构不能迅速做出反应，也不能理解各个流程之间的相互依赖关系，更无法实现预期结果、变化或者改进。例如，传统模式经常在没有管理会计的充分参与下制定职能决策。

会计师必须学会构建并运用各种跨职能团队。

跨职能团队是一个由跨正式部门界限和等级的人组成的小群体，这个群体致力于实现共同的发展目标。跨职能团队是一个整体，其成员之间经常沟通、彼此合作、相互支持、协调活动，利用和开发团队的技术和能力,且这个整体还考虑团队成员的需要。要为客户及其他利益相关者持续创造价值,企业就必须跨越职能、项目、技术、企业甚至行业的界限,必须最有效地利用企业的资源,尤其是人力资源。各种类型的跨职能团队越来越致力于研究、设计更好的产品和服务,把产品和服务推向市场,重组业务流程,改善经营,发现和解决问题,以及创造财富。管理会计如果要发挥作用帮助企业实现目标,就应当考虑在跨职能团队中发挥重要作用。管理会计人员的主要作用:提供、搜集和评估关键团队信息;帮助确立团队目标,安排轻重缓急;运用自身在问题解决工具和决策技术方面的技术性、职能型专家经验和专业知识,参与创造性团队解决问题。

阅读材料

华为是一家略显神秘的成功公司。研究华为公司的文章和著作很多,但是很少能让人一窥全貌。管理会计是公司的一个器官、一项职能。公司的成功,离不开财务的成功。华为的管理会计实践也是非常值得学习和借鉴的。我们从华为首席财务官孟晚舟2017年的新年致辞中,可以看出华为管理会计实践中业财融合的经验。本文来源于华为集团财经。

财经与业务,既相互独立,又相互依偎。

——华为 CFO 孟晚舟 2017 年新年致辞

年末,财务例行陷入一片忙乱之中,大量的数据要看、要算、要管、要分析、要核对、要测算。差不多每年 10 月之后,财务便进入了常态化的加班,全球各个子公司的年度结账与审计工作开始启动,与此同时,新一年的预算编制和评审工作也在同步进行着。财务的每个组织都被这两条主线紧紧地捆绑着,拖曳着,陷入无边无际的数字海洋。

"却顾所来径,苍苍横翠微。"即将要过去的一年对财经团队来说,是沉甸甸的回忆,更是满满当当的收获。特别是,当我们回身想想,一年之前所站的那个高度,再转过身来看看,一年之后所站在的这个高度,我相信,不少的团队,不少的同事,都有无限的感慨,更是无比自豪。

当我们站在这个新的高度,极目远眺曾经翻过的重峦叠嶂,闭目回想曾经蹚过的曲折泥泞,怎能不为自己的努力而欣喜,怎能不为自己的坚韧而鼓舞。当然,此时此刻的超然,只是下一段雄关漫道的开始。

打开作业边界,责任在哪里,我们就在哪里

项目是公司经营管理的基本细胞。项目财务队伍已经持续建设了三年多,今年,各个区域还给我们补充了不少项目财务人员,在"形似"上,项目的财务人员配置已基本到位;在"神似"上,我们距离管理层的期望还很远。虽然项目财务的整体能力还处在半山腰,不过,比比三年前还在山脚的那个我们,还是值得小小地自我激励一下。全球1500名项目财务扑在合同上,扑在项目上,他们无处不在的努力、矢志不渝的执着,正在世界的各个角落燃点着熠熠生辉的星星之火。

S代表处的项目财务,朴实无华,凭借着自己扎扎实实的付出,赢得了一线的认同,证明着自己的价值。他们顶着炎炎烈日深入沙漠站点120千米,每月上站稽查修路情况,为项目降低350万美元的修路成本;他们驱车至2000米深的大峡谷,与站点工程师、分包商们一起实地考察站址,拿出"降低峡谷10个站点的交付成本"的可行方案;他们泡在站点,与当地村民慢慢协商、慢慢沟通,用村民临时接电替代油机费用,为项目的31个站点,节省了10个月的油机费用38.8万美元。

2016年,N国汇率大幅波动,代表处的项目财务主动请缨参战。与客户合同谈判前,收集信息、仔细测算,匡算合同整个履约周期

内可能的外汇损失。合同谈判时,现场参与汇损分担机制的条款谈判,即便是谈判陷入僵局,仍然有礼有节、尽职尽责地维护着公司的利益。合同签约后,一刻也不松懈地投入到回款跟踪上,跟踪交付计划,跟踪客户付款计划,主动协调两边的工作效率和工作进展,有效地关闭了外汇风险敞口。

看庭前花开花落,望天空云卷云舒。虽然项目有了点滴的进步,但大家更明白:"到此处才行一步,望诸君莫废半途。"

我们是一支持续努力、不懈奋斗的团队,我们有信心、有意愿,更有能力,再用2~3年的时间,向一线交付一支"首战用我、用我必胜"的项目财务团队。

对财经团队来说,履行岗位职责是我们的必修课,没有写在岗位职责中的管理机会点,是我们的选修课。财经团队一直努力在必修课上,成为ICT行业的最佳实践者;与此同时,也持续努力在选修课上,成为业务最愿意信赖,也最值得信赖的伙伴。

打开管理边界,机会在哪里,我们就在哪里

项目财务的专业能力还处在爬坡阶段,在探索中成长,适配中修正,将是我们未来几年的常态。财经的另一个变革项目——内控体系建设,经过数年的努力,如今已走出了迷雾。

2007年,内控管理作为IFS的子项目,开启了从零起步的变革大门。十年磨一剑,如今,我们的内控意识、内控机制、内控能力已浸入到各个业务活动之中,业务在哪儿,内控就在哪儿,形成了以"流程责任和组织责任"为基础的全球内控管理体系。

内控推行之初,财经被视为业务的对立面,内控似乎就是为了阻止业务快速通过。在混沌和迷茫中,我们渐渐找准了自己的定位,提出"内控价值要体现在经营结果改善上"的管理目标,并沿着这个目标把内控工作揉细了、掰碎了,一个一个区域、一个一个组织逐个讲解,逐个沟通,逐个松土,逐个确定本领域、本组织的内控工作目标。有了目标,就要承诺;有了承诺,就要实现;内控管理在经营活动中渐渐地扎了根、发出了芽,一线团队也渐渐接受了内

控概念，愿意沿着内控的管理要求展开作业。

M代表处内控团队推行自动化验收、开票与核销系统，以提升OTC流程的作业质量，使得开票时间从80分钟缩短至10分钟，客户拒票率下降98%。

L代表处内控团队同样聚焦OTC流程改进，针对业务实际痛点，他们选择的主攻方向是PO与客户自动对接，项目实施后，当年减少3200万美元的应收账款差异和1100万美元的退货损失。

这些都是内控机制"润物细无声"的运行过程中，实实在在带来的经营收益。当庞大机器运转之时，内控既是润滑剂，又是制动器。改善经营、优化作业，我们是润滑剂；分权制衡、数据透明，我们是制动器。有效的内控管理，为"积极授权、有效行权"提供了制度性的保障。让听得见炮火的组织敢于行权、积极行权，让看得见全局的组织合理授权、有效控制，这才是我们想要的管理和控制机制。内控机制的真正受益者是公司的各级作业组织，权力更多、责任更大、边界更清，每个组织都能在自己的权责边界内活得精彩、活得滋润。

打开组织边界，人才在哪里，我们就在哪里

一个组织，必须在开放的耗散结构中，勇敢地开枝散叶，积极地吸收新能量，这样才能获得持续不断的成长原动力。这就像植物的光合作用，这样一颗种子才能长成参天大树。

在过去的两年里，财经正努力打开组织边界，引入新鲜血液，获取全世界的优秀人才。2014年11月，集团财经首次在英国尝试开展财经专场招聘会，迈出主动拓展海外人才的第一步。现在华为财经团队来自牛津、剑桥、哈佛、耶鲁等著名大学的优秀学生有数百名，他们逐渐成为我们的新生力量。财经的海外招聘已逐渐形成机制，从雇主品牌建设到校园宣讲安排，从暑期实践活动到财经挑战赛，我们在顶尖高校的声誉慢慢积累起来。2016年度，财经招聘了近340名留学生，占我们校招指标的38%。

加入到华为财经的留学生群体有改变世界、实现个人价值的强

烈渴望,有激情,有冲劲,有极强的学习能力、极宽的思维方式。曾经,他们凭借着扎实的成绩和优秀的品格考入世界名校,他们在异国他乡独立生活,努力求知。如今,他们加入我们的战队,所体现出来的普遍品质是"能吃苦""懂得珍惜""时间管理能力强""团队融入快"。他们身上表现出来的艰苦奋斗精神与华为的核心价值观高度契合,我们期待着这些年轻人能够快速成长,绽放出耀眼的光芒。

与此同时,我们贴近人才建组织,贴近人才建能力。

2015年,税务规划团队、关联交易团队整体搬迁伦敦。在此后的一年多的时间里,我们发现这两个领域的高端人才明显比以前容易获取,而且他们融入团队更平滑、更有效。这些在行业内极富专业影响力的专家们,拉动我们的专业税务能力建设快速走上新台阶。大家都把他们尊称为"老爷爷"和"老奶奶",能与这些老爷爷和老奶奶一起共事,是我们这些渴望成长的年轻人的最佳非物质激励。

打破组织边界,引入"不带华为工卡的同僚",无论你是雇员,还是顾问,无论你是全职,还是兼职,我们都将非常开放地合作,"一切为了胜利",是我们唯一的目标。葛兰素史克全球关联交易的主管,大家敬爱的 Nike Papa,他曾经主导了全球最大的关联交易诉讼案件,在他以顾问身份参与我们的税务变革项目后,我们大胆地把技术总监的角色交给了他。事实证明,由他所主导的关联交易架构的技术方案,完全处在行业的领先水平。

打开思想边界,方法在哪里,我们就在哪里

在一切边界中,最难打破的,就是无形的思维边界。只有打破思维模式的禁锢,积极尝试新方法、新工具,突破作业习惯的边界,努力尝试新角度、新立场,才能跟上这个瞬息万变的时代。如今的我们,早已超越了基础财务服务的范畴,ICT 行业的先进工具和方法,正装备着我们的队伍,创造着无限的活力。

在会计核算领域,我们积极尝试自动化、智能化,将标准业务场景的会计核算工作交给机器完成。目前,年平均约 120 万单的员工费用报销,员工在自助报销的同时,机器根据既定规则直接生成

会计凭证；98个国家和746个账户实现互联互通，支付指令可以在2分钟内传递至全球任一开户银行；我们的付款准确率水平高于银行100倍以上；在AP领域的四个业务场景上，我们启用了计算机自行处理，试点半年来，通过手工作业进行并行校验，其结果证明准确率为100%。

我们在全球实施的RFID物联资产管理方案，目前已经覆盖52个国家、2382个场地、14万件固定资产。RFID标签贴在需要管理的固定资产上，每5分钟自动上报一次位置信息，每天更新一次固定资产的使用负荷（或者闲置）情况。部署RFID后，固定资产盘点从历时数月下降为只需数分钟，每年减少资产盘点、资产巡检的工作量9000人·天。资产位移信息、资产闲置信息及时更新、共享，使我们在资产管理方面能够有的放矢。

在资金规划领域的四个大数据项目，展现出令人惊讶的创造力，"经营性现金流预测"和"分币种现金流预测"的大数据项目已正式上线应用。基于大数据模型，由计算机进行上万次数据演算和模型迭代，经营性现金流已实现12个月定长的滚动预测。从历史数据的拟合度看，最小偏差仅800万美元。对于在170个国家实现销售，收入规模约800亿美元，年度现金结算量约4000亿美元的公司来说，800万美元的现金流滚动预测偏差，已经是极为理想的结果。

与机器共舞如此美妙！数字予机器以温度，其惊喜犹如燃情的岁月。

打开能力边界，工匠在哪里，我们就在哪里

财经团队的每个成长脚印里，总有说不完、数不清的动人故事，锲而不舍、艰苦奋斗、精益求精的工匠精神，支撑着整个组织前进。

存货账实相符项目的实施，在公司近30年的经营史上，首次实现了站点存货的可视、可盘点、可管理。站点存货账实一致率，从2014年的76%提升至2016年的98.62%；全球中心仓的账外物料8800万美元实现再利用；清理超期存货7500万美元；中心仓和站点存货的货龄结构大幅改善；ITO同比上年提升44天；这一条条、一

项项可圈可点的成绩，再次证明了我们是一支"说到必将做到"的团队。2014年，我们向公司承诺，用3年时间做到全球存货账实相符，"言必行、行必果"，如今，我们兑现了自己当初的承诺。

账务核算已经实现了全球7×24小时循环结账机制，充分利用了我们共享中心的时差优势，在同一数据平台、同一结账规则下，共享中心接力传递结账作业，极大缩短了结账的日历天数。24小时系统自动滚动调度结账数据，170+系统无缝衔接，每小时处理4000万行数据，共享中心"日不落"地循环结账，以最快的速度支撑着130+代表处经营数据的及时获取。

全球259家子公司均要按照本地会计准则、中国会计准则、国际会计准则的要求，分别出具三种会计准则下的财务报告。还有，按产品、区域、BG、客户群等维度分别出具责任中心经营报告，这些报告都可以在5天之内高质量输出。

巴西的税务专员Carlos发现，按照INSS的规定，已缴纳的社保税可以申请抵扣。于是，他放弃休假，用了两个多月的时间，在堆积成山的仓库中找到150多份退税证据。Carlos的努力和坚持，为我们从巴西税局退回了3000万美元的"冤枉钱"。

"支付工匠"马阿丽，高峰期每天要盖3000个章，每15秒就要盖一个章，以至于端着饭碗时手会不停地颤抖。然而，即使是这样的高强度、高压力，马阿丽连续10余年，数千亿美元的资金从她手上付出，竟然没有一分钱的差错。这是怎样的努力，又是怎样的付出！

传统的财务服务，早已不再是我们孜孜以求的目标。那个驼着背、弯着腰、端着水杯、戴着老花眼镜的账房先生，绝不再是我们的形象代言。

财经已经融入公司所有业务活动之中。从合同概算到项目回款，从产品规划到市场分析，从出差申请到费用报销，从资产管理到存货管理，从销售融资谈判到融资规划落地，从税务筹划到定价设计……伴随公司的成长，财经组织从"非常落后"走到了"比较落后"，又从"比较落后"走到了"有点先进"。孔子问志，颜渊曰："愿无伐善，无施劳。"虽然我们的文化是低调的，但财经团队的持续努力和点滴成就，还是相当令我们自豪。如今，我们的财经专业能力，普遍处于行业较佳水平，个别领域已处于行业最佳水平。

正如舒婷在《致橡树》里写的一样，财经组织与业务组织的关系，就像橡树与木棉那样，既相互独立，又相互依偎。

新年来临之际，让我借用舒婷的这首小诗，作为新年致辞的结束语吧，送给奋斗在世界各地的财经小伙伴们，感谢大家持之以恒的努力，更感谢大家永不言败的奋斗之心。我相信，我们既不会是攀援的凌霄花，也不是痴情的鸟儿，我们是高昂挺拔的木棉！

……
我必须是你近旁的一株木棉，
作为树的形象和你站在一起，
根，紧握在地下，
叶，相触在云里，
……
你有你的铜枝铁干，
像刀，像剑，
也像戟，
我有我的红硕花朵，
像沉重的叹息，
又像英勇的火炬，
我们分担寒潮、风雷、霹雳，
我们共享雾霭、流岚、虹霓，
……
来年，我们依然更加努力，我们依然可以骄傲！

第 4 章

我国管理会计中业务和财务融合问题研究

业财融合是指业务部门与财务部门通过信息化技术和手段实现业务流、资金流、信息流等数据源的及时共享,基于价值目标共同做出规划、决策、控制和评价等管理活动,一起保证企业价值创造过程的实现。财务与业务活动的有机融合已经成为传统会计从财务核算向价值创造转型的关键。我们运用上海国家会计学院会计信息调查中心的调查平台对我国企业业财融合问题进行了问卷调查,以判断企业管理会计的应用现状,为我国企业管理会计的实践提供一些依据。

4.1 研究背景

2014 年 10 月 27 日,财政部发布了《关于全面推进管理会计体系建设的指导意见》,指出"管理会计是会计的重要分支,主要服务于单位内部管理需要,是通过利用相关信息,有机融合财务与业务活动,在单位规划、决策、控制和评价等方面发挥重要作用的管理活动"。2016 年 6 月 22 日,财政部发布了《管理会计基本指引》,进一步明确"单位应用管理会计,应遵循融合性原则。管理会计应嵌入单位相关领域、层次、环节,以业务流程为基础,利用管理会计工具方法,将财务和业务等有机融合"。我们把"财务与业务活动的有机融合"简称为"业财融合"。

具体来讲，业财融合是指业务部门与财务部门通过信息化技术和手段实现业务流、资金流、信息流等数据源的及时共享，基于价值目标共同做出规划、决策、控制和评价等管理活动，以保证企业价值创造过程的实现。财务与业务活动的有机融合已经成为传统会计从财务核算向价值创造转型的关键。

从国内外业财融合研究文献来看，已有的研究以业财融合的意义、必要性或者业财融合在某个企业的实践情况简单总结介绍为主，尚没有对业财融合的系统性研究。我们希望通过问卷调查给业财融合的研究提供一些思路和资料，以期能促进业财融合的实践。

4.2 问卷调查的基本情况

我们运用上海国家会计学院会计信息调查中心的调查平台对我国企业业财融合问题进行了问卷调查。

为了从财务部门和业务部门两个角度了解财务和业务融合的情况，我们针对财务会计人员和业务人员（非财务会计人员）分别发放了不同的调查问卷。本次调查共发放并回收问卷 969 份，其中：发放给财务会计人员问卷 903 份，剔除无效问卷 328 份，回收有效问卷 575 份，有效问卷率为 63.79%；发放给非财务会计人员问卷 66 份，回收有效问卷 66 份，有效问卷率为 100%；总计发放问卷 969 份，回收有效问卷 641 份，有效问卷率为 66.15%。

我们依据管理会计的规划、决策、执行和评价四大职能设计了相应的问题。规划的问题与公司战略和年度业绩目标制定相关，决策的问题就是公司的重大投融资决策，执行的问题包括采购、销售、预算管理、合同管理、业务流程以及财务分析与业务改进，评价的问题则是公司绩效考核和激励。

4.3 我国企业业财融合的现状：财务会计人员的视角

4.3.1 调查对象的学历分布

本次调查问卷的财务会计人员调查对象中，161人为本科以下，309人为本科，105人为硕士及以上，具体比例构成如表4-1所示。

表4-1 调查对象的学历分布情况

选项	调查对象	比例（%）
本科	309	53.74
本科以下	161	28.00
硕士及以上	105	18.26
合计	575	100.00

4.3.2 调查对象的职务分布

本次调查问卷的财务会计人员调查对象中，154人为总会计师或财务总监及以上，129人为财务或会计经理，155人为财务或会计主管，137人为主管以下。具体比例构成如表4-2所示。

表4-2 调查对象的职务分布情况

选项	调查对象	比例（%）
总会计师或财务总监	154	26.78
财务或会计经理	129	22.43
财务或会计主管	155	26.96
主管以下	137	23.83
合计	575	100.00

4.3.3 调查对象所处的行业

不同行业业务和财务融合的情况可能不一样，因此我们对调查对象所处的行业进行了调查。我们将行业划分为工业行业、商品流通行业、IT行业、服务行业和其他行业。具体情况为：工业行业234家，服务行业

138 家，商品流通行业 54 家，IT 行业 29 家，其他行业 120 家，其比例如表 4-3 所示。

表 4-3 调查对象的行业分布情况

选项	调查对象	比例（%）
IT 行业	29	5.04
工业行业	234	40.70
服务行业	138	24.00
商品流通行业	54	9.39
其他行业	120	20.87
合计	575	100.00

4.3.4 调查对象所在公司的规模情况

我们以实收资本作为公司规模的指标，按实收资本划分为 1000 万元以下、1000 万元～5000 万元、5000 万元～1 亿元、1 亿元～5 亿元、5 亿元以上 5 个级别。具体情况如下：1000 万元以下 126 家、1000 万元～5000 万元 159 家、5000 万元～1 亿元 76 家、1 亿元～5 亿元 101 家、5 亿元以上 113 家，其比例如表 4-4 所示。

表 4-4 调查对象的公司规模分布情况

选项	调查对象	比例（%）
1000 万元以下	126	21.91
1000 万元～5000 万元	159	27.65
5000 万元～1 亿元	76	13.22
1 亿元～5 亿元	101	17.57
5 亿元以上	113	19.65
合计	575	100.00

4.3.5 调查对象对公司前十大销售客户的了解情况

如果财务人员要融入业务过程当中，那么必须了解企业的研发、采购、生产、销售等具体经济活动。我们通过调查对象对企业前十大销售客户的了解程度来看调查对象对企业销售活动的融合程度，具体情况如

表 4-5 所示。调查结果中，34.61% 的调查对象了解全部前十大客户，33.39% 的调查对象对前十大客户了解的数量多于 5 个，23.48% 的调查对象对前十大客户了解的数量少于 5 个，甚至有 8.52% 的调查对象对前十大客户一个也不了解。从对销售客户了解的结果来看，有三分之一的财务人员融入业务活动的程度较高，但是绝大多数财务人员融入业务活动的程度偏低。

表 4-5　调查对象对公司前十大销售客户的了解情况

选项	调查对象	比例（%）
全部了解	199	34.61
多于 5 个	192	33.39
少于 5 个	135	23.48
一个也不了解	49	8.52
合计	575	100.00

4.3.6　调查对象对公司前十大供应商的了解情况

财务部门需要了解公司的供应商，才能更好地参与公司的采购业务和采购成本管理。我们通过调查对象对企业前十大供应商的了解程度来看调查对象对企业采购活动的融合程度，具体情况如表 4-6 所示。调查结果中，31.65% 的调查对象了解全部前十大供应商，33.74% 的调查对象对前十大供应商了解的数量多于 5 个，26.61% 的调查对象对前十大供应商了解的数量少于 5 个，甚至有 8% 的调查对象对前十大供应商一个也不了解。从上述结果来看，有三分之一的财务人员融入业务活动的程度较高，但是绝大多数财务人员融入业务活动的程度偏低，比前面销售活动的结果还要略微差一点。

表 4-6　调查对象对公司前十大供应商的了解情况

选项	调查对象	比例（%）
全部了解	182	31.65
多于 5 个	194	33.74
少于 5 个	153	26.61
一个也不了解	46	8.00
合计	575	100.00

4.3.7 财务部门与公司战略规划的关系

公司战略规划中,不仅需要考虑宏观经济、行业变化等外部因素,还需要充分考虑公司自身的财务资源以及未来的中长期财务目标。因此,理论上来说财务部门应该融入公司战略规划,并发挥非常重要的作用。我们调查了财务部门参与公司战略规划的情况,具体结果如表 4-7 所示。从财务部门与公司战略规划的调查结果来看,39.48% 的调查对象参与公司战略规划的制定,对公司战略规划有一定的发言权并深刻理解公司战略,能很好地在战略规划环节实现财务和业务的融合;22.96% 的调查对象参与公司战略规划的制定但没有发言权,深刻理解公司战略,通过被动的方式适应业务的需要;29.39% 的调查对象未参与公司战略规划的制定,但基本理解公司的战略,不能实现有效的业财融合;8.17% 的调查对象则未参与公司战略规划的制定,也不知道公司战略,意味着在战略规划环节财务部门根本没有考虑业务和财务融合的问题。

表 4-7 财务部门与公司战略规划的关系

选项	调查对象	比例(%)
参与公司战略规划的制定,对公司战略规划有一定的发言权并深刻理解公司战略	227	39.48
参与公司战略规划的制定但没有发言权,深刻理解公司战略	132	22.96
未参与公司战略规划的制定,但基本理解公司的战略	169	29.39
未参与公司战略规划的制定,也不知道公司战略	47	8.17
合计	575	100.00

4.3.8 财务部门在公司年度业绩目标制定中的作用

公司年度业绩目标包括财务目标和非财务目标,对于企业而言,对盈利的追求永远是核心目标,因此理论上来说财务部门在公司年度业绩目标制定中的作用应该是非常重大的。财务部门在公司年度业绩目标制定中的作用如表 4-8 所示。从财务部门在公司年度业绩目标制定中的作用来看,

10.78% 的调查对象财务部门具有决定性的发言权，业务部门的意见作为参考，53.22% 的调查对象财务部门具有一定的发言权并与业务部门协商确定，这两种情况下都能很好地在制定公司年度业绩目标环节实现财务和业务的融合；22.78% 的调查对象业务部门具有决定性的发言权，财务部门的意见作为参考，财务部门以被动的方式去适应业务部门，不能实现有效的业财融合；13.22% 的调查对象业务部门为主，不参考财务部门的意见，也就是说，在制定公司年度业绩目标环节，财务部门根本没有业财融合。

表 4-8 财务部门在公司年度业绩目标制定中的作用

选项	调查对象	比例（%）
财务部门具有决定性的发言权，业务部门的意见作为参考	62	10.78
财务部门具有一定的发言权，与业务部门协商确定	306	53.22
业务部门具有决定性的发言权，财务部门的意见作为参考	131	22.78
业务部门为主，不参考财务部门的意见	76	13.22
合计	575	100.00

4.3.9 财务部门在公司重大投资决策中的作用

在公司的重大投资决策中，除了战略方面的考虑外，还需要考虑财务上的可行性，以净现值、内部报酬率、投资回收期等财务指标来帮助做出科学、合理的决策，因此理论上而言财务部门应该充分融入公司的重大投资决策活动。财务部门在公司重大投资决策中的作用如表 4-9 所示。从财务部门在公司重大投资决策中的作用来看，19.48% 的调查对象高度重视财务部门的意见，运用净现值、内含报酬率、投资回收期等指标进行决策，能很好地实现财务和业务的融合；37.22% 的调查对象适当参考财务部门的意见，考虑净现值、内含报酬率、投资回收期等指标进行判断，这种情况下在重大投资决策中财务部门通过信息支持来实现较好的业财融合；32.35% 的调查对象在公司重大投资决策中以业务部门的意见为主，听取财务部门的意见，有冲突时由业务部门决策，财务部门以被动的方式去适应业务部门，只能实现很有限的业财融合；10.96% 的调查对象由业务部门进行决策，财务部门不参与重大的投资决策，只能说这种情况下，在公司重大投资决策环节，财务部门没有一点业财融合的迹象。

表 4-9 财务部门在公司重大投资决策中的作用

选项	调查对象	比例（%）
高度重视财务部门的意见，运用净现值、内含报酬率、投资回收期等指标进行决策	112	19.48
适当参考财务部门的意见，考虑净现值、内含报酬率、投资回收期等指标进行判断	214	37.22
以业务部门的意见为主，听取财务部门的意见，有冲突时由业务部门决策	186	32.35
由业务部门进行决策，财务部门不参与重大投资决策	63	10.96
合计	575	100.00

4.3.10 财务部门与业务部门在预算管理中的融合情况

自 20 世纪 90 年代开始，预算管理在企业中得到了越来越多的应用。预算管理一般由财务部门牵头负责，其他业务部门参与，因此从理论上来说预算管理可以促进财务部门和业务部门的融合。财务部门与业务部门在预算管理中的融合情况如表 4-10 所示。从财务部门与业务部门在预算管理中的融合情况看，25.91% 的调查对象高度重视预算管理，开展由企业所有部门参与的预算管理工作，也就是说，能开展真正意义上的全面预算管理，从而很好地实现财务和业务的融合；48.87% 的调查对象预算管理工作由财务部门牵头负责，其他部门有所参与，这种情况下财务部门能在预算管理中发挥主动作用，较好地实现财务部门和业务部门的融合；7.83% 的调查对象预算管理工作由财务部门全面负责，其他部门基本不参与，预算管理成了财务部门的自弹自唱，无法实现有效的业财融合；17.39% 的调查对象尚未开展预算管理。整体而言，预算管理环节是财务部门实现业财融合较好的环节。

表 4-10　财务部门与业务部门在预算管理中的融合情况

选项	调查对象	比例（%）
高度重视预算管理，开展由企业所有部门参与的预算管理工作	149	25.91
预算管理工作由财务部门牵头负责，其他部门有所参与	281	48.87
预算管理工作由财务部门全面负责，其他部门基本不参与	45	7.83
还没有开展预算管理	100	17.39
合计	575	100.00

4.3.11　财务部门与业务部门在业务流程中的融合情况

根据财政部《企业内部控制基本规范》及《企业内部控制应用指引》，企业的财务部门应当与业务部门一起设计符合内部控制目标和要求的业务流程。财务部门与业务部门在业务流程中的融合情况如表 4-11 所示。从财务部门与业务部门在业务流程中的融合情况看，16.52% 的调查对象财务部门参与公司所有业务流程的设计，在流程中嵌入风险控制点，能够从财务部门的角度通过业务流程来很好地实现事先、事中、事后全过程的财务管理，实现财务和业务的高度融合；40.87% 的调查对象财务部门参与公司核心业务流程（采购、生产、销售、研发等）的设计，在流程中嵌入风险控制点，这种情况下财务部门能在核心业务上与业务部门很好地衔接，较好地实现财务部门和业务部门的融合；33.39% 的调查对象财务部门不参与公司业务流程设计，但业务部门在流程设计中会考虑财务部门的要求，财务部门了解公司业务流程，这种情况下财务部门只能被动地去适应业务部门，实现有限度的业财融合；9.22% 的调查对象业务部门进行业务流程设计，不考虑财务部门的要求，财务部门不知道公司业务流程，这个时候财务部门成为公司的出纳，根本没有介入业务过程的管理，没有一点业财融合。

表 4-11　财务部门与业务部门在业务流程中的融合情况

选项	调查对象	比例（%）
财务部门参与公司所有业务流程的设计，在流程中嵌入风险控制点	95	16.52
财务部门参与公司核心业务流程（采购、生产、销售、研发等）的设计，在流程中嵌入风险控制点	235	40.87
财务部门不参与公司业务流程设计，但业务部门在流程设计中会考虑财务部门的要求，财务部门了解公司业务流程	192	33.39
业务部门进行业务流程设计，不考虑财务部门的要求，财务部门不知道公司业务流程	53	9.22
合计	575	100.00

4.3.12　财务部门参与合同管理的情况

合同代表着一个公司的权利和义务，绝大多数的经济活动以合同作为起点，财务部门参与合同管理的情况表明财务部门对经济活动的融合程度。财务部门参与合同管理的情况如表 4-12 所示。从财务部门参与合同的管理情况看，42.61% 的调查对象必须由财务部门事先会签同意，如不同意则不能签订合同，能够从财务部门的角度通过合同来很好地实现对经济活动的事先管理，实现财务和业务的高度融合；26.78% 的调查对象会事先告知财务部门，但无须财务部门同意，这种情况下财务部门被动地去适应业务部门，只能实现很有限的业财融合；24% 的调查对象未事先告知财务部门，签订后告知财务部门，6.61% 的调查对象合同履行完毕告知财务部门，这两种情况下财务部门根本没有介入合同管理，既无法防范风险，也无法开展资金管理等传统的财务管理工作，没有一点业财融合。

表 4-12　财务部门参与合同管理的情况

选项	调查对象	比例（%）
必须由财务部门事先会签同意，如不同意则不能签订合同	245	42.61
会事先告知财务部门，但无须财务部门同意	154	26.78
未事先告知财务部门，签订后告知财务部门	138	24.00
合同履行完毕告知财务部门	38	6.61
合计	575	100.00

4.3.13　财务部门参与公司信息系统建设的情况

信息技术在企业中的应用可以极大地提升企业管理的效率和效果。从信息技术应用初期的各部门各自为政，逐步过渡到公司信息系统集成阶段，越来越多的公司进行集业务信息、财务信息等所有信息模块于一体的企业资源计划（ERP）信息系统建设。在信息流中，绝大多数经济活动的信息流向的终点在财务部门，因此，需要财务部门从信息终点的角度来看信息生成过程及流经途径的设计，从而融入公司信息系统建设，推进公司信息系统的不断完善。财务部门参与公司信息系统建设的情况如表 4-13 所示。从财务部门在公司信息系统建设中的作用和角色看，17.22% 的调查对象反映公司的信息系统建设由首席财务官和财务部门主导，信息技术部门提供技术支持，财务信息系统与其他系统实现了集成，这种情况下，财务部门可以充分运用现代信息技术和手段得到及时、准确的信息，实现业务流、信息流、数据流三流合一来实现财务和业务的高度融合；34.09% 的调查对象反映公司信息系统建设由信息技术部门主导，财务部门参与并发挥重大作用，基本实现财务信息系统与其他系统的集成，这种情况下财务部门可以运用信息技术和手段较好地实现财务部门和业务部门的融合；30.61% 的调查对象反映公司信息系统建设由信息技术部门主导，财务部门参与但发挥一般作用，财务信息系统未能实现与其他系统的集成，这种情况下财务部门无法有效借助信息技术和手段而只能更多地使用人工操作和手段实现很低程度的业财融合；18.09% 的调查对象反映公司信息系统建设由信息技术部门主导，财务部门提出需求但不参与具体过程，财务信息系统成为信息孤岛，财务部门被其他信息系统隔绝，财务部门无法得到及时、准确的信息参与到企业的管理中去。在互联网经济迅猛发展的今天，有 49% 的公司的财务部门无法借助信息系统建设融入企业的管理，是一个值得财务和会计专业人员深刻思考的问题。

表 4-13　财务部门参与公司信息系统建设的情况

选项	调查对象	比例（%）
由首席财务官和财务部门主导，信息技术部门提供技术支持，财务信息系统与其他系统集成	99	17.22
由信息技术部门主导，财务部门参与并发挥重大作用，基本实现财务信息系统与其他系统的集成	196	34.09
由信息技术部门主导，财务部门参与但发挥一般作用，财务信息系统未能实现与其他系统的集成	176	30.61
由信息技术部门主导，财务部门提出需求但不参与具体过程，财务信息系统成为信息孤岛	104	18.09
合计	575	100.00

4.3.14　财务分析与业务改进

财务分析是财务部门的本职工作，企业内部财务分析的目的是从财务结果的角度发现企业管理中的问题并提出管理建议以帮助业务部门改进业务。财务分析与业务改进的情况如表 4-14 所示。从财务分析和业务改进的情况看，34.09% 的调查对象通过财务分析发现业务管理中的问题所在并提出改进建议，改进建议能及时得到业务部门的执行，这是一种比较理想的状态，财务部门和业务部门互动程度高，在实际工作中实现了财务和业务的高度融合。39.03% 的调查对象通过财务分析发现业务管理中的问题所在并提出改进建议，但改进建议很难及时得到业务部门的执行，这种情况下财务部门具备了融入业务管理的积极性、主动性，但是业务部门和财务部门之间的互动性不够，财务部门影响业务部门的能力比较欠缺，只能达到一般程度的财务部门和业务部门的融合。13.04% 的调查对象通过财务分析发现业务管理中的问题所在但无法提出改进建议，或者改进建议根本无法得到业务部门的执行，这种情况下无法实现业财融合。具体来说：一是财务部门本身的能力和水平有限，只能发现财务数据上的问题，但无法知道引起财务数据问题的真正业务原因，从而无法给业务部门提出针对性的建议，因此需要提升财务人员的业务素质和水平；二是财务人员在工作中的沟通和影响能力有限，无法说服业务部门来执行改进建议，因此财务部门和人员需要提升交流和沟通能力等各种管理软技能。13.39%的调查对象财务分析主要就财务数据的变动进行计算和简要分析，不知道业务活动中的问题，没有业务改进建议，这种情况下财务部门和人员就是传统的核算型会计，由于自身素质和水平所限无法从财务部门的角度融入企业的业务管理，需要从提升财务部门和人员的能力角度入手来解决问题。

表 4-14 财务分析与业务改进的情况

选项	调查对象	比例（%）
通过财务分析发现业务管理中的问题所在并提出改进建议，改进建议能及时得到业务部门的改进	197	34.26
通过财务分析发现业务管理中的问题所在并提出改进建议，但改进建议很难及时得到业务部门的执行	226	39.31
通过财务分析发现业务管理中的问题所在但无法提出改进建议，或者改进建议根本无法得到业务部门的执行	75	13.04
财务分析主要就财务数据的变动进行计算和简要分析，不知道业务活动中的问题，没有业务改进建议	77	13.39
合计	575	100.00

4.3.15 财务部门参与考核激励的情况

与前述财务内容是确定公司战略规划和年度业绩目标的重要方面保持一致，财务业绩指标的完成情况是公司考核激励的重要组成部分，因此，财务部门应当融入公司的考核激励中以发挥业务导向作用。财务部门参与考核激励的情况如表 4-15 所示。从财务部门在公司考核激励中的作用看，29.04%的调查对象的公司财务部门主导财务绩效指标的制定和财务绩效指标的核定，并参与激励制度的制定，这种情况下公司比较容易引领各个业务部门围绕公司的财务绩效指标来开展业务活动，从而实现财务和业务的高度融合。43.30%的调查对象的公司人力资源部门主导所有绩效指标的制定和激励制度的制定，适当参考财务部门的意见，这种情况下财务部门可以通过发表自身的意见来影响人力资源部门，但是发挥的作用可能有限，只能在一定程度上保证财务绩效指标得到业务部门的重视，实现一般程度的财务部门和业务部门的融合。19.13%的调查对象的公司人力资源部门主导所有绩效指标的制定和激励制度的制定，未参考财务部门的意见，但财务部门理解公司的绩效考核制度和激励制度，这种情况下财务部门只能被动地去执行公司的考核激励政策，无法从财务部门和人员的角度主动融入企业的管理。8.52%的调查对象财务部门不理解公司的绩效考核和激励制度，这种情况下财务部门已经是公司的一个被边缘化了的部门，财务部门和人员需要认真反思自己的工作，考虑如何发挥自己的主观能动性来融入到企业。

表 4-15 财务部门参与考核激励的情况

选项	调查对象	比例（%）
财务部门主导财务绩效指标的制定和财务绩效指标的核定，并参与激励制度的制定	167	29.04
人力资源部门主导所有绩效指标的制定和激励制度的制定，适当参考财务部门的意见	249	43.31
人力资源部门主导所有绩效指标的制定和激励制度的制定，未参考财务部门的意见，但财务部门理解公司的绩效考核制度和激励制度	110	19.13
财务部门不理解公司的绩效考核和激励制度	49	8.52
合计	575	100

4.3.16 财务人员角度财务和业务融合的难点

为了了解财务人员角度对财务和业务融合的难点的看法，我们设置了可以多选的调查问题。按照调查对象选择的多少，依次如下（具体如表 4-16 所示）。

52%的调查对象选择了"公司管理层对财务部门的定位不明确，或定位在传统的会计核算层面"这一选项，因此，明确财务部门定位，扭转公司管理层财务会计就是核算的观念，对实现业财融合至关重要。我们认为，财政部《管理会计基本指引》的发布，对企业明确财务部门的定位具有重要的意义。

表 4-16　财务人员角度业财融合的难点

选项	调查对象	比例（%）
公司管理层对财务部门的定位不明确，或定位在传统的会计核算层面	299	52.00
业务部门比较强势，财务部门比较弱势，业务部门不理解财务工作	256	44.52
财务信息系统与其他管理信息系统没有集成，财务很难得到及时的业务信息	251	43.65
财务人员本身的知识水平有局限，不懂公司战略、业务等	216	37.57

44.52%的调查对象选择了"业务部门比较强势，财务部门比较弱势，业务部门不理解财务工作"，这反映了一方面财务部门的交流与沟通能力等管理软技能需要提升，另一方面，财务部门需要实现转型，从被动的核算型向积极的管理型去转型，通过为公司创造真正的价值来获取管理中的权威性。

43.65%的调查对象选择了"财务信息系统与其他管理信息系统没有集成，财务很难得到及时的业务信息"，在信息化技术高度发达的时代，如何能够提高企业财务管理的信息化水平，成为财务会计人员的机遇与挑战。

37.57%的调查对象选择了"财务人员本身的知识水平有局限，不懂公司战略、业务等"。这是从财务人员的角度做出的选择，自己认为自身水平有局限是一个非常艰难的选择，从很大程度上说明，目前的财务人员主要还是局限于传统的会计核算工作，要让财务人员成为懂战略、懂业务、懂管理、懂财务和会计的复合型、管理型人才，还需加强财务会计人员的学习和培训，调整财务会计人员的结构，进行财务会计人员供给侧改革。

4.4　我国企业业财融合的现状：业务人员的视角

为了从业务人员（非财务人员）角度了解业财融合的情况，我们特别针对业务人员设计了调查问卷，调查情况如下。

4.4.1 调查对象的学历分布

本次调查问卷的业务人员调查对象中，12人为本科以下，35人为本科，19人为硕士及以上，具体比例构成如表4-17所示。

表 4-17　调查对象的学历情况

选项	调查对象	比例（%）
本科以下	12	18.18
本科	35	53.03
硕士及以上	19	28.79
合计	66	100.00

4.4.2 调查对象的职务分布

本次调查问卷的财务会计人员调查对象中，14人为部门总监及以上，12人为部门经理，13人为主管，27人为主管以下。具体比例构成如表4-18所示。

表 4-18　调查对象的职务情况

选项	调查对象	比例（%）
部门总监以及以上	14	21.21
部门经理	13	19.70
主管	12	18.18
主管以下	27	40.91
合计	66	100.00

4.4.3 调查对象所处的行业

不同行业业务和财务融合的情况可能不一样，因此我们对调查对象所处的行业进行了调查。我们将行业划分为工业行业、商品流通行业、IT行业、服务行业和其他行业。具体情况为：工业行业7家，服务行业29家，商品流通行业2家，IT行业1家，其他行业27家，其比例如表4-19所示。

表 4-19　调查对象的行业情况

选项	调查对象	比例（%）
服务行业	29	43.94
工业行业	7	10.61
IT 行业	1	1.52
商品流通行业	2	3.03
其他行业	27	40.91
合计	66	100.00

4.4.4　调查对象所在公司的规模情况

我们以实收资本作为公司规模的指标，按实收资本划分为1000万元以下、1000万元～5000万元、5000万元～1亿元、1亿元～5亿元、5亿元以上5个级别。具体情况如下：1000万元以下22家、1000万元～5000万元6家、5000万元～1亿元9家、1亿元～5亿元7家、5亿元以上22家，其比例如表4-20所示。

表 4-20　调查对象公司的规模情况

选项	调查对象	比例（%）
1000万元以下	22	33.33
1000万元～5000万元	6	9.09
5000万元～1亿元	9	13.64
1亿元～5亿元	7	10.61
5亿元以上	22	33.33
合计	66	100.00

4.4.5　业务人员对财务部门主要工作职责的看法

为了了解业务人员对财务部门主要工作职责的看法，我们设置了可以多选的调查问题，调查结果如表4-21所示。从业务人员对财务部门主要工作职责的界定上来看，业务人员对财务的认识还是比较全面的，绝大多数业务人员认为财务部门不仅仅局限于进行账务处理并编制公司的财务报告以及预算管理等传统的财务会计工作，还应该参与到公司战略规划、重大投融资决策、确定公司经营目标、公司营运管理、绩效考核和激励、流程设计和风险防范、通过财务分析改进业务等全方位的公司管理活动中。因此，从业务人员的角度来说，财务融入到业务中去，具备良好的环境基础。

表 4-21　业务人员对财务部门主要工作职责的看法

选项	调查对象	比例（%）
参与公司的战略规划并保证公司战略规划的贯彻和落实	49	74.24
参与公司的重大投融资决策	52	78.79
参与确定公司经营目标	39	59.09
参与公司的营运管理，提高公司的营运效率	45	68.18
参与公司的绩效考核和激励方案制定及实施	50	75.76
进行账务处理并编制公司的财务报告，保证财务信息的真实性	59	89.39
通过财务数据分析公司业务活动中的问题并提出改进建议	61	92.42
参与设计并推动公司的管理制度和业务流程的执行，防范公司风险	43	65.15
负责公司的预算管理工作	54	81.82

4.4.6　业务人员对财务部门的需求情况

从财务和业务有机融合的观点看，不仅是财务人员需要积极参与到企业的业务活动中，企业的业务人员也需要积极运用财务部门的信息或者寻求财务部门的支持和帮助。表 4-22 是业务人员对财务部门的需求情况的调查结果。从调查结果来看，业务人员对财务工作的需求是很大的，80.31% 的调查对象反映曾经联系过财务部门提供数据或信息以帮助做出决策。财务部门为 51.52% 的调查对象提供了所需的信息，但是未能为 28.79% 的调查对象提供所需信息，因此财务部门为业务部门提供支持的情况虽然总体来说还可以，但如果要进一步实现业财融合的话，财务部门的能力还是需要进一步提升。有 19.70% 的调查对象未曾联系过财务部门，也不知道财务部门能提供什么支持和帮助。对于这种情况，一是有可能少数调查对象确实不需要财务部门的支持；二是可能业务人员不了解财务部门的工作，需要加强财务部门与业务部门之间的交流沟通，财务部门了解业务部门的需求，业务部门了解财务部门的支持能力。

表 4-22　业务人员对财务部门的需求情况

选项	调查对象	比例（%）
你曾经联系过财务部门提供数据或信息，以帮助做出决策，财务部门提供了你所需的信息	34	51.52
你曾经联系过财务部门提供数据或信息，以帮助做出决策，但财务部门无法提供你所需的信息	19	28.79
你从未就上述事项联系过财务部门，也不知道财务部门在这方面能提供什么支持和帮助	13	19.70
合计	66	100.00

4.4.7　财务部门对业务的支持程度

财务部门需要改变以往被动反映经济活动结果的状态，给予业务活动积极主动的支持和渗透，这样才能实现财务和业务的有机融合。财务部门对业务的支持程度如表 4-23 所示。43.94% 的调查对象选择了"财务部门曾经联系过你，给你提供过管理建议，并且你认为管理建议很有帮助"，因此，应该说总体而言业务人员对财务部门的支持程度还是比较认可的，从而实现较好的业财融合。16.67% 的调查对象选择了"财务部门曾经联系过你，给你提供过管理建议，但你认为管理建议帮助不大"，1.52% 的调查对象选择了"财务部门曾经联系过你，给你提供过管理建议，但你认为管理建议根本无法执行"，可见，财务部门在一些情况下，无法提供业务部门认为有价值的建议，从而无法实现业财融合。还有 37.88% 的调查对象选择了"财务部门从未给你提供过管理建议"，因此，从业务部门的角度来看，财务工作做得还远远不够，财务部门要发挥更多的积极性为业务提供更多的指导和支持，从财务部门的角度来推动业财融合的实现。

表 4-23　财务部门对业务的支持程度

选项	调查对象	比例（%）
财务部门曾经联系过你，给你提供过管理建议，并且你认为管理建议很有帮助	29	43.94
财务部门曾经联系过你，给你提供过管理建议，但你认为管理建议帮助不大	11	16.67
财务部门曾经联系过你，给你提供过管理建议，但你认为管理建议根本无法执行	1	1.52
财务部门从未给你提供过管理建议	25	37.88
合计	66	100.00

4.4.8　业务部门是否需要业财融合

95.45% 的调查对象认为业务部门应该和财务部门实现融合，财务部门可以帮助业务部门实现预定的目标，只有 1.52% 的调查对象认为财务部门不仅没有帮助业务部门，反而会阻碍业务部门目标的实现，3.03% 的调查对象认为业务部门不应该和财务部门实现融合，财务部门的各种管理和控制无法帮助业务部门实现预定目标。具体参见表 4-24。从调查结果来看，绝大多数的业务人员都支持和欢迎业财融合，业财融合具备良好的业务基础。

表 4-24　业务部门对业财融合的看法

选项	调查对象	比例（%）
财务部门不仅没有帮助业务部门，反而会阻碍业务部门目标的实现	1	1.52
业务部门不应该和财务部门实现融合，财务部门的各种管理和控制无法帮助业务部门实现预定目标	2	3.03
业务部门应该和财务部门实现融合，财务部门可以帮助业务部门实现预定的目标	63	95.45
合计	66	100.00

4.5　我国企业业财融合的基本结论

我们对业财融合问题通过问卷的方式进行了调查分析和研究。由于缺乏可供参考的文献，很多内容都是根据企业管理会计的实践进行整理和设计，因此需要不断完善。总体而言，根据管理会计的规划、决策、执行、评价四大职能所设计的问卷具备较好的逻辑。我们的基本结论如下：

（1）从调查对象财务人员的角度看，部分财务人员已经融入了企业战略规划环节，不过在制定年度业绩目标时有更多的财务人员能够与业务部门更好地融合。在重大投融资决策环节，部分财务人员能积极主动融入决策业务，但更多的财务人员更多时候是被动地适应业务部门而不是通过互动来实现融合。在业务运营环节，部分财务人员融入到了采购与销售业务活动中，但更多的财务人员融入业务的程度明显不够高；多数财务人员在预算管理中能够推进与业务部门的融合，但是还有少数财务人员在预算管理中自弹自唱成为"独角戏"；在业务流程中，多数财务人员已经参与到公司全部业务流程或者核心业务流程中，部分财务人员被动地适应公司业务流程；部分财务人员能够通过合同管理实现对业务活动的管理，但大部分财务人员则没有参与合同管理而只能被动地对业务活动进行事后的会计反映；在公司信息化建设中，有一半左右的财务人员能够通过信息系统集成加强对业务信息的管理，但剩下的一半左右财务人员则无法通过信息系统融入公司信息体系，成为"信息孤岛"；在财务分析与业务改进环节，只有三分之一强的财务人员能提出改进建议并得到及时执行，而其余财务人员要么改进建议得不到执行，要么无法提出有效的改进建议。在绩效考核与激励中，部分财务人员可以通过主导考核激励政策来引导业务部门，但是，大多数财务人员则是通过参与方式比较被动地在这一环节发挥作用。最后，不管是哪一个环节，总有少数财务人员完全置身于业务部门和业务活动之外。总体而言，虽然部分财务人员已经较好地融入或者在融入业务部门和业务活动中，但是离理想中的业财有机融合的状态，还有较远的差距。

（2）从调查对象业务人员的角度看，绝大多数业务人员对财务人员的职责定位还是比较全面的，并且绝大多数业务人员都认为应该可以实现业务和财务的融合来为企业创造更多的价值。过半数的业务人员曾经联系过财务部门帮助提供决策所需的信息并得到了有效的支持，但是还有部分业务人员未能得到所需的信息以及支持，甚至有部分业务人员根本不知道财务部门能够提供什么支持和服务。有很多的业务人员认为财务部门曾经主动提供过有帮助的管理建议，但是还有少部分业务人员认为财务部门曾经主动提供过的管理建议毫无帮助，更有不少业务人员认为财务部门从未曾主动提供过任何管理建议。因此，从业务人员的角度，虽然财务人员和业务部门及业务活动已经有较多的融合，但是财务人员的能力以及积极性、主动性需要进一步提升。

第 5 章

管理会计与公司战略

5.1 战略管理会计的兴起与发展

自 1922 年提出"管理会计"以后到 20 世纪 80 年代，管理会计主要以预算控制和标准成本等为内容。

在传统制造环境下，劳动密集型企业占主导地位，企业成本的构成以直接材料和直接人工为主，间接成本所占的比重很小。进入 20 世纪 80 年代以后，企业面临的制造环境发生了很大的变化。高级制造技术（AMT）、电脑辅助设计与制造（CAD CAM）、弹性制造系统（FMS）、计算机集成制造系统（CZMS）的使用和日趋普及，改变了许多企业的生产工艺，迅速提高了企业的自动化程度。这种制造技术的革命使得企业的成本构成也发生了很大的变化：直接材料，特别是直接人工的比重不断降低，间接成本的比重却呈不断上升趋势，多数企业的间接成本已占到产品成本的一半甚至一半以上。这种制造革命的变化，使得传统的成本计算方法和成本控制方法下的会计信息严重失真，进而影响到企业管理所需要的成本信息质量。传统管理会计不仅没能帮助管理者适应这种变化，还限制了对这种变化的适应。

此前的管理会计主要以对内管理为主，缺乏重视外部环境的战略观念。外部环境是企业生存的基础，既为企业的生存和发展提供了机会，又可能对企业经营造成某种威胁。所以，管理会计应该指明企业所处的相对竞争地位，其提供的信息应该有助于企业进行竞争战略调整，应该起到危机预警的作用。但管理会计学的理论和方法以企业内部为视点，没有将企业的内部信息与外部环境的变化联系起来考察，无法提供企业战略所需的各种信息。例如，从市场份额变化中可以看出企业竞争地位的相对变化，这种市场份额信息无疑会提高管理会计信息的相关性，但遗憾的是，很少有公司将这种有用的战略信息定期纳入其内部管理报告。

因此，随着企业的发展，很多学者提出了"战略管理会计"的概念及理论，把研究重点放在分析、判断企业竞争地位，提高企业竞争优势的会计信息方面，如成本、价格、业务量、市场占有率和现金流量的相对水平和变化趋势的分析与评价等。这些研究拓展了传统管理会计学的研究领域，结合对竞争者的分析来考察本企业的竞争地位，从战略的高度审视企业的组织机构设置、产品开发、市场营销和资源配置，并据以取得竞争优势而提供内部的和外部的、财务的和非财务的、定性的和定量的会计信息，为企业发挥优势、利用机会、克服弱点、回避威胁提供信息，创造条件。

"战略管理会计"的首创者是 Simmonds。Simmonds 被公认为战略管理会计之父，他在 1981 年将战略管理会计定义为"对关于企业及其竞争者管理会计指标的准备和分析，用来建立和监督企业战略"。他对传统管理会计理论的挑战在于，他不再从企业内部效率的角度看待利润的增长，而是从企业在其市场的竞争地位这一视角，重新看待这个问题。

从不同视角研究战略管理会计的学者很多。关于战略管理会计的这些文献从不同的侧重点反映了人们对战略管理会计的多方面理解。其中比较具有代表性的学者，除了 Simmonds，还有 Govindarajan、Shank、Bromwich 和 Wilson 等。

Govindarajan 和 Shank 主要研究成本信息在战略管理的以下四个阶段

所起的作用，即战略的简略表述（公式化表达）、战略的交流、战略的推行和战略的控制。在此，他们使用了三个主题：价值链分析、战略地位分析和成本动因分析。分析的目的在于系统地表述关于企业战略和管理会计之间关系的框架。他们将此框架称为"战略成本管理"。Shank 将战略成本管理定义为"成本信息直接针对战略管理循环的四个阶段之一或之几的管理化应用"。

Bromwich 和 Wilson 的研究角度又有区别。Bromwich 关注于最终商品市场，他将战略管理会计定义为"对企业的产品市场和竞争者的成本结构的财务信息进行的提供和分析，以及对企业及其竞争者一定期间内在这些市场上的战略所进行的监督"。Wilson 则主要强调战略管理会计的外部指向和前瞻性。

综上所述，不同的人对于战略管理会计有不同的观点。在理论研究上面，百花齐放，百家争鸣，无可厚非。但是，在企业中如何能够真正应用所谓的"战略管理会计"，则是所有企业家和会计师都无法回避的问题。

从实用主义出发，我们认为，战略管理会计的核心是要厘清"环境—战略—经济绩效"之间的逻辑关系，并建立相应的因果模型。

5.2　会计师为什么需要参与公司战略规划

在实践中，企业考虑外部环境因素后，制定公司的使命感、价值观、目标和战略——企业的管理自战略而始。管理会计只有参与公司战略规划，才能称为真正意义上的管理会计。

公司战略规划是否科学将在极大程度上决定公司的最终经济绩效。从管理的逻辑来说，"公司战略规划 + 过程的执行 = 最终的经济绩效"，即起于公司战略规划，重在过程的执行，形成经济绩效结果。上述关系可以用图 5-1 表示。

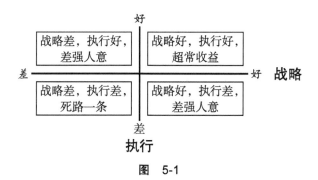

图 5-1

可以说，公司战略相当于公司的命，公司的执行力相当于公司的运，命好运好，方能财源滚滚。

会计师在管理会计应用中，需要学会"抓大放小"，而要抓的首要大事即是参与公司的战略规划。然而，很多会计师主动放弃了战略管理的职能，实在是可惜。

战略是面向未来的——我们不是要做未来的战略，比如 5 年、10 年以后的战略，而是做当前的战略，但是这一战略引导我们走向未来。企业今天的状况，是昨天的战略带来的结果。同理，今天的战略，将决定企业的未来。按流行的话来说：一个人三年前的选择，决定他今天的生活状态；同理，一个企业三年前的战略决定企业今天的经济绩效。战略对企业经济绩效的影响，是深远而实在的。我给中核集团上课的时候，中核集团的核电战略，影响该集团不是三五年，而是数十年——今天建核电站，建好以后运行 50～70 年。也就是说，未来 50～70 年的经济绩效，都将受到今天战略选择的影响。

5.3 管理会计在公司战略规划中的职责

一般的公司都会有负责战略规划工作的具体部门。会计师不是要取代该部门，而是要在战略规划中有自己的独立思考，并提出相应的建议，甚至应当在某些特殊情况下有否决权。

管理会计在公司战略规划中的职责主要是：收集信息、整理信息、分析信息，为企业领导层以及战略规划部门提供信息支持以及建议。这些信息主要包括：确定客户的价值，新的市场机会信息及变革的影响，动态的行业结构及盈利信息，动态的竞争者会计信息，企业自身竞争优势的信息，等等。

厘清战略规划和经济绩效之间的关系，建立两者之间的因果模型。现有的战略对企业的经济绩效会产生什么样的影响？未来的规划又会带来什么样的变化？从经济绩效的角度，是否需要对现有的战略和未来的规划做出调整？等等。

在履行这些职责的过程中，会计师们要转变观念，从原来的对内管理为主，学会内外兼顾。关于企业的目的，只有一个正确而有效的定义：创造顾客。市场不是由上帝、大自然或经济力量创造的，而是由企业创造的。企业必须设法满足顾客的需求，而在他们满足顾客的需求之前，顾客也许能感觉到那种需求。就像饥荒时渴求食物一样，不能满足的需求可能主宰了顾客的生活，在他清醒的每一刻，这种需求都盘旋在他的脑海中。但是，在企业采取行动满足这些需求之后，顾客才真的存在，市场也才真的诞生，否则之前的需求都只是理论上的需求。顾客可能根本没有察觉到这样的需求，也可能在企业采取行动——通过广告、推销或发明新东西，创造需求之前，需求根本不存在。每一次都是企业的行动创造了顾客。因此，未来市场上只能有两类企业：创新型的创造客户需求的企业，如引领智能手机潮流的苹果；生产服务型的满足客户需求的企业，如空调企业。

顾客决定了企业是什么。因为只有当顾客愿意付钱购买商品或服务时，才能把企业的资源转变为经济绩效，把物品转变为商品。企业认为自己的产品是什么，并不是最重要的事情，对于企业的前途和成功尤其不是那么重要。顾客认为他购买的是什么，他心目中的价值何在，则有决定性的影响。企业的重要管理功能之一，就是有效地利用一切创造财富的资源，从经济角度来说，称之为生产力。

5.4　战略与经济绩效之间的一般考虑

会计师要参与到公司战略规划中，就必须学习和掌握战略与经济绩效之间的关系。战略管理的书籍汗牛充栋。我们认为，在实践中，战略的核心问题是：进入什么行业？在行业中企业采取何种竞争策略？

常见的行业分析工具包括 SWOT 分析、PEST 分析、波特五力模型分析等。管理会计可以借助这些模型，建立战略和经济绩效之间的逻辑关系。而企业的竞争策略则通常包括总成本领先策略和差异化策略。

5.5　行业对经济绩效的影响

俗话说：男怕入错行，女怕嫁错郎。当今社会，随着人员流动性的提高，男子入错行了，改行的多得是；随着社会风气的演化，女子嫁错了，离婚再嫁的也不少。就我个人的经历来说，就曾经在会计师事务所、证券公司和政府部门、学校不同的单位实习和工作，最终将教师作为自己终生的职业选择。

但是，公司如果入错行了，想调头就没有那么容易了，尤其是对于钢铁公司、水泥公司等重资产公司来说更是如此。公司行业选择在很大程度上会直接决定公司的经济绩效。

在对公司的行业前景进行分析的时候，我们可以运用哈佛大学教授迈克尔·波特的五力分析模型来考虑。美国著名的管理战略学家迈克尔·波特教授的研究表明，某行业的平均利润率受五种因素的影响，即现有企业间的竞争格局、新加入企业的竞争威胁、替代产品的威胁、买方的议价能力和供应商的议价能力。行业分析实际上就是要求我们搞清楚这五种竞争因素对行业的影响程度。

5.5.1　企业现有竞争格局决定企业当前经济绩效

谚语云：再大的烙饼也大不过烙它的锅。我们经常说，一个人的格局决定了一个人的成就。

同理，企业竞争格局决定企业经济绩效。在大多数行业中，平均毛利率水平主要取决于该行业现有企业间的竞争格局。我给各行各业的会计师学员上课的时候，经常会问大家：你们知道自己的竞争对手吗？如果知道，请大家开始写下自己公司的竞争对手。如果会计师们连企业的竞争对手都不知道，那么，只能回去做记账型的小会计了。那些了解企业竞争对手的学员，如果来自垄断性企业，则其竞争对手可能主要只有几家，或者说最多用一页纸可以写完，那么，即使企业偶尔会陷入困境，但是从长期角度来看，其日子总体是不错的，比如中国石化和中国石油，以及中国电信、中国移动和中国联通，等等。有些学员所在的企业竞争对手数不胜数，写完一页纸，接着第二页、第三页，当开始写第二页纸的时候，我就建议可以不用接着往下写了，因为竞争格局已经太激烈了，比如中国建筑、中国铁建、中国电建、北京城建、上海建工……所以，施工建筑企业的毛利率都不太高，这是企业的竞争格局决定的。当然，最好的是没有竞争对手，比如品牌垄断、技术垄断或者政策垄断，比如中国烟草工业集团公司、茅台股份、腾讯，等等。

作为一个会计师，在参与一个公司战略规划的时候，需要考虑一个行业现有企业间的竞争程度的下列影响因素。

行业成长性：如果某行业增长迅速，那么现有企业不必为自身发展而相互争夺市场份额。相反，在停滞的行业中，现有企业增长的唯一办法是夺取其他竞争对手的市场份额。这种情况下，企业间将爆发价格战。

竞争者的集中程度：一个行业中企业数量的多少及其规模大小决定了

该行业的集中程度，这种集中程度影响着企业调整定价和其他竞争措施的力度。例如，美国软饮料行业基本上由可口可乐和百事可乐控制，它们可以心照不宣地进行相互合作以避免破坏性的价格竞争。中国的石油行业也基本上由中国石油和中国石化垄断，除了受到国际油价的影响外，两者之间不会出现激烈的价格战。反之，如果行业处于分庭割据状态（如国内的家电业），那么价格竞争通常十分残酷。

产品差异化和转换成本：同一行业中的企业能在多大程度上避免正面竞争，取决于它们所提供的产品和服务的差异程度。一般来说，对于标准化的产品较难体现差异程度。转换成本也决定着消费者产品的选择倾向。当转换成本较低时，企业间被迫进行价格竞争。

规模/学习经济和固定—变动成本比率：如果学习曲线很陡峭，或同一行业存在其他类型的规模经济，那么企业规模将是一个决定性因素。在这种情况下，企业为争夺市场份额将展开激烈竞争。同样，如果固定—变动成本比率很高，企业将积极降低价格以充分利用现有生产能力。固定成本是指成本总额在一定时期和一定业务量范围内，不受业务量增减变动影响而能保持不变的成本；变动成本是指那些成本的总发生额在相关范围内随着业务量的变动而呈线性变动的成本。航空业即是一个典型例证，其价格战非常普遍。笔者曾经以 2.5 折的价格购买机票，机票价格低跟航空业的成本结构是密切相关的——航空业的主要成本对于乘客来说是固定成本，不受乘客数量的多少影响，包括飞机折旧、航油、地勤等；而随着乘客数量的变动而变动的成本很少，只有乘客在飞机上接受的服务（喝点饮料、吃个快餐的成本太低了），如果变动成本是 30 元，那么理论上来说只要机票价格高于 30 元，航空公司就应该把机票卖给乘客，因为高于 30 元的部分，可以用来弥补固定成本。这就是全球的航空业竞争都非常激烈的重要原因。

超额能力和退出壁垒：如果行业的生产能力大于消费者的需求，企业将被迫削减价格以使生产能力满负荷。如果企业退出该行业有巨大障碍（如有特殊用途的固定资产），那么企业的超额能力问题将变得更加严重。这一点也适用于对航空业的分析，因为航空公司最主要的资产——飞机，具有很强的专用性。

5.5.2 企业未来竞争格局决定企业未来绩效

获取超额利润的潜力会不断吸引新企业加入该行业，新加入企业的竞争威胁是对现有企业定价的潜在限制。因此，新企业加入一个行业的容易程度是决定该行业盈利能力的主要因素。会计师在战略规划中，需要考虑企业是否建立了进入壁垒，或者说"护城河"。下面几个因素决定了进入壁垒的高低或者说"护城河"的深浅。

规模经济：如果一个行业中存在规模经济，那么新加入的企业就面临两种选择——要么一开始就得投资建设巨大的产销能力，要么投资达不到行业的平均效益。无论哪种情况，新加入企业至少在同现有企业竞争的开始阶段处于成本劣势。规模经济几乎体现在一个企业经营的每一职能环节中，如制造、采购、研究开发、市场营销、售后服务网等。例如，面对计算机主机行业的迅猛发展，著名的施乐公司和通用电器公司也想进入这一行业，但它们沮丧地发现，生产、研究、市场开发及服务方面的规模经济是进入计算机主机行业的关键壁垒。规模经济在中国最成功的例子就是格兰仕。

先行优势：在很多情况下，早期加入的企业可能阻碍未来企业的加入。比如，首先行动的企业能够制定行业标准，或与廉价的原材料供应商签订独家协议；它们也可以获得在某些受管制行业从事经营活动的数量有限的政府许可证；还可能比后加入企业具有绝对的成本优势。特别是，当消费者开始使用现有产品而且替代成本很高时，首先行动的优势将变得更大。例如，微软公司的办公软件和后来的 Windows 操作系统的使用者所面临的替代成本，使其他软件公司很难再上市推广另一种操作系统。

进入分销渠道和关系网：现有分销渠道的能力有限和发展新渠道的高成本是企业加入行业的一个巨大障碍。例如，很多新的消费品生产商发现要在超市的货架上争到一席之地是何等困难，要花费多大的代价。一个行业中厂家和消费者之间的现有关系网也增加了新企业入行的难度，比如审计业、银行投资业和广告业等。

法律障碍：许多行业的法规制约着新企业的加入，如技术密集型行业的专利权和版权，广播和电信业中存在许可证进入的限制，有些行业的政策保护限制等。比如，中国石化和中国石油就受到行业的政策保护。

会计师一定要学会用动态的眼光看待企业的竞争格局。虽然企业目前竞争格局可能良好，但是如果没有足够的"护城河"，则很容易陷入激烈的竞争中。在过去的10多年当中，太阳能光伏行业就是一个典型的例子。无锡尚德是太阳能光伏行业的传奇企业，2001年施正荣创立无锡尚德，2005年在纽交所上市，2006年尚德电力的股价达到40美元以上，施正荣以23亿美元的财富，成为当年的中国首富。而在2013年3月18日，无锡尚德太阳能电力有限公司债权银行联合向无锡市中级人民法院递交无锡尚德破产重整申请。虽然无锡尚德的破产重整与企业的内部管理有一定关系，但是最重要的影响因素是：无锡尚德不具备足够的"护城河"来防御新竞争者的进入，比如江西赛维、英利能源、新光硅业等数不胜数的后来者。

5.5.3 替代品的威胁

在参与公司战略规划中，会计师还需要学会考虑替代品对经济绩效的影响。企业的经济绩效会面临替代产品或服务的威胁。相关的替代产品不一定是形式相同的，而是那些具有同样效用的产品。替代品设置了产业中公司可谋取利润的定价上限，从而限制了一个产业的潜在收益。替代品所提供的价格/性能比越有吸引力，产业的利润上限就越低。

例如，对于短距离旅行来说，火车与出租客车服务可以互相替代；饮料业中，作为包装物的塑料瓶和金属罐可以相互替代。在某些情况下，替代品的威胁不是来自消费者主动转向另一种产品，而是利用科技使他们不用或少用现有产品。例如，光盘和IC卡存储技术的发展使消费者逐渐消除了对软磁盘的消费需求。通常，替代品的威胁程度取决于参与竞争的产品或服务的相对价格和效用，以及消费者使用替代品的主观意愿。市场价值的转移，就是由于替代品的出现造成了原有产品的价值被替代品转移。例如，可乐的包装，最开始是玻璃瓶，后来被铝罐代替，后来又出现塑料包装。由于包装材料的不同，原来做玻璃瓶的企业受到铝业和塑料业的威胁，价值发生了转移。也就是说，玻璃行业的价值转移到铝业和塑料业上来，所以替代品的出现对行业现有企业来讲，就构成了威胁。

决定替代品威胁的因素主要有以下几方面。

替代品的效用／价格比：替代品与同行业现有产品一样，都是为了满足顾客相同或相似的需要。顾客在接受产品和服务时就会比较，哪一种产品的效用／价格比更高一些。如果替代品的效用／价格比高于现有产品的话，替代品就更具竞争力，替代能力就更强。因此，一旦替代品降价或是提高效用，会给现有产品带来很大的竞争压力。例如，航空、铁路、长途汽车相互之间是客运服务的替代竞争者，航空公司票价的打折，给铁路、汽车带来很大压力，有很多客户转向接受航空公司的服务，迫使铁路、汽车提高自己的服务质量来同航空公司展开竞争。但是消费者的消费偏好变化，还要看对价格的敏感程度。谈到价格敏感时，常以盐和糖为例，这两个弹性不大，糖可能便宜，大家消费得多一点；而盐的价格不管怎么变化，都是刚性的——就是说它的消费量是一定的，不可能盐便宜了，大家多消费，盐贵了，大家就少消费。价格对于替代品来讲起到很大的作用，但也要看到一个弹性和刚性的问题。

替代竞争者的生产率发展：替代品之间生产率发展状况的不同会影响

将来的效用/价格比。如果生产替代品的企业的生产率发展速度快于本企业，则会增加它的替代能力，对本企业构成威胁。

转换成本：转换成本就是不使用原来的产品而使用替代产品转换的代价怎么样。以可乐的包装为例，过去是玻璃瓶，现在用铝，这个转换成本代价高不高？加工、生产用别的材料，别的设备、技术是不是需要重新更换？如果需要，代价也很高的话，可能替代品就不会构成很大的威胁。

顾客使用替代品的倾向：顾客是否愿意使用替代品，对于替代品的偏好如何？北京传统的中式快餐现在被洋快餐替代了很大一部分，这就表示顾客在选择快餐上出现了新的倾向，更多采用过去没有的替代品。

技术发展的方向：这是由技术因素造成的不可逆转的改变，企业只能顺应它发展的趋势，最多也只能延缓技术全面更新的速度。在这种情况下，替代的力量是最强大的，比如内燃机对蒸汽机的替代。试图排挤替代品的推广是徒劳无益的，企业能做的是充分开发新技术，为我所用，找出和替代品之间的切入点。又如数码照相机对传统照相机的替代，像爱克发这样的老牌传统照相产品制造商已经宣布退出传统彩扩服务领域，而柯达也宣布自己由影像服务转向提供数码影像服务。

5.5.4 大客户好还是小客户好

会计师需要考虑企业的客户战略对企业经济绩效的影响。中国古话说：客大欺店，店大欺客。这是客户对经济绩效影响的最朴素道理。行业的竞争程度决定了获取超额利润的潜力，而行业和客户的议价能力决定了行业的实际利润水平。

一般人都认为大客户好，但是对于企业经济绩效而言却不见得是好事情。大客户往往具有很强的议价能力，并且会提出各种各样的苛刻条件；而企业面对小客户的时候，往往会占据有利的谈判地位。对于企业而言，下游应该具有足够多的客户，才会在长期发展中逐步建立自己的竞争优势地位。

决定客户议价能力的基本因素有两个：价格敏感度和相对议价能力。价格敏感度决定买方讨价还价的欲望有多大，相对议价能力决定买方能在多大程度上成功压低价格。

价格敏感度：买方对价格是否敏感取决于产品对买方的成本结构是否重要。当该产品占买方成本的大部分时（如软饮料生产商使用的包装材料），买方就会更关心是否有成本较低的替代品；当然，该产品对买方产品质量的重要性也决定着价格是否能成为影响购买决策的重要因素。例如，鞋用胶水的生产商，由于鞋用胶水在其客户——制鞋厂商的成本中所占的比重较低，因此制鞋厂商对其价格不是十分敏感。如果制鞋厂商想降低原材料成本，由于鞋用胶水在原材料成本中所占的比重太低，与其他原材料供应商进行议价效果更好。

客户的集中度：首先，相对于卖方的销量，如果销售额的很大部分由某一特定买方购买，这将提高买方业务的重要性。此时集中度高，买方的讨价还价能力也强。产业是否有生产能力过剩的趋势，如果有过剩生产能力的话，会提供买方讨价还价的筹码。例如，在汽车行业中，汽车生产商对零部件制造商的议价能力很强，因为汽车公司是大买家，而通常有好多个供应商可供选择，其替代成本相对较低。而在个人电脑业，由于较高的替代成本，电脑生产商相对操作系统软件提供商微软公司的议价能力就很低。

产品的标准化程度和非差异化：购买者对产品的质量性能要求并不高时，产品标准化程度越高，购买者选择的范围就越大，产品竞争力就越差。差异化程度低时，转换成本也较低。低转换成本使买方对卖方的依赖程度减轻，提高了讨价还价的能力。如果卖方也存在转换成本的话，这也会增强买方的力量。

购买者后向整合的可能性：如果购买者实行了部分整合或是存在后向

整合的威胁，则他们就可以在谈判中迫使对手进一步让步。同时，后向整合还可以使买方掌握更多的信息，因而提高其谈判能力。

5.5.5 供应商多一点好还是少一点好

在同一行业，上述对买方相对议价能力的分析也适用于对卖方相对议价能力的分析。当供应商较少时，或当供方的产品或服务对买方企业至关重要时，供应商的议价能力较强。供应商可以通过提高供应价格，降低相应产品或服务的质量，向产业中的某个企业施加压力。供应商的压力可以迫使产品的价格无法跟上成本的增长从而使行业利润下降。供应商议价能力的强弱主要取决于以下四个因素：

第一个因素是供应商的集中程度和本行业的集中程度及供应品对本行业的重要性。

首先，如果供应商集中程度较高，即本行业原材料的供应商完全由少数几家公司控制，且下游行业的集中程度较差，即由少数几家企业供应给众多分散的企业，则供应商通常会在价格、质量和供应条件上对购买者施加较大的压力。其次，如果本行业是供应商的重要用户，供应商的命运将和本行业密切相关，则来自供应商的压力就较小；反之，供应商会对本行业施加较大的压力。另外，如果供应品对本行业的生产起关键性作用，则会提高供应商讨价还价的能力。例如，水、电、煤、电话的供应商高度集中，用户非常分散，而这些供应品又对用户的生产、生活有着至关重要的作用，因此用户在定价的过程中几乎没有发言权，也无法发言，也正因如此，国内打破公用事业垄断的呼声越来越高。

第二个因素是供应品的可替代程度。若存在着合适的可替代品，那么即使供应商再强大，它们的竞争能力也会受到牵制。

第三个因素是供应品的特色和转换成本。如果供应品具有特色并且转换成本很高，则供应商讨价还价的能力也会增强，会对本行业施加较大的压力。

第四个因素是供应者前向一体化的能力。

如果供应商有可能前向一体化，这样就增强了它们对本行业的讨价还价能力；反之，如果本行业内的企业有可能后向一体化，这样就会降低它们对供应者的依赖程度，从而减弱了供应商对本行业的讨价还价能力。

上述行业分析实际上是指行业的结构分析，即从行业外部来观察影响行业盈利的因素，但行业的界限如何划分却不是那么严格的一件事情，比如，是仅仅考虑国内厂商还是应把国外生产商也考虑进去？具体的行业分析中应视情况对待。不恰当的行业定义将导致不完全的分析和不准确的预测。

5.6 竞争策略对经济绩效的影响

会计师们接下来要学会和掌握分析公司战略的第二个中心问题——竞争策略对经济绩效的影响（第一个中心问题是行业对经济绩效的影响）。在21世纪初，我国大多数制造业公司通过低人工成本、低环保成本等要素在全球取得竞争优势。但是，随着经济的发展，原先的低成本要素难以为继，因此，很多企业面临着艰难的转型。企业转型中，企业竞争策略的转型是重中之重。我们采用多公司跨案例研究方法，概括总成本领先策略和差异化策略的财报特征，以厘清竞争策略对企业经济绩效的影响。

5.6.1 公司竞争策略

按照迈克尔·波特教授在《竞争战略》中的论述，竞争策略可以概括为：采取进攻性或防守性行动，在行业中建立起进退有据的地位，成功地对付外部竞争，从而为公司赢得超常收益。国内外的学者研究发现，在市场竞争中获得成功的公司都具有明显的竞争优势，这种竞争优势主要表现在总成本领先优势或者差异化优势上，由此提出了两种基本的竞争策略，即总成本领先策略和差异化策略。

5.6.1.1 总成本领先策略

总成本领先策略也称为低成本策略，是指公司通过有效途径降低成本，使公司的全部成本低于竞争对手的成本，甚至是在同行业中最低的成本，从而获取竞争优势的一种策略。在那些属于基本产品或服务的行业，成本领先是最可能的竞争策略。低成本优势不但能获得超出行业平均水平的收益率，而且可能迫使竞争对手因不能忍受过低的收益率而逐步退出该行业。达到总成本领先的方式有多种，如规模经济、改进经济、高效生产、产品设计优化、低投入成本以及有效的组织实施等，它贯穿于投融资、产品设计、生产、销售等各个经营层面。

5.6.1.2 差异化策略

差异化策略，是指为使公司产品与竞争对手产品有明显的区别，形成与众不同的特点而采取的一种策略。这种策略下，必须让公司产品具备专属的独特性，让客户在市场上无法轻易找到同类产品，从而不会轻易更换为其他公司的产品。

5.6.1.3 两种竞争策略的比较

总成本领先策略和差异化策略并不是对立的，以追求差异为目标的公司必须在可承受的成本基础上获得差异优势。同样，成本领先者除非能在质量和服务等方面与竞争对手相当甚至领先（哪怕是细微的），否则它们无法参与竞争。而且，重大技术和业务方式的变更有可能把高质量、优良服务和低价格结合起来，如日本汽车制造商丰田公司、美国零售商沃尔玛公司等的成功之路。一个公司选择了某种竞争策略并不会自动取得竞争优势，要取得竞争优势，公司必须具备实施并保持所选定策略的能力。无论是哪一种策略都要求公司具备所需的基本能力，并以适当方式规划公司的价值链。基本能力是指公司所拥有的各类资源,而价值链是指公司将投入转换为产出的各类环节及经济活动组合。公司的基本能力、价值链的独特性和竞争对手对它们进行模仿的难易程度,决定了公司的竞争优势能否保持。

总成本领先策略和差异化策略虽然不是对立的,但是对于不同的行业竞争策略的侧重点会存在着重大差异。有很多行业的公司可能无法简单地采用总成本领先策略获得竞争优势,比如科技行业、快速消费品行业等。同理,有很多行业的公司也无法简单地采用差异化策略获得竞争优势。

采用总成本领先策略的公司,其竞争优势在于更低的成本和费用,但商品或服务的价格往往取决于市场;采用差异化策略的公司,其竞争优势在于通过"区别度"获得商品或服务的定价权。

5.6.2　总成本领先策略对企业经济绩效的影响

5.6.2.1　如何实施总成本领先策略

1. 总成本领先策略的适用性

总成本领先策略比较适合于无法提供差异化产品或服务的行业,比如钢铁制造业、航空运输业、电力行业、水泥行业、玻璃行业等标准产品和服务的行业。一般来说,成本领先策略适用于具有如下特征的行业:①现有竞争公司之间的价格竞争非常激烈;②公司所处产业的产品基本上是标准化或者同质化的;③实现产品差异化的途径很少;④多数顾客使用产品的方式相同;⑤消费者的转换成本很低,其购买意愿取决于价格。

2. 总成本领先策略的核心

从企业管控侧重点看,采用总成本领先策略的公司更加关注成本和费用控制,将不能为客户带来附加价值的产品、服务予以简化。

采用成本领先策略的收益在于以下一个或者多个方面:①抵挡住现有竞争对手的对抗;②降低了购买商讨价还价的能力;③更灵活地处理供

商的提价行为；④形成进入障碍；⑤树立相对于替代品的竞争优势。采用成本领先策略的风险主要包括：①降价过度引起利润率降低；②新加入者可能后来居上；③过于专注于成本的控制而丧失对市场变化的预见能力；④技术变化降低公司资源的效用；⑤容易受外部环境的影响。

由于总成本领先策略聚焦于公司的成本费用控制，因此，总成本领先策略执行好的公司，其成本和费用比率要远远低于同行业竞争公司；同时，总成本领先策略往往与行业降价竞争相关，因此行业的利润率不会高于社会平均利润率。我们可以用成本费用率的高低来衡量一个总成本领先策略的公司其策略执行是否成功。

3. 实施总成本领先策略的途径

根据公司获取成本优势的方法不同，我们把成本领先策略途径分为六种：①简化产品型成本领先策略，就是使产品简单化，即将产品或服务中添加的花样全部取消，比如春秋航空；②改进设计型成本领先策略；③材料节约型成本领先策略；④人工费用降低型成本领先策略；⑤生产创新及自动化型成本领先策略；⑥规模经济型成本领先策略，比如格兰仕。

5.6.2.2 总成本领先策略公司的经济绩效特征

总成本领先策略的六种类型其差异在于成本费用控制的具体着力点不同，但是最终的财报特征存在着相似性，我们以简化产品型成本领先策略为例进行分析。

在航空运输业，顾客的转换成本低，服务同质化，因此出现了春秋航空等多家简化航空服务的经济型航空公司。我们以 2015 年春秋航空、南方航空、东方航空为例来说明简化服务型总成本领先策略下财报的特征。

1. 总成本领先策略公司的资产和资本特征

总成本领先策略的公司比较典型的特征是重资产。所谓重资产，是指在一家公司的资产结构中非流动资产所占的比重非常高。从表 5-1 可以看出，三家航空公司扣除长期金融资产后的非流动资产占比均高于70%，南方航空甚至高于90%。总成本领先策略要求公司必须高效率地使用资产以降低资产折旧摊销所形成的固定成本。航空公司最主要的资产就是飞机等固定资产，从固定资产周转率来看，春秋航空为1.38次，远高于东方航空的0.84次和南方航空的0.78次，因此春秋航空在资产使用环节与同行相比取得了非常好的效果。这是春秋航空成功地执行总成本领先策略的典型财务特征。

重资产公司往往无法自己解决所有的资本需求，因此资产负债率会比较高。表5-1中3家公司的资产负债率依次为59.20%、80.76%和73.38%，处于比较高的水平。

2. 总成本领先策略公司的成本费用特征

总成本领先策略需要公司具有严格的成本费用控制机制。在表5-2中，春秋航空的营业成本率要明显低于其他两家公司；春秋航空运用销售渠道优势，故销售费用率为2.65%，远低于东方航空的6.54%和南方航空的6.35%；春秋航空的管理费用率也略低于东方航空和南方航空；同时，春秋航空很好地通过资本结构的管理，财务费用率远低于东方航空和南方航空。由于春秋航空比较成功地运用了总成本领先策略，取得了明显的低成本优势，因此春秋航空的销售净利率为16.41%，远远高于东方航空的5.38%和南方航空的4.47%。

3. 总成本领先策略公司的总体财报特征

综上所述，总成本领先策略公司财报的特征可以归纳如下：

（1）资产结构中以固定资产、无形资产等长期资产为主，往往为重资产公司，需要巨大的资本投入。

（2）资本结构中债务的比例较高，充分运用财务杠杆。

（3）高速的资产周转率，通过对重资产的充分使用降低单位固定成本。

（4）严格的成本费用控制形成更低的成本费用率以保证公司的盈利。

表 5-1　总成本领先策略的资产结构特征

项目	春秋航空	占比 (%)	东方航空	占比 (%)	南方航空	占比 (%)
流动资产及长期金融资产合计	435 978.23	27.20	2 559 100.00	13.08	1 811 100.00	9.72
固定资产	585 835.34	36.55	13 143 000.00	67.16	14 245 400.00	76.49
固定资产周转率	1.38		0.84		0.78	
在建工程	428 758.06	26.75	2 297 800.00	11.74	1 955 600.00	10.50
其他非流动资产	152 327.25	9.50	1 571 000.00	8.03	612 900.00	3.29
扣除长期金融资产的非流动资产合计	1 166 920.65	72.80	17 011 800.00	86.92	16 813 900.00	90.28
资产总计	1 602 898.88	100.00	19 570 900.00	100.00	18 625 000.00	100.00
负债合计	948 920.98	59.20	15 805 800.00	80.76	13 667 700.00	73.38
所有者权益合计	653 977.90	40.80	3 765 100.00	19.24	4 957 300.00	26.62
负债和所有者权益总计	1 602 898.88	100.00	19 570 900.00	100.00	18 625 000.00	100.00

资料来源：WIND 资讯。

表 5-2　总成本领先策略的利润结构特征

	春秋航空	东方航空	南方航空
营业总收入	655 820.15	9 384 400.00	11 146 700.00
营业成本	519 494.45	7 714 600.00	9 138 200.00
营业成本率	79.21%	82.21%	81.98%
毛利	136 325.70	1 669 800.00	2 008 500.00
毛利率	20.79%	17.79%	18.02%
营业税金及附加	610.01	17 800.00	27 400.00
营业税金及附加率	0.09%	0.19%	0.25%
销售费用	17 384.07	613 600.00	708 100.00
销售费用率	2.65%	6.54%	6.35%
管理费用	13 744.42	291 400.00	275 400.00
管理费用率	2.10%	3.11%	2.47%
总费用率	4.84%	9.83%	9.07%
财务费用	18 758.54	726 900.00	782 600
财务费用率	2.86%	7.75%	7.02%
销售净利率	16.41%	5.38%	4.47%

资料来源：WIND 资讯。

5.6.3　差异化策略下的经济绩效特征

5.6.3.1　如何实施差异化策略

1. 差异化策略的适用性

差异化策略比较适合于创新创意、品牌消费等行业，比如 IT 业、TMT 业、连锁消费品行业等。一般来说，差异化策略主要适用于有如下特征的行业：①可以有很多途径创造公司与竞争对手产品之间的差异，并且这种差异被顾客认为是有价值的；②顾客对产品的需求和使用要求是多种多样的，即顾客需求是有差异的；③采用类似差异化途径的竞争对手很少，即真正能够保证公司是"差异化"的；④技术变革很快，市场上的竞争主要集中在不断推出新的产品特色。

2. 差异化策略的核心

差异化策略的核心是取得某种对顾客有价值的独特性。这种策略要求比竞争对手更好地满足消费者需求的一个特定方面，其成本虽有所增加，但不超过消费者愿意支付的最高价格，这就可以使公司免受各种竞争作用力的威胁从而形成竞争优势。

实施差异化策略的意义在于如下一个或者多个方面：①建立起顾客对公司的忠诚。②形成强有力的产业进入障碍。③增强了公司对供应商讨价还价的能力。这主要是由于差异化策略提高了公司的边际收益。④削弱了客户讨价还价的能力。公司通过差异化策略，使得客户缺乏与之可比较的产品选择，降低了客户对价格的敏感度。另一方面，通过产品差异化使客户具有较高的转换成本，使其依赖于公司。⑤由于差异化策略使公司建立起客户对公司的忠诚，这使得替代品无法在性能上与之竞争。

由于执行差异化策略的公司更多关注产品或服务的差异程度，通过差异化带来的独特性使客户在市场上无法找到同类产品或服务，所以具有较高的客户转换成本，并削弱客户的价格谈判能力，形成了差异化公司对产品和服务的定价权，从而产生了差异化产品或服务的溢价能力。同时，差异化公司的产品或者服务本身的成本在营业收入当中所占的比重比较低，所以差异化策略执行好的公司，其商品或服务的毛利率会比较高。对于一个采用差异化策略的公司，我们可以用毛利率的高低来衡量其策略执行是否成功。但是，差异化策略往往要求公司在研发、品牌、营销渠道等方面投入巨额资金，因此差异化公司在某一方面的费用率会明显高于其他公司。

3. 差异化策略的途径

公司要突出自己的产品和服务与竞争对手之间的差异性，主要有如下基本途径：一是产品差异化策略。产品差异化的主要因素有特征、工作性能、一致性、耐用性、可靠性、易修理性、式样和设计。例如，OPPO 手机以美照性能取得竞争优势。二是服务差异化策略。服务的差异化主要包括送货、安装、顾客培训、咨询服务等因素，比如海底捞以特色服务而出名。三是技术差异化策略。技术差异化策略的主要因素是基于创造和发明独一无二的技术,比如苹果手机、英特尔电脑芯片、海康威视的安防产品和服务等。四是品牌形象差异化策略。品牌差异化策略主要包括独一无二的标识、特殊的销售渠道、营销广告投入、无法替代的产品和服务等,比如迪士尼乐园、贵州茅台、耐克运动鞋、张裕葡萄酒、六神花露水、云南白药等。

5.6.3.2 差异化策略的公司财报特征

差异化策略可细分为产品差异化、服务差异化、技术差异化、品牌形象差异化和地域差异化。差异化策略下公司的竞争核心不是经营规模,而是其独特性,因此差异化策略的公司一般都是轻资产公司,其财报中的资产、资本和成本等结构具有相似性。但是,不同的细分差异化策略,其费用结构会存在着较大的差异,产品差异化公司的产品设计和质量费用投入大,服务差异化公司的客户服务费用投入大,技术差异化公司的研发费用投入大,品牌形象差异化公司的广告费用投入大。考虑到差异化策略公司的相似性,我们选择技术差异化公司和品牌形象差异化公司为例,分析差异化策略的公司财报特征。

1. 技术差异化公司的财报特征

实施技术差异化策略的公司一般都处于不同的行业,我们以海康威视、苹果公司、英特尔公司为例来分析技术差异化公司的财报特征。

技术差异化公司最主要的是技术研发,而不像钢铁行业等进行大规模的固定资产投资,因此在资产结构中固定资产占比往往比较低;如果公司对研发支出进行资本化处理,或者通过外部购入技术,或者通过并购进行技术扩张,则商誉和无形资产占比比较高。从表 5-3 可以看出,海康威视、苹果公司和英特尔公司三者的财报结构如下:金融资产和流动资产合计占比依次为 88.20%、87.25%、52.12%,固定资产占比依次为 6.23%、

7.74%、30.91%，商誉及无形资产占比依次为1.52%、3.10%、14.81%。因此，从资产结构来说，海康威视和苹果公司是典型的轻资产公司。英特尔固定资产和无形资产合计占比较高，与英特尔的战略有关：英特尔自己从事芯片制造，因此必须有工厂和生产设备投资；同时英特尔通过不断并购进行扩张，因此合并商誉和外购无形资产也比较高，从而导致英特尔的非流动资产在整个资产占比中明显高于其他两家公司。苹果公司把生产外包给富士康等外部公司，自己只做研发不做生产制造，因此固定资产占比比较低。海康威视的商誉及无形资产占比在三者中最低，一是因为海康威视并购活动很少；二是因为海康威视作为国内上市公司，在研发支出会计上采取了谨慎处理方法，将研发支出在当期费用化。

表 5-3 技术差异化公司的资产结构特征（2015 年度财报）

项目	海康威视		苹果公司		英特尔公司	
	金额（万元）	占比（%）	金额（万美元）	占比（%）	金额（万美元）	占比（%）
流动资产及长期金融资产合计	2 673 839	88.20	25 344 300	87.25	5 372 200	52.12
固定资产	188 724	6.23	2 247 100	7.74	3 185 800	30.91
在建工程	84 463	2.79		0.00	0	0.00
商誉及无形资产	46 106	1.52	900 900	3.10	1 526 500	14.81
其他非流动资产	38 512	1.27	555 600	1.91	222 000	2.15
非流动资产合计	363 409	11.99	3 703 600	12.75	4 934 300	47.88
资产总计	3 031 644	100.00	29 047 900	100.00	10 306 500	100.00

一般而言，技术差异化公司依靠技术来获得利润，产品或服务的直接成本占收入的比重不高，因此毛利率往往比较高。由于存在着技术壁垒，能够给股东带来比较理想的回报，净资产收益率往往会比较高。在表 5-4 中我们可以看到，三家公司的毛利率都超过 40%，其中最高的英特尔为 62.65%，属于典型的差异化策略公司的特征。但三家公司的营业开支占比尤其是其中研发支出占比相对总成本领先策略的公司要高。英特尔营业开支金额高达 203.23 亿美元，对营业收入的占比更是高达 36.71%；苹果公

司营业开支金额高达 223.96 亿美元，由于营业收入规模高达 2337.15 亿美元，所以对营业收入的占比为 9.58%；海康威视的营业开支金额 45.87 亿元人民币，对营业收入的占比为 18.51%。营业总成本和营业成本的区别在于：营业成本只包括产品和服务的直接成本，而营业总成本包括了经营活动中产品和服务的直接成本以及发生的其他成本费用，比如，贵州茅台销售白酒时，生产白酒的粮食、工人工资、酒瓶及盒子、水电费、固定资产折旧等直接成本就是营业成本，加上销售过程中的广告费、销售人员工资以及企业管理过程中发生的费用等所有营业开支，就是营业总成本。

表 5-4 技术差异化公司的利润结构特征（2015 年度财报）

项目	海康威视 金额（万元）	占比（%）	苹果公司 金额（万美元）	占比（%）	英特尔公司 金额（万美元）	占比（%）
营业总收入	2 527 139.03	100.00	23 371 500	100.00	5 535 500	100.00
营业总成本	1 990 991.56	78.78	16 248 500	69.52	4 099 900	74.07
营业成本	1 513 679.35	59.90	14 008 900	59.94	2 067 600	37.35
营业开支	458 714.38	18.15	2 239 600	9.58	2 032 300	36.71
财务费用	15 289.64	0.61	218 800	0.94	−21 300	−0.38
资产减值损失	33 887.46	1.34		0.00		0.00
其他经营收益	13 251.88	0.52	−90 300	−0.39	42 300	0.76
营业利润	549 399.35	21.74	7 251 500	31.03	1 456 600	26.31
加：营业外收入	129 397.90	5.12		0.00		0.00
减：营业外支出	3 793.07	0.15		0.00	−35 400	−0.64
利润总额	675 004.17	26.71	7 251 500	31.03	1 421 200	25.67
减：所得税费用	86 764.39	3.43	1 912 100	8.18	279 200	5.04
净利润	588 239.78	23.28	5 339 400	22.85	1 142 000	20.63
净资产收益率（%）	30.48		44.74		18.42	

资料来源：WIND 资讯。

技术差异化公司的另一典型特征是营业开支中，研发费用投入绝对金额及占营业收入的比重比较高。三家公司 2015 年营业开支中研发费用投入依次为：海康威视 17.22 亿元，占营业收入比重为 6.82%；英特尔 121 亿美元，占营业收入比重为 21.86%；苹果 81.5 亿美元，占营业收入比重为 3.5%。在国内上市公司中，海康威视的研发支出占收入的比重属于比较高的行列。

2. 品牌形象差异化策略公司的财报特征

品牌形象差异化策略公司的财报特征与技术差异化策略公司在资产结构方面存在相似之处，在此我们就不再重复分析。明显的不同之处在于，营业开支方面，技术差异化策略公司的研发投入比较大，而品牌形象差异化策略的公司广告、销售渠道等方面的销售费用投入比较大，占营业收入的比重比较高。我们可以对云南白药、LVMH 和耐克这三家公司的利润结构进行分析。在表 5-5 中云南白药的营业成本占比为 69.47%，毛利率为 30.53%，营业开支占比为 15.95%，营业开支中销售费用 27 亿元占大头；LVMH 的营业成本占比为 35.20%，毛利率为 64.80%，营业开支占比 46.87%；耐克的营业成本占比为 53.76%，毛利率为 46.24%，营业开支占比 32.34%；LVMH 和耐克的营业开支中，销售费用尤其是广告费占了大头。

表 5-5　品牌形象差异化公司的财报特征（2015 年度财报）

项目	云南白药		LVMH		耐克	
	金额（万元）	占比（%）	金额（万美元）	占比（%）	金额（万美元）	占比（%）
营业总收入	2 073 812.62	100.00	3 566 400	100.00	3 237 600	100.00
营业总成本	1 774 487.84	85.57	2 926 700	82.06	2 787 400	86.09
营业成本	1 440 590.48	69.47	1 255 300	35.20	1 740 500	53.76
营业开支	330 724.43	15.95	1 671 400	46.87	1 046 900	32.34

资料来源：WIND 资讯。

3. 差异化策略公司的财报总体特征

综上所述，差异化策略公司财报的特征可以归纳如下：

(1)资产结构中以流动资产和金融资产为主,为轻资产公司。

(2)公司管理中注重存货、应收款项、应付款项等营运资本的周转。

(3)由于差异化带来的独特性,很难有同类产品或服务竞争,具有产品或服务的定价权,形成公司很高的毛利率。

(4)为了保持独特性,差异化公司在品牌形象、技术研发等方面需要保持巨大的支出,因此某一方面的费用率会比较高。

5.6.4 同一行业内的不同竞争策略的企业经济绩效特征

如前所述,在多数情况下不同的竞争策略适用于不同行业。在同一行业中是否可以采取不同的竞争策略并且产生不同的财务结果呢?我们选择同一行业内采取不同竞争策略的公司进行对比分析。

5.6.4.1 同一行业内的不同竞争策略公司

莱宝高科、鸿海精密和苹果公司均处于 TMT 行业。莱宝高科公司主要致力于液晶显示(LCD)行业上游显示材料的研发和生产,主导产品为 ITO 导电玻璃和中小尺寸彩色滤光片。鸿海精密主业为计算机系统设备及其外围之连接器等,线缆组件及壳体、基座之开发、设计、制造及销售等,精密模具之制造及销售等。苹果公司作为美国的一家高科技公司,其主要业务为设计、生产和销售个人电脑、便携式数字音乐播放器和移动通信工具、各种相关软件、辅助设施、外围设备和网络产品等。三家公司虽处于同一行业,但在同一行业的不同价值链环节,苹果公司采取差异化策略主要专注于设计研发,莱宝高科和鸿海精密采取总成本领先策略主要专注于生产制造。

5.6.4.2 同一行业不同竞争策略公司的资产结构特征

我们以三家公司 2015 年 12 月 31 日的资产负债表为基础进行调整后做对比分析,具体如表 5-6 所示。

表 5-6 同一行业内不同竞争策略的资产结构特征（2015 年度财报）

项目	莱宝高科 金额（万元）	占比（%）	鸿海精密 金额（万新台币）	占比（%）	苹果公司 金额（万美元）	占比（%）
现金及现金等价物	124 755.63	29.14	65 713 772.00	28.47	2 112 000.00	7.27
应收款项	80 880.78	18.89	64 913 284.00	28.12	3 034 300.00	10.45
存货	32 709.23	7.64	42 462 502.00	18.40	234 900.00	0.81
其他流动资产	6 014.26	1.40	5 732 339.00	2.48	3 556 600.00	12.24
长期金融资产	0.00	0.00	3 899 712.00	1.69	16 406 500.00	56.48
流动资产及长期金融资产合计	244 360.00	57.08	182 721 609.00	79.16	25 344 300.00	87.25
固定资产	150 477.00	35.15	33 673 847.00	14.59	2 247 100.00	7.74
在建工程	11 551.00	2.70	0.00	0.00		0.00
商誉及无形资产	14 930.00	3.49	325 384.00	0.14	900 900.00	3.10
其他非流动资产	6 816.00	1.59	14 109 147.00	6.11	555 600.00	1.91
非流动资产合计	183 774.00	42.92	48 108 378.00	20.84	3 703 600.00	12.75
资产总计	428 134.00	100.00	230 829 988.00	100.00	29 047 900.00	100.00

资料来源：WIND 资讯。

在表 5-6 中，三家公司的流动资产和长期金融资产合计在资产结构中所占比重比较高，但是其结构存在着重大差异。由于莱宝高科和鸿海精密在与下游客户如苹果公司的谈判中处于弱势地位，需要给予下游客户较长的信用期，因此莱宝高科和鸿海精密的应收款项所占比重较高；同时，生产制造环节包括原材料、半成品、产成品等，因此莱宝高科和鸿海精密的存货占比也较高；莱宝高科和鸿海精密储备了较多的现金以应对营运资本需求。苹果公司利用自己的强势谈判地位，应收款项和存货占比较低，能够带来收益的长期金融资产占比 56.48%。根据苹果公司 2015 年财报（2015 年 9 月 26 日），占用上游供应商的资金即应付款项高达 354.9 亿美元，占总资产的比例为 12.22%，超过了应收款项和存货合计占比 11.26%。也就是说，苹果公司的经营现金周期为负数。同时，非常明显的一个差异是，莱宝高科和鸿海精密在非流动资产上的投资要远远高于苹果公司，即莱宝高科和鸿海精密的重资产投入更大。

5.6.4.3　同一行业不同竞争策略公司的利润结构特征

为了更好地说明同一行业不同竞争策略公司的利润结构特征，我们以三家公司 2011～2015 年的利润表为基础做对比分析，具体如表 5-7 所示。

在短短的 5 年内，莱宝高科的营业成本率从 49.94% 上升到 96.51%，毛利率从 50.06% 跌到了 3.49%，其波动犹如过山车；5 年内鸿海精密的营业成本率最高为 93.56%、最低为 91.56%，毛利率最高为 8.44%、最低为 6.44%，虽然毛利率比较低但是相当稳定；苹果公司则在 5 年间营业成本率最高为 62.38%、最低为 56.13%，毛利率最高为 43.87%、最低为 37.62%，毛利率很高并且非常稳定，在 40% 左右。莱宝高科的销售净利率从 2011 年的 37.13% 跌到了 2015 年的 -25.12%，鸿海精密的销售净利率虽然比较低但是稳定在 2%～3% 的水平上，苹果公司的销售净利率则高高在上，稳定地高于 20%。

5.6.4.4　同一行业不同竞争策略公司的分析结论

苹果公司的技术差异化竞争策略比较成功并取得了较好的财务结果；鸿海精密的总成本领先竞争策略也比较成功；但是莱宝高科的策略则比较失败，而且陷入了亏损的困境。

三家公司中，成功实施技术差异化策略的苹果公司的营业开支占总收入的比重要远远高于成功实施总成本领先策略的鸿海精密，而莱宝高科由于未能贯彻执行总成本领先策略而导致这一比例在三家公司中最高。莱宝高科和鸿海精密作为生产制造环节的公司，理应采取类似总成本领先策略，但两家公司的结果却存在重大差别。在表 5-7 中，鸿海精密的营业开支占总收入的比重逐年降低，可以看出该公司采取了总成本领先策略下要求的严格的费用控制措施，而莱宝高科的营业开支占总收入的比重逐年升高，表明该公司未能贯彻执行总成本领先策略。

表 5-7　同一行业不同竞争策略的利润结构特征

公司	项目	2015 年 金额	2015 年 占比(%)	2014 年 金额	2014 年 占比(%)	2013 年 金额	2013 年 占比(%)	2012 年 金额	2012 年 占比(%)	2011 年 金额	2011 年 占比(%)
苹果公司	营业总收入（美元）	23 371 500.00	100.00	18 279 500.00	100.00	17 091 000.00	100.00	15 650 800.00	100.00	10 824 900.00	100.00
	营业总成本（美元）	16 248 500.00	69.52	13 029 200.00	71.28	12 191 100.00	71.33	10 126 700.00	64.70	7 445 900.00	68.78
	营业成本（美元）	14 008 900.00	59.94	11 225 800.00	61.41	10 660 600.00	62.38	8 784 600.00	56.13	6 443 100.00	59.52
	营业开支（美元）	2 239 600.00	9.58	1 803 400.00	9.87	1 530 500.00	8.96	1 342 100.00	8.58	1 002 800.00	9.26
	净利润（美元）	5 339 400.00	22.85	3 951 000.00	21.61	3 703 700.00	21.67	4 173 300.00	26.67	2 592 200.00	23.95
莱宝高科	营业总收入（元）	242 379.94	100.00	234 327.14	100.00	200 078.05	100.00	121 005.50	100.00	123 655.46	100.00
	营业总成本（元）	308 398.30	127.24	235 480.26	100.49	193 951.91	96.94	105 493.14	87.18	73 465.62	59.41
	营业成本（元）	233 919.21	96.51	209 565.96	89.43	172 109.97	86.02	90 292.37	74.62	61 753.62	49.94
	营业开支（元）	34 736.90	14.33	28 636.28	12.22	24 873.84	12.43	16 615.75	13.73	12 775.37	10.33
	净利润（元）	-60 879.98	-25.12	1 713.32	0.73	6 802.35	3.40	14 348.91	11.86	45 911.60	37.13
鸿海精密	营业总收入（新台币）	448 214 597.00	100.00	421 317 232.00	100.00	395 231 754.00	100.00	390 539 532.00	100.00	345 268 127.00	100.00
	营业总成本（新台币）	431 787 740.00	96.34	406 998 091.00	96.60	384 300 314.00	97.23	379 694 484.00	97.22	336 983 625.00	97.60
	营业成本（新台币）	416 155 400.00	92.85	392 122 847.00	93.07	369 762 304.00	93.56	357 576 629.00	91.56	318 629 879.00	92.28
	营业开支（新台币）	15 632 340.00	3.49	14 875 245.00	3.53	14 538 011.00	3.68	22 117 856.00	5.66	18 353 746.00	5.32
	净利润（新台币）	11 700 558.00	2.61	13 053 473.00	3.10	10 669 716.00	2.70	9 476 238.00	2.43	8 159 100.00	2.36

资料来源：WIND 资讯。

为什么苹果公司的毛利率和销售净利率都非常稳定地在较高的水平上，鸿海精密稳定在较低的水平上，而莱宝高科则如过山车般从原来的高水平在短期内就下降到了亏损的地步？深层次的原因在于：苹果公司成功地运用了技术差异化策略，通过技术专利构筑了很深的竞争壁垒，其他企业根本无法模仿；鸿海精密成功地运用了总成本领先策略，通过精益管理等工具进行严格的成本费用控制，保证了其在生产制造环节的竞争优势；莱宝高科主要产品为触摸屏，进入门槛不高，竞争者众多而陷入价格战，同时，莱宝高科未能很好地执行总成本领先策略，导致在竞争中陷入劣势而至亏损。

莱宝高科虽无法成为类似苹果公司一样的技术差异化策略公司，但是向鸿海精密学习运用总成本领先策略做好成本费用控制是一个比较现实的选择。上述例子的资产结构和利润结构很好地阐释了中国公司目前在多数行业产业链中所处的地位及面临的竞争劣势。

综上所述，同一行业不同竞争策略的公司财报特征存在的差异为：

（1）总成本领先策略的公司长期资产投入较大，为重资产公司；差异化公司的长期资产投入较少，为轻资产公司。

（2）总成本领先策略公司在上下游产业链中不具有谈判优势，应收账款、存货等营运资本的投入较大，现金周期较长；差异化公司在上下游产业链中具有较强的谈判优势，可以充分利用上下游的资金来满足营运资本需求，营运资本投入较少，现金周期较短甚至为负数。

（3）总成本领先策略公司的毛利率较低，差异化公司的毛利率较高。

（4）总成本领先策略的公司受外部竞争者的影响较大，因此毛利率的波动性比较大；差异化公司取决于自身的核心竞争力，具有较好的竞争壁垒，因此毛利率相对稳定。

（5）总成本领先策略公司实施严格的费用控制，费用率较低；差异化公司需要投入较多的费用保持技术、品牌形象等的领先地位，费用率较高。

5.6.5 竞争策略对企业经济绩效影响的结论和启示

5.6.5.1 结论

通过上述案例分析,我们将不同公司竞争策略的核心、适用性与财报特征总结在表 5-8 中。

表 5-8 两种策略的核心、适用性与财报特征

<table>
<tr><th colspan="2">项目</th><th>总成本领先策略</th><th>差异化策略</th></tr>
<tr><td rowspan="2">竞争策略</td><td>1. 核心</td><td>对于成本和费用的控制,将不为客户带来附加价值的产品、服务予以简化</td><td>取得某种对顾客有价值的独特性</td></tr>
<tr><td>2. 适用性</td><td>适合于无法提供差异化产品或服务的行业</td><td>适合于创新创意、品牌消费等行业</td></tr>
<tr><td rowspan="7">财报特征</td><td>1. 资产特征</td><td>以固定资产、无形资产(土地使用权)为主的重资产</td><td>以流动资产和金融资产为主的轻资产</td></tr>
<tr><td>2. 资本特征</td><td>长期资产投入巨大,较高的财务杠杆</td><td>长期资产投入较少,较低的财务杠杆</td></tr>
<tr><td>3. 资产周转</td><td>高速的重资产周转以降低单位固定成本,同时要做好营运资本管理</td><td>重点在于存货、应收款项和应付款项等营运资本的周转和管理</td></tr>
<tr><td>4. 营运资本需求</td><td>在产业链中不具有谈判优势,营运资本投入较大,现金周期较长</td><td>在产业链中具有谈判优势,营运资本投入较少,现金周期较短甚至为负数</td></tr>
<tr><td>5. 毛利率的高低</td><td>较低的毛利率</td><td>很高的毛利率</td></tr>
<tr><td>6. 毛利率的稳定性</td><td>受竞争环境影响,毛利率波动性比较大</td><td>取决于自身核心竞争力,毛利率比较稳定</td></tr>
<tr><td>7. 费用率</td><td>严格的费用控制下,费用率较低</td><td>保持核心竞争力需要某一方面的较大支出,导致费用率较高</td></tr>
</table>

资料来源:根据文中内容整理。

5.6.5.2 启示

不同竞争策略下的公司财报存在着不同特征。成功实施差异化策略的公司通过技术专利、品牌形象等构筑了很深的竞争壁垒,一般的竞争者根本无法跨越竞争壁垒,这保证了公司的竞争优势,公司的毛利率、销售净

利率等比较高并且稳定，盈利能力很强。总成本领先策略无法建立起竞争壁垒，进入门槛不高，没有特别核心的技术，对竞争者的要求主要集中在工艺上，新进入者进行追赶甚至替代老公司的难度相对较低，因此导致市场竞争日益激烈，最后往往只能陷入价格战，公司的毛利率、销售净利率等比较低并且波动性很大，甚至会陷入亏损的境地。

中国经济正处于转型的关键期，而宏观经济的转型成功有赖于企业的转型成功。由于差异化策略公司的财报特征在多个方面优于总成本领先策略公司，因此差异化竞争策略代表着未来企业转型的方向。应该看到，尽管要求我国企业均采取差异化竞争策略存在困难，但是中国宏观经济转型必然要求部分企业能从总成本竞争策略转型为技术、品牌等为核心的差异化竞争策略。当下，我国部分企业已经成功转型，比如案例中的海康威视。在新经济形势下，我国企业和企业家在未来发展中面临的一个重大命题是：如何采用差异化竞争策略，创造竞争壁垒，站到产业链的顶端，成为有核心竞争力的差异化策略公司？

5.7　战略计分卡：上策、中策和下策

在中国，会计师们更多的是类似于古时候的幕僚角色，或者说军师的角色，比如《三国演义》中的诸葛亮、《水浒传》中的吴用等。这些军师在帮助其主公制定战略和各类竞争策略中，都发挥了很好的参谋职责。我们在小说中，经常可以看到他们讨论战略问题时，往往会讲到上策、中策和下策，其实这都是对影响战略的各类因素进行计量以后得出的分析结果。

同理，会计师们参与到公司的战略规划活动中，最终需要给企业领导层和各个部门提供分析结果和建议。古时候的军师更多的是凭借其经验和直觉给出结论，而现代的会计师需要系统学习战略和经济绩效之间的影响

因素及关系,在此基础上,采用管理会计的战略规划工具,例如战略计分卡,做出好还是不好的判断,或者说区分为上策、中策和下策等。凭经验和直觉在现代企业管理中做出战略规划,是无法帮助企业走得很远的。

CIMA 战略计分卡于 2004 年问世,是 CIMA 和国际会计师联合会(IFAC)下属的工商业界职业会计师委员会在安然及世通等大型公司破产之后,联手研究的产物。此次研究的一个重要发现是公司董事会未能对战略和风险进行有效的监管。2008～2009 年爆发的全球金融危机再次印证了这一结论。而计分卡可以帮助任何一个组织的董事会有效地参与到战略流程中。

董事会对于战略心有余而力不足的根源在于:缺少时间和繁忙的工作安排、信息泛滥、董事会层面缺乏健全的战略处理流程、缺乏活力、董事会层面缺乏健全的处理战略问题的流程以及日益复杂的业务活动。

CIMA 战略计分卡(如图 5-2 所示)能够提供一个简便且有效的流程,帮助会计师们和董事会一起关注战略事宜,提出恰当的问题。CIMA 战略计分卡是围绕战略的四个关键维度(战略地位、战略风险/机会、战略选择以及战略实施)所构建的。这意味着会计师们可以与管理层开展建设性合作,推动组织取得未来成功,确保战略得到了高度的审视,避免陷入"细节的舒适地带"。

与此同时,遵循编制和更新计分卡这条约束有助于会计师们密切关注战略问题,促进与执行团队的交流,以便在向董事会提交方案之前已不断完善了草案。此外,计分卡还有助于识别认知与分析方面的差距,从而提高呈报信息的质量。

计分卡框架对董事会及其控制的业务活动多有裨益:概括营运环境的重要方面,强调风险和机会,识别主要的战略选择,记录和追踪重大里程碑事件的进展情况。计分卡的格式非常灵活,能够调查以满足组织的各种需求。针对四个战略维度中的每一个,计分卡所采用的格式都能够提供高水平信息，激发高质量且具有建设性的高效战略讨论。并且，会计师们熟练运用这一工具，可以帮助企业得出战略是否合理的判断，即上策、中策和下策。当然，想要在实践中做到这一点是非常具有挑战性的。

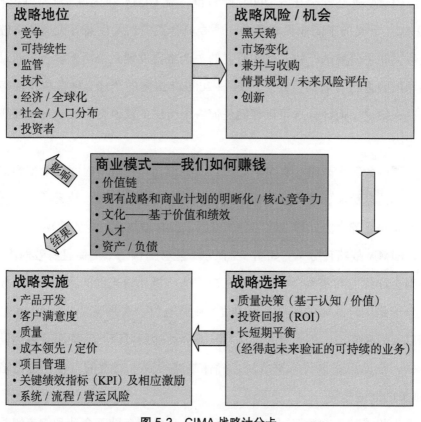

图 5-2　CIMA 战略计分卡

资料来源：CIMA Executive CPD Academy.

管理会计必须是可以计量的。然而，这里所谓的"计量"，并不是说要得到类似于精确到小数点后面两位的一个数字，而是从量上做出的模糊的结论，比如说 75～100 的一个区间概念。管理会计学绝不会成为一种精确的科学——财务会计学也并非精确的科学。虽然很多人认为财务会计非常精确——报表里面的每个项目都精确到小数点后面两位（精确到货币单位的分），并且资产负债表的左边和右边相等——但是其实财务报表里面的数字都是财务人员估计的结果，如长期资产的折旧摊销、应收款项的坏账准备、存货的跌价准备、权责发生制下的收入，甚至很多公司由于外币的原因，货币资金也需要会计师们做出估计。

管理会计有鲜明的专业特色和科学的一面。管理会计也不仅仅是凭主观预想能解决的问题。管理会计的因素和要求是能够加以分析的，是能够有系统地组织的，是任何一个有正常智商的人都能够学会的。

验证会计师们依据管理会计的工具所做出的战略分析报告和建议的，最终只能是战略实施后所取得的经济绩效。管理会计虽然是一门学科和专业，但是管理会计最重要的是实践——要看实践后的成果。

第 6 章

管理会计与重大决策

决策，指决定的策略或办法，是人们为各种事件出主意、做决定的过程。它是一个复杂的思维操作过程，是信息搜集、加工，最后做出判断、得出结论的过程。毫无疑问，历史是不需要决策的，决策一定是面向未来的。正因为决策的未来性质，导致了决策的难度。今天的决策，就是明天的成果。决策是否正确，当下是无法得出确定的结论的，而是需要未来的结果才能加以验证。

6.1 公司的重大决策

一家公司在确定战略以后，需要通过其投资活动来贯彻和执行战略，做到思行合一。比如，华为提出"全球领先的信息与通信技术（ICT）解决方案供应商"的战略，就要不断地在 ICT 领域进行投资，包括研发投资、生产投资、服务投资。再比如，中国交建提出"矢志成为全球知名的工程承包商、城市综合体开发运营商、特色房地产商、基础设施综合投资商、海洋重工与港口机械制造集成商"，就要在五大领域开展投资。

一个流行的说法是：三年前的选择决定了你今天的结果，今天的选择决定了你三年后的成就。用到公司上面来就是：三年前的投资活动决定了公司今天的结果，今天的投资活动决定了公司三年以后的成就。因此，公司管理中，衔接战略和最终经济绩效的核心就是公司的投资活动。

企业制定战略，是为了决定今天应该采取什么投资活动，才可以在明天获得成果，是以对未来的预期为基础。几乎所有的投资决策都是长期决策——就今天而言，甚至10年的时间都算短了。中国核电集团要建设核电站，核电站一旦建成，其运营期限至少50年。不管是有关研究开发、建造新工厂，还是设计新产品，每个重大的投资决策都需要经过多年时间，才能真正奏效，甚至多年以后，投入的成本才能得以收回。

而日常的经营管理中的决策，比如，购买哪一个办公用品供应商的办公用品，宴请客户是在五星级酒店还是郊区农家乐，则一般来说不会对企业的发展产生重大的长远影响。

相对于经营决策而言，投资决策面对的是关于长期资产的取得问题，涉及的资金支出数额通常较大甚至巨大，并且一般还具有风险大、周期长、不可逆转等特征。因此，长期投资决策的正确与否对企业的生死存亡具有决定性的影响作用，因而长期投资决策分析也就必然成为管理会计的重要研究内容之一。对于会计师来说，管理中"抓大放小"应当抓的第二件大事，就是投资决策及投资活动。

为了满足投资决策的需要，应当同时做好筹资决策。筹资活动是为了满足投资的需要，而不是漫无目的的——有些企业在银行贷款后，没有很好的投资方向，把贷款资金存回到银行去，银行贷款利率远高于银行存款利率，这显然与企业创造经济绩效的目标相违背。

因此，企业存在着投资决策和筹资决策两大类管理会计决策。投资是为了贯彻公司战略，而筹资则是为了满足投资的需求。

企业的投资决策，从投资的方式角度来看，主要包括购建决策和并购决策。所谓购建决策，主要是指购置或处置固定资产、无形资产或者其他长期资产的决策。所谓并购决策，主要是指通过并购子公司或者处置子公司的方式来扩张或者收缩公司规模的决策。

6.2 商业模式的管理会计语言描述

投资决策的原则是：产出大于投入。从管理会计的角度，这一原则就是要做到"投入现金—收回更多的现金"。

不管是什么企业，也不管采用什么模式，管理的起点是"现金"——无论是股东投入，还是债权人投入。而企业的经济绩效则体现为"更多的现金"。

通常，我们用利润来衡量经济绩效。用利润来衡量经济绩效是对的，但是不够全面——一般来说，利润越多，现金就会越多；但是，由于财务会计采用了权责发生制——根据业务发生所带来的权利和义务来确认收入和成本费用——导致利润和现金会出现差异，有时候这种差异还非常巨大。

我们在前面论述管理会计的经济绩效定义时，已经说明了为什么要采用现金和现金流作为管理会计的核心——利润存在着主观调节的空间，存在多个口径，而现金和现金流则只有一个口径。当企业给股东分配利润的时候，其实股东拿到的是现金。因此，企业的起点是"现金"，而终点则是"更多的现金"。

例如，银行业的主要业务是吸收存款并发放贷款。吸收存款拿到"现金"，现金贷款给客户，从客户处收回本金和利息得到"更多的现金"——如果银行无法收回利息和本金，形成"更少的现金"，则多次循环反复之后，银行就破产了。银行业的商业模式可以归结为"现金—贷款—更多的现金"。

再例如，钢铁公司的主要业务是募集现金后，通过投资活动形成工厂，工厂投入使用生产出钢材，销售给客户后，收回更多的现金——如果钢铁公司无法收回钢材的生产成本以及最初的工厂投资，形成"更少的现金"，则钢铁公司也将无以为继。钢铁公司的商业模式可以归结为"现金—工厂—钢材—收入、成本费用和利润—更多的现金"。我们如果关注财经媒体，就会发现，对于钢铁公司的新闻报道，多以生产基地为主，比如宝钢在湛江建设新生产基地。

还例如，腾讯、阿里巴巴和百度的主要业务是募集现金后，投入研发，形成平台，通过平台带来更多的现金。平台是怎么开发出来的？这些公司最主要的资产是什么？如果看报表，基本上没有多少固定资产，再加上研发支出非费用化处理也没有很多无形资产——对于这些公司来说，最主要的资产就是无法体现在报表上面的人才（传统会计都是把人作为成本费用而不是作为资产）。可以把这些公司的商业模式归结为"现金—员工—平台—更多的现金"。所以，关于这类公司的新闻报道，经常可以看到某公司又创造了多少个百万富翁、马云创业时期的十八罗汉，等等。

判断一个企业的商业模式是否能够成立，"现金—更多的现金"是试金石。不管是传统经济，还是新经济，不管是羊毛出在羊身上，还是羊毛出在猪身上，如果"现金—更多的现金"不能成立，商业模式将无法避免衰退甚至破产。

当然，不同商业模式实现"现金—更多的现金"的周期不一。比如，核电站要收回更多的现金可能要十数年甚至更长的周期，而零售企业则可能只要数天或者数十天。而亚马逊的长期亏损，成为很多人反驳"现金—更多的现金"这一原理的例子——亚马逊前期的烧钱，一定是为了以后能够收回更多的现金，只不过投资人有这个信心，并且收回的周期更长而已。为什么很多创业公司以失败告终？前期不断烧钱导致"现金—更少的现金—更更少的现金"，并且投资人无法看到未来能够收回更多的现金，烧完钱以后没有更多的现金，则创业宣告失败。

6.3　今天的钱，比明天的钱更值钱

我们前面讲到了"现金—更多的现金"，然而，不同时点的现金，显

然其价值是不一样的。在管理会计中,最简单最浅显的原则是:今天的钱,比明天的钱更值钱。

假设你的老板要给你发放奖金,有两种选择:一是现在立马给你10万元;二是一年以后给你10万元。你会毫不犹豫地选择第一个。但是如果老板答应你现在不领取10万元奖金的话,一年以后可以给你发放12万元,这个时候你可能就要仔细斟酌一下了。也许你在思考以后,会选择后者。

那么,我们到底应该如何来衡量不同时点的现金呢?这就需要了解管理会计中的货币时间价值。

所谓货币时间价值,指的是货币经过一定时间的投资与再投资后,所增加的价值。例如,我们把100元钱存入银行,1年后可得到110元(假定银行利率为10%)。我们的100元钱经过1年的投资,增长到110元,这多出来的10元钱就是货币的时间价值,也叫资金的时间价值。在管理会计领域,人们习惯用相对数字来表示货币的时间价值,即用所增长的价值占原价值的百分数来表示。因此,上述货币的时间价值为10%。

由于货币时间价值随着时间的推移呈几何级数方式增长,因此,通常采用复利的计算方法来计算货币的时间价值。按照这种方法,每经过一段固定的时间,就要将所产生的利息加入本金,再计算下一段时间的利息,如此循环下去。这里的"一段固定的时间"叫作计息期,如果不做特别说明,计息期通常指1年。货币时间价值的计量形式最主要有复利终值和复利现值。

复利终值指的是某特定资金经过一定时间后,按复利计算的最终价值。假如某人今天将1000元钱(P为现在的价值)存入银行,按复利率$i=10\%$计算利息,那么1年后,本利和S为:

$$S = P(1+i) = 1000 \times (1+10\%) = 1100(元)$$

2年后,本利和为:

$$S=P(1+i)(1+i)=1100\times(1+10\%)=1210（元）$$

n 年后，本利和为：

$$S=P(1+i)^n$$

复利现值是指为取得将来某一时点上的本利和（S），现在所需要的本金（P），即未来一定时间的特定资金按复利计算的现在价值。复利现值计算实际上是复利终值计算的逆运算。即：

$$P=\frac{S}{(1+i)^n}=S(1+i)^{-n}$$

我们把上述计算过程中的货币时间价值（利率），称为资金成本。资金成本与企业的筹资活动相关，因此我们将在筹资决策部分进一步论述该问题。

6.4 投资决策的管理会计工具

不管是购建决策还是并购决策，只要是投资活动的决策，都必须以现金流量为核心，通过计算项目的现金价值来做出最终的决策。管理会计中，我们通常对一家公司投资决策及活动以现金流量为基础，通过货币时间价值原理计算净现值、内含报酬率和投资回收期，进行分析和判断。

现金流量指的是在投资活动中，由于引进一个项目而引起的现金支出或现金收入增加的数量。在投资决策分析中所说的"现金"是一个广义的概念，它不仅包括货币资金，同时也包含了与项目相关的非货币资产的变现价值。例如，在投资某项目时，投入了企业原有的固定资产，这时的"现金"就包含了该固定资产的变现价值，即假设该固定资产不用于此项目，而是将其变卖所可能获得的"现金"收入。

投资决策涉及现金流出量、现金流入量和净现金流量三个具体概念。

现金流出量是指在投资方案的整个过程中所需投入的资本，它主要包括：投放在固定资产上的资金，项目建成投产后为正常经营活动而投放在流动资产上的资金，以及为使机器设备正常运转而投入的维护修理费等。

与现金流出量相对应，现金流入量指的是由于实施了该方案而增加的现金。现金流入量主要包括：经营产生的现金流入，固定资产报废时的残值收入，项目结束时收回的原投入在该项目流动资产上的流动资金。

净现金流量指的是现金流入量与现金流出量之间的差额。如果现金流入量大于现金流出量，称为"净现金流入量"；否则，便称为"净现金流出量"。

净现值（NPV）是指一个项目预期实现的现金流入的现值与实施该项计划的现金支出的现值的差额。净现值为正值的项目可行，可以为股东创造价值；净现值为负值的项目不可行，会损害股东价值。从理论上来说，如果一个公司由若干个项目组成，那么这些项目的净现值之和就是公司为股东创造的价值。

净现值的计算公式如下：

$$净现值 = \sum_{t=1}^{n}\frac{I_t}{(1+i)^t} - \sum_{t=1}^{n}\frac{O_t}{(1+i)^t}$$

式中，n 为项目的实施运行时间（年），I_t 为在项目实施第 t 年的净现金流入值，O_t 为在项目实施第 t 年的现金流出值，i 为预定的资金成本。

假设我们有三个可供选择的投资方案 A、B 和 C，预定的资金成本为 10%，具体现金流量资料如表 6-1 所示。

表 6-1

时间（年）	0	1	2	3	4
方案 A：净收益		500	500		
净现金流量	（10 000）	5500	5500		
方案 B：净收益		1000	1000	1000	1000
净现金流量	（10 000）	3500	3500	3500	3500
方案 C：净收益		2000	2000	1500	1500
净现金流量	（20 000）	7000	7000	6500	6500

则三个方案的净现值可以计算如下：

净现值（A）= 5500×（P/A, 10%, 2）- 10 000

　　　　　= 5500×1.7355 - 10 000

　　　　　= -454.75

净现值（B）= 3500×（P/A, 10%, 4）-10 000

　　　　　= 3500×3.1699 - 10 000

　　　　　= 1094.65

净现值（C）= 7000×（P/A, 10%, 2）+ 6500

　　　　　×（P/A, 10%, 2）×（P/S, 10%, 2）- 20 000

　　　　　= 7000×1.7355 + 6500×1.7355×0.8264 - 20 000

　　　　　= 1470.91

方案 A 的净现值小于零，说明该方案的报酬率小于预定报酬率10%，如果项目要求的最低资金成本率为10%，则此方案无法给企业带来收益，因此应该放弃该方案。方案 B 和 C 的净现值均大于零，表明这两个方案都可取。

所谓内含报酬率（也称为内部收益率，IRR），是指能够使未来现金流入现值等于未来现金流出现值的贴现率，或者说是使投资项目净现值为零的贴现率。内含报酬率法是根据项目本身内含报酬率来评价方案优劣的一种方法。内含报酬率大于资金成本率则项目可行，可以为股东创造价值，且内含报酬率越高，投资项目越优，为股东创造的价值越多。

内含报酬率的计算公式如下：

$$\sum_{t=1}^{n}\frac{I_t}{(1+i)^t}=\sum_{t=1}^{n}\frac{Q_t}{(1+i)^t}$$

内含报酬率的计算比较复杂，通常采用逐步测算法，经过多次运算，才能够求得其近似值。下面以表 6-1 的数据为例，求取三个方案的内含报酬率。

假设方案 A 的贴现率为 7%，此时它的净现值为：

$$净现值（A）= 5500 \times (P/A, 7\%, 2) - 10\,000$$
$$= 5500 \times 1.808 - 10\,000$$
$$= -56.00$$

再假设贴现率为 6%，此时：

$$净现值（A）= 5500 \times (P/A, 6\%, 2) - 10\,000$$
$$= 5500 \times 1.8334 - 10\,000$$
$$= 83.70$$

以上计算说明方案 A 的内含报酬率大小 6%，小于 7%。为了更精确地求取方案 A 的内含报酬率 $IRR（A）$，可采用内插法：

$$\frac{IRR(A) - 6\%}{83.7 - 0} = \frac{7\% - 6\%}{83.7 - (-56)}$$

$$IRR(A) = 6\% + (7\% - 6\%) \times \frac{83.7}{83.7 + 56} \approx 6.60\%$$

用同样的方法，可以确定方案 B 的内含报酬率 $IRR（B）$ 为 15.93%，方案 C 的内含报酬率 $IRR（C）$ 为 13.43%

由于方案 A 的内含报酬率低于预定资金成本率，因此方案 A 不可取。方案 B 和方案 C 的内含报酬率均高于预定资金成本率，表明这两个方案都可取。

投资回收期是指从投资项目的投建之日起，用项目现金流量净额弥补初始投资现金流出金额所需要的年限。投资回收期分为静态投资回收期与动态投资回收期两种。静态投资回收期是在不考虑资金时间价值的条件下，以投资项目的现金流量净额回收其全部初始投资现金金额所需要的时间。动态投资回收期是把投资项目各年的现金流量净额按资金成本率折成现值之后，再来推算投资回收期。动态投资回收期就是净现金流量累计现值等于零时的年份。它与静态投资回收期的根本区别是需要考虑货币时间价值。

上市公司在进行重大项目投资的时候，都会发布相应的公告并在公告中提示项目的净现值、内含报酬率等指标。比如，白云机场在扩建二号航站楼的公告中提到："经测算，本项目税前内部收益率为 11.35%，税前静态回收期为 13.64 年（包括建设期），具有较好的经济效益。"我们要关注的是这些指标计算的假设和过程是否合理、是否符合股东的预期回报要求。

6.5 提升使用管理会计投资决策工具的三种能力

我们不准备对管理会计的决策工具展开进一步的论述。因为这些工具已经非常成熟，并且为绝大多数企业管理者所熟悉。

然而，这些工具在管理会计的实践中，其应用程度低得超乎我们想象。我在给企业在职的管理人员和会计师们讲授管理会计的课程中，询问大家参加工作以后，是否使用过上述管理会计的决策工具，几乎 90% 以上的人员都给出了否定的答案。

我的课程的学员中，会计师们基本上在企业中都是担任主管以上的职务，甚至还有很多是总会计师和首席财务官。他们在学校里都接受过良好的管理会计教育，并且考试成绩也很优秀。那为什么在工作中却很少用这些工具呢？我问他们：学习的目的是什么？他们开玩笑地回答：学习是为了考试，大学里的科目考试，参加工作以后的职称考试；考试是为了遗忘，因为考完以后不用，就很快忘记了。

毫无疑问，学习不仅仅是为了考试和遗忘，学习是为了学以致用，做到知行合一。

在企业中运用管理会计的决策工具不理想的现状，主要有两个方面的原因：一是外部环境不理想，二是会计师们的能力不够。

很多企业依然把会计师定位为记账员和报账员。多数企业的领导是技术或者营销背景，不知道管理会计的决策工具，也从来没有会计师运用这些决策工具参与到企业的决策过程中来。

更重要的是，会计师们运用这些工具的能力不够。知识不等于能力，成绩不等于应用。为什么会计师们可以考试成绩很好？那是因为，教材和考试题目中，都直接告诉了考生相关的资料和数据，而在工作中，则需要自己去收集、整理和分析相关的资料和数据。考试是解决已知数据下的计算问题，而运用工具则是要解决现实中的决策问题。

为了使用前述管理会计的投资决策工具，会计师们需要提升相关的能力。

首先是历史趋势分析的能力。历史趋势分析所根据的假设是：经济现象是长期的趋势，不会很快改变或者变幻莫测。这种趋势可能会受到周期性波动的干扰，但经过长时间后，终将恢复原本的走势。拿统计学家的术语来形容，"趋势曲线"会是一条跨越10年、15年甚至20年的"真实曲线"。

财务分析是会计师的专业和强项，然而绝大多数会计师在进行财务分析的时候，都是仅仅依据当期或者最近几期的财务数据做出分析结论。在管理会计的实践中，会计师们需要学会通过企业以及所在行业5年甚至更长周期的业务和财务数据，分析已经形成的趋势。趋势分析就是要找出企业发展的特有趋势，借着趋势，企业在制定长期决策时，不需要太在意短期的经济周期。

趋势分析理论上非常简单，但是在实践中，首先要回答分析中不同数据之间的逻辑关系问题，并建立相应的因果关系模型，即趋势分析需要什么样的数据。比如，铁路运输企业的货运量和客运量与某个国家和地区的GDP之间是否存在因果关系？钢铁企业的钢材市场需求与房地产行业的施工面积之间是否存在因果关系？等等。如果存在因果关系，那么，这些数据就可以成为预测企业业务数据和财务数据的先行指标。

其次，需要解决分析的数据来源问题。这些数据包括10年、15年甚至更长周期的外部宏观经济数据、行业统计数据，以及企业自身的业务数据和财务数据，而会计师们在收集数据、整理数据和建立模型分析数据的能力方面，显然离企业管理的要求还有很远的距离。

在进行趋势分析时，从技术的角度，会计师们应当尽量减少用平均增长率等指标，而更多采用与管理会计中的复利理论一致的复合增长率。平均数在很多时候会误导我们从而导致错误的判断，而复合增长率则更加接近实际的趋势。

在上课的过程中，我经常用一个非常简单的例子来说明平均增长率和复合增长率两者之间的区别。假设李先生于2017年1月1日，在资本市场投入100万元，2017年取得了100%的投资收益率，但是2018年投资比较失败，其投资收益率为-50%，在2017年年底和2018年年底李先生有多少资金？2017年12月31日为200万元，2018年12月31日为100万元，相当于两年下来李先生分文未赚并损失了资金的时间机会成本。如果我们计算这两年李先生的投资收益率平均数，可以得出：（第一年的100%+第二年的-50%）÷2=25%。分文未赚的情况下其投资收益率平均数居然为25%，这严重误导了我们的判断。如果计算这两年的复合投资收益率，则为0，这才是真实的情况。所以我开玩笑：给主管领导写报告的时候，尽量用平均数，可以掩盖很多问题；而在分析真实趋势的时候，一定要用复合增长率。

历史趋势分析非常重要，但是不能单独运用这个工具。未来并不是历史的简单重复。历史趋势在某个时间节点上，会发生转折性的变化。因此，为了避免盲目依赖过去的经验或"惯性法则"，我们需要运用未来主要影响因素分析这一工具。这一工具要求会计师们在做出决策时以可能对将来的经济状况产生重大影响的已经发生的事态作为依据。这个方法不是预测将来，而是着重看过去的事态——但是这种事态还没有在经济上表现出来——试图找出影响未来的基本因素，而不是去猜测未来。或者按照现在流行的说法，就是"未来已来"——影响未来的因素，在现在已经发生。

例如，对于房地产行业来说，现在购买房子的人，都是在20世纪60年代～80年代出生的人。同理，未来20年之内购买房子的人，现在都已经出生。因此，未来人口趋势将直接影响房地产行业的发展。

企业正是根据针对这类已经发生而且预期会影响未来经济发展的趋势所做的分析，决定未来的战略。这样，会计师在参与长期规划的时候才可以理直气壮地说，他们不是在猜测未来。

但是，即使我们做了详尽的历史趋势分析和未来主要影响因素分析，我们仍不能说任何事情在未来一定会发生。即使必然发生的事情确实发生了，我们仍然无法估计发生的时间。因此，我们必须有第三个降低风险的工具——安全边际分析。在评估投资决策时，我们必须判断在最坏的预期下，投资决策所带来的最低回报情况。

在采用净现值、内含报酬率和投资回收期等投资决策指标时，我们需要为未来的不确定性留出足够的安全边际空间。例如，在一般的管理会计教材中，运用净现值的准则是：当净现值大于0的时候，项目可以接受；当净现值小于0的时候，项目不可以接受。然而，这句话显然不够全面——需要加上一个前提条件，"当具有足够安全边际空间的时候"，净现值大于0的项目可以接受。比如，当项目的初始现金投入为1200万元，而净现值为1万元，这样的项目是不能接受的——所有决策时基于未来预期的现金流量，一旦这些预期发生向下调整，则净现值就可能为负数——因此，如果考虑5%的安全边际空间，那么净现值为60（=1200×5%）万元以上的时候，项目才是可以接受的。

6.6 参与决策是一个会计师需要不断付出努力的过程

由于当前管理会计在企业中的运用环境不够理想，会计师们需要通过不断付出努力，体现自身在决策中的价值，才能为自己获得决策的发言权和地位。

企业领导层在重大决策中，忽视管理会计的作用。如果会计师们能够采用上述管理会计的工具和方法，在每次重大决策中提供合理的分析和建议，也许领导层第一次收到这些报告的时候，依然按照惯有的经验，拒绝接受会计师们的建议，但是，所有的分析和建议都将用事后的结果来加以验证。当会计师们的第一份报告得到了事后验证，领导层对管理会计的重视程度就会提高。当会计师们的决策建议得到一而再，再而三的验证的时候，领导层就会自然而然地接受管理会计的分析和建议。

因此，会计师想要参与公司的重大决策，首先要提升自己的决策能力，并通过过程持续体现管理会计的价值。最终，会计师就可以在决策中获得应有的一席之地。

6.7 筹资是为投资服务

筹资是指企业通过各种方式和法定程序，从不同的资金渠道，筹措所需资金的全过程。无论其筹资的来源和方式如何，其取得途径不外乎两种：一种是接受投资者投入的资金，即企业的资本金；另一种是向债权人借入的资金，即企业的债务。

筹资是为了满足投资的资金需求，因此，我们需要把筹资决策和投资决策放到一起来考虑和讨论。具体而言，体现为如下方面：

一是从金额数量上来说，筹资的金额必须能够满足投资的金额的需求，否则，巧妇难为无米之炊，投资活动将无法正常进行。

二是投资决策中，我们需要考虑筹资所产生的资金成本。当我们运用净现值指标时，在计算过程中需要用到资金成本率。当我们采用内含报酬率（IRR）指标时，需要把内含报酬率和企业的加权平均资本成本率进行比较，内含报酬率高于加权平均资本成本率时项目才可以接受，高出的部分就是企业创造的额外价值。因此,投资决策中要求内含报酬率比较高,而筹资决策中要求加权平均资本成本率越低越好。

三是投资决策中,我们采用投资回收期来判断项目收回初始现金投入的周期,而筹资决策中当我们采用了债务筹资的时候则面临着到期偿付债务利息和本金的问题,即债务偿还期。在决策中,投资回收期和债务偿还期最好能够做到匹配。如果债务偿还期远远短于投资回收期,企业在未来很容易面临债务偿付危机,导致企业资金链断裂。

相对于投资决策而言,筹资决策相对简单,并且其主要活动由财务部门来完成。在筹资活动中,我们要考虑资金成本、资金结构、资金期限、筹资顺序、筹资时机等五个方面的分析与决策。

6.8　筹资的资金成本问题

资金成本是指公司为筹集和使用资金而付出的代价,包括资金筹集费用和资金使用费用两部分。一家公司的资金来自于股东的权益资金和债权人的债务资金。不同来源的资金其资金成本不同,一般来说,债务资金成本低于权益资金成本。我们把一家公司的债务资金成本和权益资金成本按照其权重加权平均后可以计算出这家公司的加权平均资金成本率。对于公司来说,在筹资活动中考虑如何获得足够的资金的同时,要尽最大努力降低加权平均资金成本率。在投资决策中我们讲到了内含报酬率,一家公司投资项目的内含报酬率超过加权平均资金成本率部分,就是这家公司为股东创造的价值。因此,内含报酬率越高,加权平均资金成本率越低,则公司创造的价值越多。

6.8.1　债务资金成本及其分析

债务资金包括短期借款、长期借款、应付债券、长期应付款等。多数债务利率在筹资期限内不变，利息费用可以于税前列支，因而，利息可产生节税效应。债务的资金成本包含筹资过程中发生的相关筹资费用以及后续期间支付的利息费用。相关筹资费用包括：①公证机构对抵押品及担保的公证费，②律师签证费，③银行所要求的手续费，④抵押设定的各种费用，等等。

例如，某公司 2016 年 1 月 1 日向银行借款 100 万元，年利息率为 5% 且每年年末付息，期限 5 年，另附房产抵押权，房产资产评估费用、银行手续费等相关筹资费用率为 1%，公司所得税税率为 25%。该长期借款第一年的资金成本率 =5%×（1-25%）+1% = 4.75%。

6.8.2　股权资金成本

债务资金成本非常好理解，就是公司承担的利息支出。债务利息支出是刚性的，股东现金分红则没有硬性约束，因此有些人认为股权资金可以没有成本——不给股东现金分红就没有成本。

天下没有免费的午餐，股权资金一定是需要成本的。我在课堂上经常问：股权资金是否需要成本？当有人回答不需要的时候，我就开玩笑：郭老师今天去注册一个公司，请你投入资金成为公司的股东，今后不给你任何回报，你愿意吗？当然没有一个人愿意把钱无偿投入郭老师的公司了。

怎么理解股权资金成本呢？我们认为，股权资金成本就是股东的最低预期回报率，这一预期回报率是上市公司为了维持其市场价值和吸引所需资金所必须达到的报酬率，或者是为了使其股票价格保持不变而必须获得的报酬率。

经济学家吴敬琏曾在 2001 年称中国股市很像一个赌场；在 2014 年搜狐财经变革力峰会上，他进一步称中国股市不仅很像一个赌场，而且是一个没有规矩的赌场。为什么中国的资本市场被认为是赌场，不能有效发挥资源配置的作用？其中一个重要的原因就是，很多上市公司认为股权资金不需要资金成本。任何一个负责任的企业家，在拿到资金（不论是债务资金还是股权资金）后思考的第一个问题就应该是：如何给投资者带来预期的回报？

一般情况下，债权人会获取稳定的利息回报和收回本金，而股东则需要承受公司亏损甚至破产的风险；在破产清算的时候，需要先偿还债权人的本金和利息，股东的利益放在最后。因此，股东承担的风险要比债务人高，股权资本成本要高于债务资本成本。也就是说，股东要求的预期回报率通常比债权人要高。

6.8.3　加权平均资金成本

那么，当一家公司既有债务资金又有股权资金的时候，我们如何来判断其总体资金成本呢？我们通常用加权平均资金成本来进行衡量。加权平均资金成本按下面的公式计算：

$$\text{加权平均资金成本} = \frac{\text{有息债务}}{\text{投入资本}} \times \text{税后债务资金成本} + \frac{\text{股东权益}}{\text{投入资本}} \times \text{股权资金成本}$$

例如，某公司的加权平均资金成本在 5.5% 左右，其含义是：该公司在进行投资项目决策的时候，投资项目的税后投资收益率必须高于加权平均资金成本，否则将降低公司的价值，损害股东的利益。

6.8.4　如何确定股权资金成本

股权资金成本是隐含的、无法观察到的成本，因此公司股权资金成本是计算 WACC 中的难点。如果一家公司只有一个股东，评估股权资金成本会简单得多。但是，在一家上市公司，我们遇到了一个实际的问题：股东成千上万，每个股东的预期回报存在着差别。

通常认为，股东的预期回报与股票的风险之间存在密切关系：风险越高，股东的预期回报越高。因此，一般教科书中都是采用资本资产定价模型来计算股东预期回报率。根据该模型,一家公司股票投资的预期回报率定义为三个变量的函数:无风险利率、贝塔系数和股权风险溢价(股票市场的平均风险所要求的溢价)。对于股票市场上的投资者来说,无风险利率和股权风险溢价都是一样的。预期回报率的计算公式如下:

$$股权预期回报率 = 无风险利率 + 贝塔系数 \times 股权风险溢价$$

风险确实与股东的预期回报相关。一些人坚持认为风险与回报总是正相关的,风险越大,回报也越高。事实上,这是几乎所有商学院教授的资本资产定价模型中的一个基本原则,然而这一原则并不总是正确的。模型中错误地将风险等同于波动,强调证券价格波动的"风险"而忽视了可能定价过高、欠考虑或者做出糟糕投资的风险。只有在有效市场中风险与回报之间的正相关才能保持一致,这种关系稍有偏离马上就会得到修正,这会让市场有效起来。在无效的市场中,有可能找到低风险高回报的投资机会。当信息的获得不是很畅通,对一项投资的分析尤其复杂,或者投资者进行买卖的理由与价值无关时,就会出现这样的机会。无效的市场也会提供高风险低回报的投资机会。在这样的市场中经常会出现定价过高和充满风险的投资,不仅因为金融市场倾向于给出过高的估值,还因为如果有足够多的投机者坚持支付过高的价格,市场力量难以修正高估的状态。金融市场短期存在着无效的部分,投资者无法简单地选中某个水平的风险,然后相信这一风险将带来相应的回报。必须对每项投资中的风险和回报进行独立的评估。风险本身并不创造差额回报,只有价格能够创造差额回报。然而,在金融市场中,可交易证券与相应企业之间的联系并不确定。在投资者的眼中,一种可交易证券所产生的各种各样的亏损或者回报并不完全来自于对应的企业,他们也会依赖于所支付的价格,而价格是由市场制定的。

我们认为,对于具体公司股票投资的风险,本质来源于公司自身经济活动所带来的未来自由现金流的风险,而不是来自于市场价格的波动。风险视公司本质和市场价格而定的观点，与用贝塔系数所描述的风险观点有着非常大的区别。然而，因回报不同，投资结束时无法对风险进行较投资开始时更加准确的量化，无法简单地使用一个数字来描述风险。直觉告诉我们，每项投资的风险都是不一样的：政府债券的风险低于一家高科技企业的股票。然而，不像食品包装袋上会标明营养成分一样，投资不会提供有关自身风险的任何信息。投资者只能做几件事情才能应对风险：进行足够的多元化投资；如果合适，进行对冲；以及在拥有安全边际的情况下进行投资。确实如此，因为我们不知道，也无法知道自己以贴现价格进行的投资中所有的风险。当出错的时候，便宜的价格给我们提供了缓冲。

许多市场参与者相信，一些特定的证券与生俱来就有投资风险，就像滑翔和登山运动天生就有风险一样。通过使用现代金融理论，学院派和许多专业市场人士试图通过使用一个统计数字来量化这种风险，它就是贝塔系数。贝塔系数就是将一种证券或者一个投资组合过去的价格波动与整个市场的价格波动进行比较。他们认为，具有高贝塔系数的股票在上涨的市场中能较一般的股票取得更大的涨幅，而在下跌的市场中，跌幅也会更大。因为波动性更大，具有高贝塔系数的股票的风险被认为高于低贝塔系数的股票。

我们认为，用一个反映过去价格波动的数字就能完全描述一种证券风险的想法真是太荒谬了。有关贝塔系数的观点仅仅考虑了市场上的价格，而没有考虑到公司具体的基本面或者经济发展。同时，价格所处的水平也被忽略，就像100元贵州茅台的股票不会较300元贵州茅台的股票风险更低一样。贝塔系数没有考虑到投资者自己可以通过诸多努力给投资所施加的影响，如通过代理权征集、股东决议、与管理层进行交流，或者收购足够多的股份以获得企业的控股权，然后直接影响公司的潜在价值等。有关贝塔系数的观点认为，任何一种投资的上涨潜力和下跌风险是相等的，其只跟这一投资相较于整个市场的波动性有关。这一观点也与我们所认识的世界相矛盾。现实情况就是证券价格以往的波动性无法对未来的投资表现（或者甚至是未来的波动）给出可信赖的预期，因此过去的波动性是一个糟糕的衡量风险的指标。

一项投资除了伴有蒙受永久性损失的概率外，还伴有价格出现与潜在价值无关的暂时性波动的概率（贝塔系数没能区分这两个概率）。许多投资者把价格波动看成是巨大的风险：如果价格下跌，这项投资就会被看成是有风险的，他们不考虑投资的基本面。然而，价格的暂时性波动真的是一种风险吗？这种波动与永久性价值损伤风险不同，只有在一些特定情况下才会成为特定投资者的风险。当然，投资者并不总能轻而易举地区分哪些是与短期供需关系有关的暂时性价格波动，哪些是与公司基本面有关的波动。只有成为事实之后，现实情况才可能变得一目了然。尽管投资者应明确避免对投资支付过高的价格，或者买入那些因业绩恶化而导致潜在价格下降的公司，但他们不大可能避免短期内市场的随机波动。事实上，投资者应预期到价格会出现波动，如果无法忍受些许的波动，那么他们就不应该投资公司股票。

在管理会计实践中，风险的调整有两种方式：

一是通过分母的调整来体现风险，如资本资产定价模型，对不同公司采用不同的贴现率，风险高的公司采用较高的贴现率，风险低的公司采用较低的贴现率。然而，如上所述，通过分母调整来体现风险，存在着很大的困难，贝塔系数并非一个好的公司分析衡量标准。

二是通过分子的调整来体现风险，也就是说，我们在估算公司的现金流时，如果未来的不确定性比较大，风险比较高，那么，我们就应当采取保守的现金流。

我们认为，第二种方法更加接近企业管理的本质——公司的风险不是取决于公司价格相对于市场的波动性，而是取决于公司经济基本面的变化。

公司的股权资本成本率应该取决于市场上的股票投资者对于股票投资的系统性预期回报，也就是说，所有公司的股权资金成本是相同的，不同的是公司之间创造未来现金流的能力不同。股权资金成本率应该高于同期的国债利率，同时加上股票投资的风险溢价。我们不采用资本资产定价模型进行不同公司的复杂计算，而是根据市场进行股权资金成本率的简化估算：以我国5年期国债的利率为基准，加上4%～5%的风险溢价，因此股权资金成本率在8%～10%的区间范围内，并在这个范围内根据企业的风险偏好进行取值。

股权资金成本的含义是：股东要求公司每年最低创造预期回报率，如果低于这一回报率，则股东会选择用脚投票卖出股票，导致公司股价下跌，并且也无法吸引股东新增投入资金。

从上述股权资金成本的讨论中，我们可以看出：会计师们在管理会计实践中，需要学会将复杂问题简单化处理，而不要为了模型而模型，搞一大堆没有人感兴趣的模型和数据，还洋洋自得，自以为是地体现专业性。当会计师们陷入模型和数据的技术性争论中而无法得出有意义的建议的时候，管理会计在企业中的实践就走入了死胡同。这与学院教授做学术研究不同，学术研究往往是把简单问题复杂化，论文必须有数据、有模型，否则根本得不到刊物发表的机会。然而，实践的意义在于：能够有效地解决现实中的问题。

在管理会计实践中，我们不是追求分析技术手段的尽善尽美。在这样的分析中，成果的有效性与工具和技术的复杂性之间通常存在着对立关系。现有的管理会计教材和著作中，过于注重工具和技术，而忽视了分析的目的，导致很多管理会计的内容，在实践中的使用价值大打折扣。

在任何企业分析中，若分析的结果很可能会引起激烈的讨论和尖锐的意见，管理者就应强调利用最简单的工具和技术。否则，不受欢迎的结果就会陷入遥遥无期的、有关技术的伪学术讨论；或者，由于听众对复杂和神秘的方法存在疑惑，而且他们的疑惑常常是情有可原的，这种结果将被人们束之高阁。我们应该自问："我要取得令人满意的成果，什么方法最简单？什么工具最简单？"毕竟，爱因斯坦从没有使用过比黑板更复杂的东西。

6.9 筹资的资本结构问题

从资金成本分析中，我们可以发现不同来源的资金，其资金成本不同。债务资金成本低，且其利息支出可以在税前抵扣，因此债务资金成本低于股权资金成本。那么，我们是否可以无限制地在资本结构中增加债务资金的比重来降低加权平均资金成本呢？这就涉及资本结构问题。

资本结构是指公司全部资金来源中股权资本与债务资本之间的比例关系。一家公司的最优资本结构的标准包括：有利于最大限度地增加股东财富，能使公司价值最大化；公司加权平均资金成本最低。

在学术研究中，有非常多的文献对最优资本结构进行了论述。资本结构理论是财务理论的重要组成部分之一，经历了旧资本结构理论和新资本结构理论两个阶段。

旧资本结构理论是基于一系列严格假设进行研究的，包括传统理论、MM 理论和权衡理论等。主要的研究成果包括：①在理想条件下，MM 理论得出资本结构与公司价值无关的结论；②存在公司所得税条件下，MM 理论得出公司价值随负债的增加而增加的结论；③存在破产成本的条件下，权衡理论得出实现公司价值最大化要权衡避税利益和破产成本的结论。

新资本结构理论是基于非对称信息进行研究的，包括代理理论、控制权理论、信号理论和啄序理论等。主要的研究成果就是分析了在非对称信息条件下资本结构的治理效应及对公司价值的影响。

如果一家公司在资本结构中不断增加债务资金的比重，当资本结构中债务率超过 50% 时，破产风险增加，可能会导致公司信用评级下降。债权人会要求提高利率以弥补风险，股东会随着公司的财务风险增加提升预期回报率要求，从而导致公司加权平均资金成本不降反升。最优资本结构理论很多，但是在公司管理中，需要把复杂问题简单化，因此实践中，我们的最优资本结构为：50% 来自于股权资金，50% 来自于债务资金。

6.10 筹资的资金期限问题

在分析筹资活动现金流量时，我们还需要关注一家公司的资金期限。根据资金期限可以把公司筹资划分为短期筹资和长期筹资。

短期筹资是指期限在一年以内的筹资，是为了满足公司临时性短期资金需要而进行的筹资活动。短期筹资一般是短期债务筹资，比如银行短期借款。

长期筹资是指筹集和管理可供公司长期（一般为 1 年以上）使用的资本。长期筹资的资本主要用于公司新产品、新项目的开发与推广，生产规模的扩大，设备的更新与改造等，因此这类资本的回收期较长。长期筹资包括股权筹资和债务筹资。股权资金不需要归还，公司可以长期使用，属于长期资金。净利润是属于股东的，应该分配给他们，留存一部分收益而不将其分给股东，实际上是向现有股东筹集权益资本。长期借款和长期债券称为长期债务资金，虽然需要归还，但是可以持续使用较长时间，也属于长期资金。

筹资的目的是满足公司长期资金需要，筹集多少长期资金，应根据前述战略投资的长期资金需要量确定，两者应当匹配。在投资活动决策中，我们需要考虑投资回收期；在筹资活动决策中，我们要考虑资金来源的期限和投资回收期匹配。按照投资持续时间结构去安排筹资时间结构，有利于降低利率风险和偿债风险。如果资金期限错配，比如使用短期债务支持固定资产购置等战略性投资的资金需求，短期债务到期时公司可能要承担出售固定资产偿债的风险。

如果我们以万华化学 2011～2015 年的筹资活动为例，可以发现该公司用了短期债务资金来满足长期战略性投资的资金需求。结果：一是资本债务率连续上升；二是存在着资金期限和投资回收期不匹配，导致资本结构和资产结构错配的风险。

6.11　筹资的顺序问题

公司的筹资顺序是指公司为新项目融资时对融资方式选择的一种优先次序安排。

一家公司采用不同筹资渠道和筹资方式，就会产生不同的资金成本。一般来说，内源筹资的资金成本比较低，无需资金筹集费用；外源筹资中，债务筹资的资金成本比较低，股权筹资的资金成本比较高。美国财务学家梅耶斯（Myers）和马基卢夫（Majluf）于 1984 年提出了筹资优序理论，其核心思想是：公司筹资首选内源筹资，其次为外源筹资，在外源筹资中又首选债务筹资，其次才是股权筹资。

当前，我国多数公司的筹资顺序体现了与梅耶斯筹资优序理论不同的特点，内部筹资所占比重偏低，严重依赖外部筹资，在公司的外部筹资中又明显地偏好股权筹资。为什么现在有很多公司在排队 IPO？不能用国外的筹资优序理论进行简单的分析，债务筹资是以股权资金为基础，如果一家公司没有股权资金则无法采取债务筹资；并且 IPO 以后，带给公司的不仅是股权资金，还包括公司品牌形象等无形的收益。因此我们认为：我国当前的筹资活动特征与我国多数公司所处的发展阶段有关。公司在创业初期筹资势必要通过外源筹资来完成资本的原始积累这一过程。而当公司发展到成长期阶段，公司的技术等资源优势已经确立，产品也开始进入市场，如果市场对产品的反应积极的话，需要进一步扩大市场规模，这就需要大量的资金。由于公司的规模也在迅速扩大，可供抵押的资产也随之增加，为采取债务筹资创造了条件，因此，这一时期举债（短期债务、长期债务）就成了首选。进入公司发展的成熟阶段，公司要适应规模发展和创新的需要，增加其竞争力，寻找新的发展机会，还需投入大量资金。由于前期阶段的发展，公司的经济水平已有了一定基础，实行长期债务筹资和内部筹资成为首选。

以万华化学为例，万华化学在经过初期原始积累发展后，在2011～2015年进行了战略性扩张，筹资以内源融资和债务融资为主。在资本债务率上升后，2016年考虑股权融资，与经典的筹资优序理论相符。

我们认为：当一家公司的筹资活动符合筹资优序理论的时候，该公司步入了良性发展的阶段。

6.12 筹资的时机问题

俗话说：兵马未动，粮草先行。在投资决策完成后，筹资活动应该先于投资活动。

筹资时机要考虑公司的内部资金需求和外部的市场时机两个方面的问题。

首先，公司需要根据公司的战略以及投资确定内部资金需求并预先安排好资金来源。公司的筹资活动相对内部资金需求，应当有一定的提前量，而不能临时抱佛脚。

其次，公司在选择筹资方式时应当考虑市场时机因素，在股价较高时选择股权筹资，在股价较低时选择债务筹资，以利用较低的筹资成本优势。当一家公司在股价被严重低估的时候选择股权筹资，将极大损害现有股东的利益。当前我国很多公司采取在交易价格基础上给予一定折扣的方式进行定向增发，就是对现有股东利益的侵蚀。从这个意义上讲，给现有股东配股筹资要比折扣价定向增发对现有股东更加公平和有利。我们可以通过筹资时机分析来判断一家公司的管理层是否认真对待股东利益，是否真正是负责任的管理层。

以万华化学为例，其筹资活动具有一定的提前量，能满足公司资金需求。但是，在 2015 年和 2016 年股价比较低迷的时候没有在股价合理时提出股权筹资，显然没有很好地把握住市场时机。

第 7 章

管理会计与运营流程管理

7.1 面向客户的运营流程管理

运营流程管理（process management），是一种以规范化地构造端到端的卓越业务流程为中心，以持续地提高组织业务绩效为目的的系统化方法，常见商业管理教育如 EMBA、MBA 等均对"运营流程管理"有所介绍，有时也被称为业务流程管理。流程管理是一个操作性的定位描述，指的是流程分析、流程定义与重定义、资源分配、时间安排、流程质量与效率测评、流程优化等。

流程就是企业依据目标规定各个部门做事情的步骤的操作手册，打个比方，类似于制造业企业里面常见的车间工人的流水线步骤。只不过后者比较形象，摸得着看得到，很容易让人接受，而流程则不仅包括流水线，同时也包括了所有职能部门的操作步骤和规范。

企业设计流程管理的目的是满足客户需求，为客户提供更好更快的服务。但在实际工作中，由于部门的藩篱，很多企业明显忽略了客户，甚至不知道客户是谁。从为客户服务出发，流程管理的原则如下：

（1）树立以客户为中心的理念。

（2）明确流程的客户是谁、流程的目的是什么。

（3）在突发和例外的情况下，从客户的角度明确判断事情的原则。

（4）关注结果，基于流程的产出制定绩效指标。

（5）使流程中的每个人具有共同目标，对客户和结果达成共识。

如果说，战略和决策决定一个企业的命的话，那么，流程决定一个企业的运。流程决定战略和决策是否能够得到贯彻执行，从而最终决定企业的绩效。值得注意的是，流程改进更多的是渐进而非革命，因为每个公司总有现行的流程，不大可能推倒重来，要通过不断微调来优化。

端对端的流程意味着从客户中来、到客户中去，以客户需求为起点，以满足客户需求为归宿。在这个总流程里面，大体上分成以下环节：分析顾客的需求（隐含的前提是顾客选择、顾客细分），进行产品企划。企划之后就是产品及技术开发。开发之后，分成了两条"河"——并联的流程，一条"河"是市场策略的制定，因为按照营销的思想，不能等产品生产出来之后才知道怎么卖，产品生产出来之前就应该有如何营销和销售的策略体系；另一条"河"是供应链，包括采购、制造。产品制造完成之后，进入了分销、零售、售后服务；与之相并行的流程包括交易前的与顾客沟通以及交易后的顾客关系深化等环节。这就是一个典型的制造型企业的基本流程，大部分的家电、手机、家具、服装等企业都是这种流程，这些企业是实体经济的重要组成部分。

在上课的过程中，经常有人问：一开始就从流程出发，有没有考虑商业模式？因为有一些企业的商业模式并不是简单的流程，可能是平台式的，可能是多边市场式的，也可能是以顾客为中心的同心圆式的。这些企业怎么来解释？其实分析一下就能发现，**不管什么样的商业模式，基本的单元或者基本的商业模式要素还是流程**。比如多边市场，它无非就是为多类顾客提供价值，形成多条流程。平台模式也是多条流程的组合。不管是天猫还是淘宝，获取收益的活动是流程式的，比如为店主服务，为购买者服务等，分别获得收入。

流程的分析，是一个基本起点。也可以把流程叫作价值流，价值在流程中流动，表现为价值流。价值流更适合财务角度的理解。一种价值进来了，比如原材料，经过加工产生了加工环节的附加值，经过营销产生了品牌方面的附加值。所以，价值流是一个价值增值的过程。

构建管理会计执行体系的第一步，就是画出总体的价值流或流程。然后根据各个经营环节的不同性质进行切分，分解为大的模块，就是把一条河分成上游、中游和下游。大的模块实际上就是研产销，这是基本的模块。继续往下画，可以把模块分解到更加次一级的流程。比如研发，又可以分成研发项目立项、项目评审、项目实施等子流程。一层一层地往下分解，可以分解到很细致的层面。从意义上来说，建立管理会计体系是一个从轮廓到细部的过程。一开始建体系的时候，经营活动分解到一级二级三级流程，就差不多了，慢慢地可以把流程设计得再细致一些。所以，流程层级本身也是一个变量，是可以掌控的变量。作为企业的高层，基于经营的模块设计组织架构的时候，或许不需要很细，但逻辑需清晰。

除了经营活动的流程，还包括支持活动。从经营出发，并不是要忽视支持活动，而是要把支持活动也分解描绘成若干个模块。比如人力资源，这是一个支持活动，它本身的运行也是一个流程，是人才的供应链，选育用留。管理中，需要把经营活动和支持活动统一起来，形成一个流程体系。

由此可见，企业管理会计体系的建立是先构建一个基本的流程体系。模块的分解，把大模块分解为小模块，本身就是在细化流程。这样体现了目标导向、顾客导向和任务（成果）导向。

面向客户的流程管理已不仅成为管理界学术研究的热点，更在国际企业界形成讨论和应用的热潮。全球的企业都争先恐后开始了这方面的实践。

7.2　管理会计与流程管理

企业必须通过流程来实现公司的战略规划和重大决策。流程管理成为战略和决策得以有效贯彻执行的关键。流程的最初含义是指水流的路程。在企业管理中，我们引申为事物进行中的次序或顺序的布置和安排，或指由两个及以上的业务步骤完成一个完整的业务行为的过程。

英国皇家特许管理会计师协会（CIMA）2015年发布的《管理会计师的基本工具：支持企业取得可持续成功的工具和技术》中提出："在管理会计领域，有着多如繁星的工具、方法和技术。"当我们打开各类管理会计的教材和著作，扑面而来的是成本性态分析、本量利分析、标准成本、战略成本、作业成本、全面预算管理、责任会计、绩效评价等各类工具。这些教材和著作都分开来一一详细论述了这些工具各自的具体应用问题。

这些教材和著作存在的首要问题是：几乎没有教材和著作去分析我们为什么要用这些工具——"为什么要用"的问题比"具体怎么用"的问题更为关键。如果在实践中企业管理根本不需要这些工具，那么所有的学习就都是无用功。这就犹如屠龙术，"朱泙漫学屠龙于支离益，单千金之家。三年技成，而无所用其巧。"——《庄子·列御寇》。学"屠龙"之技耗资巨大，三年才学成，自然是门好技术。但到哪里去找龙来杀呢？如果管理会计成了深奥难学但是缺乏实用性的技巧，自然在实践中就失去了现实意义。

现有的各类管理会计教材和著作存在的第二个问题是：所有的工具、技术和方法都是割裂开来一一论述，预算与成本、成本和责任会计等，在教材中看起来好像不存在任何关系，任何工具拿出来都可以独立成章。显然，这不符合企业的管理实际——所有的管理会计工具之间都是互相嵌套、互相影响、难以割裂的。管理会计如果要具有生命力，各类工具就必须与企业形成血脉相连的关系。因此，在管理会计的实践中，必须考虑不同工具的逻辑关系，并且使管理会计的不同工具在一个企业的实践中有效融合。

从融合的角度来看，管理会计在企业中的实践有多重境界。第一重境界是企业从来不知道管理会计的存在，没有任何最基本最起码的管理会计的应用。第二重境界是企业意识到了管理会计的重要性，并引入了各类管理会计工具，预算是预算，成本控制是成本控制，十八般兵器样样都有，让人感觉眼花缭乱，煞是热闹，但是所有管理会计工作都是财务部门自己在玩，业务部门几乎没有参与进来，结果没有一样管理会计工具是能够真正发挥作用的。第三重境界是企业引入了管理会计，也确实影响到了各部门的工作，但是业务部门觉得有管理会计还不如没有管理会计来得好，管理会计的应用成为业务部门的一种负担。第四重境界是企业的管理会计融入企业的流程管理中，让人感觉不到管理会计的存在，但是又无处不在应用管理会计——此处无声胜有声，方是管理会计实践的最高境界。

我们认为，企业要达到第四重境界，核心在于：管理会计的各类工具必须通过管理会计与流程管理的有效结合，实现业务和财务的有机融合。通用的总裁斯隆曾经说过：“财务不可能离开运营，存在于真空之中。”可以说，在企业管理中，离开业务流程讨论管理会计问题，将使管理会计成为无源之水、无本之木。管理会计必须走进流程，走进业务，这样才具备"行"的生命力。

流程以客户需求为起点，以满足客户需求为归宿，追求经济绩效目标的实现，经济绩效目标在管理会计中则体现为全面预算；流程的过程中，产生成本费用，因此成本管理必须以流程为抓手；流程的过程中，潜藏着各种风险，因此风险管理和内部控制必须嵌套到流程中才能落实；流程的过程中，可能存在着无效的环节和步骤，因此需要运用价值链分析来消除无效部分；流程的过程中，会产生各种质量问题，因此只有改进流程管理，质量管理才能真正发挥作用，流程以经济绩效报告为终点，经济绩效报告即管理会计报告的核心内容。可见，管理会计与流程管理是水乳交融的关系：管理会计通过流程发挥作用，流程运用管理会计来降低成本、控制风险和提升效率及效果。

7.3 管理会计角度的流程设计逻辑

企业的首要职能是实现经济绩效。企业的一切业务流程都应当围绕着经济绩效的目标展开。如图 7-1 所示，企业目标对具体业务行为施加的压力，对具体业务流程而言是一种向心力。具体业务流程对于企业整体目标而言有时候可能会发生偏离，从而产生离心力。当离心力的能量足够大的时候，具体业务流程就会脱离企业目标。一切脱离企业目标的具体业务流程都是企业不能容忍的资源浪费和无效运作。为了保证企业具体业务流程对企业目标的向心运动，就需要对具体业务流程可能的离心力施加管理会计的控制。而实现经济绩效为起点的对具体业务流程的管理是管理会计系统的理想状态，因此对基于经济绩效的业务活动的一切必要管理是管理会计实践的逻辑起点。

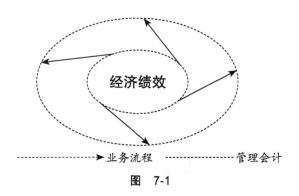

图 7-1

为了明确公司业务活动中哪一些是基于企业经济绩效目标，消除业务流程中的不增值环节，我们要进行企业流程再造。企业流程再造，是指"由组织过程重新出发，从根本思考每一个活动的价值贡献，然后运用现代的资讯科技，将人力及工作过程彻底改变及重新架构组织内部之间关系"。流程再造的核心是面向顾客满意度的业务流程，而核心思想是要打破企业按职能设置部门的管理方式，代之以业务流程为中心，重新设计企业管理过程，从整体上确认企业的作业流程，追求全局最优，而不是个别最优。

在流程再造的过程中，要充分运用信息技术，设计合理的信息交流与沟通的路径。合理的信息交流与沟通路径的设计是流程再造时从管理会计整合的角度看必须完成的重要基础工作。随着信息技术的运用，企业各个部门孤立的信息处理和传输机制被打破，贯穿于企业各个部门基于协同合作和内部业务流程重组的新型信息机制建立起来，公司内部各部门员工可以依托内部信息共享平台方便地进行信息交流，同时与公司外部合作伙伴或客户等的信息交流系统也得以完善。公司信息系统方面，制造资源计划（MRP）和企业资源计划（ERP）得到了广泛的应用。公司各个部门之间的信息交流跨越了孤立的单个部门，覆盖了主要的业务流程，使得公司的战略重点过渡到对业务流程的优化方面，而不是单纯的业务单元的优化。在流程再造时，必须充分考虑管理会计对信息系统中的信息交流路径的需求，理想的状态是实现业务流程、管理会计、信息交流路径的统一和融合。

为了保证业务流程按预定的轨道朝企业经济绩效目标前进，必须通过管理会计实现对业务流程的事先、事中和事后全过程管理。管理会计通过组织结构及授权制度和全面预算管理对业务流程进行事先管理，通过业务循环管理对业务流程进行事中管理，通过会计信息系统以及内部审计进行事后反映，从而确保了全过程管理的实现。因此，管理会计通过五个模块的嵌入，实现与业务流程管理的融合。具体如图 7-2 所示。

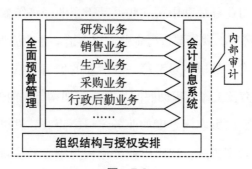

图　7-2

7.4 组织结构和授权制度

我们在前面曾经论述过管理会计与组织结构之间的关系。组织结构设计是否合理，是管理会计能否在实践中取得良好效果的基础，也是业务流程能否运转顺畅的前提。良好的经济绩效必须依赖健全的组织结构。

组织结构本身不是目的，而是达到经济绩效的手段。错误的组织结构会严重损害，甚至摧毁企业的经济绩效。管理会计必须结合企业的业务性质，以及业务流程的需求，不断地优化企业的组织结构。

从管理会计的角度来看，组织结构必须满足如下几方面的原则：

一是组织结构必须以经济绩效为目标。组织结构应该将企业的努力引导到正确的绩效目标上。比如，组织结构不应该鼓励管理人员把焦点放在容易生产、已经过时的老旧产品上，而忽视不断成长，但可能难度较高的新产品；也不应该允许不赚钱的产品和事业依靠赚钱的产品而苟延残喘。组织结构必须让企业有意愿，也有能力为未来可持续发展，而不是安于已有的成就；必须努力追求，而不是贪图安逸享受。

二是组织结构必须尽可能包含最少的管理层级，设计最便捷的指挥链。每增加一个管理层级，企业的员工就更难建立共同的方向感和增进彼此了解。每个新增的层级都可能扭曲和偏离企业的目标，产生更大的离心力。

三是组织结构必须有助于培养各类人才。人才是企业宝贵的稀缺资源。组织结构必须让有发展潜力的员工能更多地了解企业整体运作的情况——如果只是长期在一个职位上，那么员工的事业就会非常狭隘，误以为自己的那个小小角落就是整个世界，从而产生组织内部各部分之间的割裂，同时也不利于人才的可持续发展。

与组织结构紧密关联的是一个企业的授权制度。授权制度的意义在于：

（1）授权制度以程序事先限定决策者和行为者的权力、义务、责任，以制度规范人与人之间、人与企业之间的关系，是基于权力平衡与牵制的制度安排。

（2）授权制度是公司对个人行为可能产生的风险的最大容忍度的体现。例如，对各级部门责任人涉及现金业务审批权限的定量规定、销售价格浮动范围决策权的限定等，反映的都是公司对可能风险的可容忍度。授权性质的确定、范围的大小、定量的等级，取决于公司规模和可容忍风险度。

（3）授权制度是对个人理性能力限度的补偿。公司中每个人的理性能力都是有限的，克服非理性行为可能造成的风险，最有效的方式就是通过授权制度做到"有限权力，流程审批"。"有限权力"，是指在权力的安排上不能设计覆盖公司所有业务的独断权；"流程审批"，是指在业务流程审批上不论是认可还是拒绝，都应当有充分的理由，都应当有下层各级意见的基础。以分散授权组织起来的行为方式，保证相关人员对基本业务行为的集体参与、信息交流、能力互补、权力共享、责任分担。

（4）授权制度是基于公司契约责任并与之匹配的行为能力的授予。权力的基础首先应当是责任而非利益。公司权力的分配就是公司行为责任的分配形式。权力的授予，表明权力行使者是受人之托在一定范围内的代理行为者，不得超越权限范围。

很多人认为，组织结构和授权制度与企业领导层的个性和偏好有关。但我们认为，对于企业管理来说，不是企业领导层喜欢做什么和怎么做，而是为了企业利益，企业领导层应该做什么和怎么做。如果公司在设计组织结构和授权制度的时候，允许个人偏好凌驾于企业需求之上，那么绝对不可能建立高效能的组织，也不可能有良好的管理会计实践以及业务流程，最终也不可能获得良好的经济绩效。

7.5　基于业务流程的全面预算管理

全面预算管理是管理会计的事先管理工具，其本质是一种经济绩效管理系统——在有限资源的约束条件下,以对投入资源的最优配置及对投入产出的过程控制,保证经济绩效目标的实现。

预算管理最初的时候主要是财务部门的财务预算管理,后来随着预算管理在企业中的运用越来越广泛,逐步演变为全面预算管理。全面预算管理上承战略和决策,下接具体业务行为,如图7-3所示。

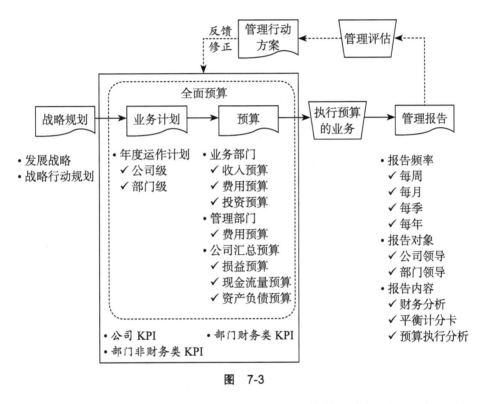

图 7-3

为什么称为"全面"预算管理?这是因为预算管理囊括了企业人、财、物方方面面的管理。从全面预算管理与业务流程的关系来看,两者是你中有我、我中有你的关系。预算管理与业务流程的关系如图7-4所示。

首先,全面预算管理所确定的绩效目标是所有业务流程的起点。预算管理的功能为从企业资源投入角度在第一时点控制全部业务活动的开展与资源的投入。公司的经济绩效必须基于资源配置最优化,预算编制是实现资源最优配置的手段,预算编制过程就是资源配置的过程。企业各部门发起业务流程的时候，必须查看相应的业务预算。全面预算管理需要通过业务流程来得到执行和落实。资源能否如预期般有效运作取决于对已配置资源运作过程的预算执行控制。因此，预算管理必须嵌入所有的业务流程中。

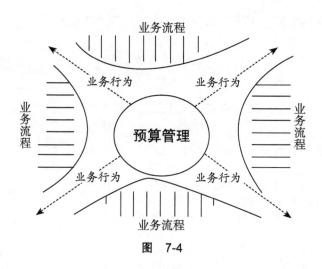

图 7-4

其次，全面预算管理必须基于业务流程来展开。预算编制最基本的逻辑是：把企业的目标分解为各部门的分目标，各部门为了实现这些分目标，未来应该做什么事（业务计划），做这些事需要花多少钱或者产生多少收入（预算）——做什么事，花（收）多少钱，编多少预算。预算执行的过程就是各业务部门做事情的过程，而做事情必须按照业务流程的规定，因此预算执行必须有业务流程管理的支持。正因为全面预算管理是以业务流程为基础，所以在预算管理的过程中，企业的所有部门都需要参与到这一工作中——财务部门不可能全部知道其他部门明年具体有哪些目标、要做哪些事情、做这些事情会有多少投入和产出。我们可以用图 7-5 来表示预算管理的逻辑。

基于业务流程的全面预算管理有如下要点：

（1）凡以价值计量的一切资源及运用，都是预算管理的对象。影响公司经济绩效的一切因素都通过预算进行管理。公司的管理通道得到整合，通过预算这一个工具就可以获取公司的业务流、资金流、信息流、人力资源流等全部管理信息并加以管理。

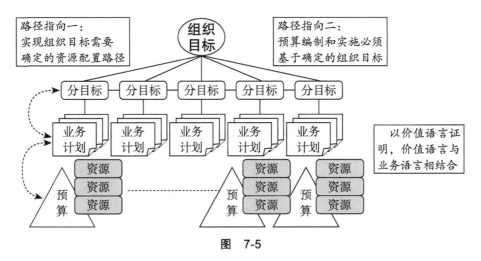

图 7-5

（2）进入预算的资源和业务才可进入实际运作过程。在预算系统下，一切投入必须有预算。预算是所有业务活动的前提和获取资源的唯一途径。

（3）所有进入运作的资源和业务，必须接受不同程度的合理性审核。预算必须跟踪重要业务的投入资源的过程和产出。

（4）预算管理主要依赖基于经济绩效为逻辑起点的业务流程管理对相关业务行为的控制，而不是直接控制所有的具体业务行为。

管理会计中，预算管理是一项重要的工具和方法。在实践中，应当避免一些关于预算管理的错误观点。

首先是预算编制的精确性问题。预算编制准确成了很多财务人员的追求，还有人创造了"HU氏理论"。其实，预算编制准确是伪命题。预算管理是帮助我们按照公司的战略去配置资源创造价值，是帮助我们去改进管理，是一种工具而已。预算的编制是基于我们对未来的预期，而当这种预期真正到来的时候，与我们的设想有所差异，那是理所当然的事情——我们无法让事情按照我们所设想的剧情一成不变地发生。从预算管理和业务流程的关系来说，业务流程化就是预算执行过程，而业务是动态的，因此预算自然而然也是动态发生的。就"HU氏理论"来说，其存在的一个重大缺陷是：想当然地认为预算管理者掌握了关于未来的充分信息，或者说比主管领导掌握了更多关于未来的信息，而现实情况是没有任何人能够掌握未来的充分而完美的信息，除非是已经过去的历史。

还有就是预算管理与业务流程脱钩严重。很多企业的预算管理已经形成僵化的固定格式，有非常多的各式预算表格，大家把预算填写完毕，预算管理就算完成了——这是典型的为了预算而预算。最后预算就成了财务部门一个部门的事情，全面预算也就成了财务预算。比如，多数企业的预算管理手册中都会提到要采用零基预算方法。零基预算（zero-base budgeting）是指在编制预算时，不考虑以往期间所发生的数额，而是以所有的预算为零作为出发点，一切从实际需要与可能出发，逐项审议预算期内各项成本费用的内容及其开支标准是否合理，在此基础上编制预算的一种方法。但是，按照上述定义，是不可能编制出零基预算的。我们以某培训公司购买办公用品为例来加以说明：该公司以高级管理人员在职教育为主要业务，每年大概培训70 000人次左右，每人次培训需要发放1支水笔和1本笔记本，每支水笔历史采购价格为1.5元，每本笔记本为2元，那么这两项东西的预算为70 000×1.5+70 000×2=245 000元；现在我们以所有的预算为零作为出发点，输入数据的时候，还是这些数据，算出的结果还是245 000元。那么，怎样才能得到真正的零基预算呢？我们要提出的问题是：现在的采购业务是否合理？是否有更好的方式？然后我们发现这家公司目前是通过某文具用品销售有限公司（中间代理商）在采购，于是我们改为直接从文具工厂采购，每支水笔的价格降为1.2元，每本笔记本的价格降为1.6元，此时的预算变为70 000×1.2+70 000×1.6=196 000元。这个时候，我们才得到了真正零基预算的结果。预算管理以业务为基础的精髓正在于此——不断地改进业务流程，提升企业的经济绩效。

其次，是预算管理与业绩考核激励的关系问题。很多企业用预算目标是否完成来考核，低于预算目标由于预算未达成而考核不合格，高于预算目标太多由于预算不够精细也考核不合格，这么做结果只能是让大家说谎——报一个自己确保能完成的目标，而不是自己尽最大努力才能完成的目标。关于这方面的论述，杰克韦尔奇写的《赢》很好地阐述了什么是正确的预算和绩效考评。GE也使用预算管理，但是人家早就把预算管理和绩效考评脱钩了。可能很多财务人员会说，不用预算目标来考核，根本就没有人关心预算了，我要说的是：如果除了你以外所有其他人都能很好地运用预算管理这一工具，那么在竞争中你就落后了——预算管理工具好比打仗时的机关枪，所有人都会使用机关枪而你不会用，只能用大刀长矛，你就只能败下阵来。因此，预算管理应该是每个职业经理人的内在需求，而不是通过外部压力来推动。绩效考评的八字箴言是："超越历史，超越标杆"。有学员曾经问我：我们公司预算编制的时候就是与历史比，与标杆比，然后确定预算目标，那么采用预算目标来考核不就是与我提出的原则一致了吗？请注意，历史的数字是固定不变的，但是，编制预算时的标杆到一年以后的绩效考评已经发生了变化——标杆在变。业绩考核激励，更多要采用相对排位法，而不是绝对指标法。举个例子，比如家里小孩上学，我们根据上学期期末的语文考试成绩第一名考了85分，要求自己的小孩这学期期末考试也考85分，结果这个学期语文试卷题目特别容易，班级平均分就是95分，这个时候用85分来考核明显是不合理的。因此，我从来不给儿子绝对分数的要求，而是儿子每次考试大概排在班级10名左右的水平。

如果不能创造价值甚至妨碍创造价值，预算编制得再准确又有什么用？要实现有效的管理会计，必须"勿忘初心，方得始终"，而这个初心，就是经济绩效。

7.6 业务流程中的风险管理和内部控制

7.6.1 风险管理和内部控制的演进

风险管理和内部控制是管理会计的重要课题之一。学术界对此开展了持久而深入的研究，形成了比较成熟的框架。风险事件的发生，将会损害甚至摧毁企业的经济绩效——随着外部竞争的加剧和内部强化管理的需要，风险管理和内部控制是企业管理发展的必然产物。纵观风险管理和内部控制的发展历程，大致上经历了六个阶段：内部牵制阶段、内部控制制度阶段、会计控制管理控制阶段、内部控制结构阶段、内部控制整合框架阶段和风险管理框架阶段。

1992年9月，美国反虚假财务报告委员会（COSO）提出了报告《内部控制——整体框架》。该框架指出，"内部控制是受企业董事会、管理层和其他人员影响，为经营的效率效果、财务报告的可靠性、相关法规的遵循性等目标的实现而提供合理保证的过程。"1996年年底，美国审计委员会认可了COSO的研究成果，并修改了相应的审计公告内容。

2004年，COSO发布了《企业风险管理——整合框架》。企业风险管理整合框架认为，"企业风险管理是一个过程，它由一个主体的董事会、管理当局和其他人员实施，应用于战略制定并贯穿于企业之中，旨在识别可能会影响主体的潜在事项，管理风险以使其在该主体的风险容量之内，并为主体目标的实现提供合理保证。"该框架拓展了内部控制，更有力、更广泛地关注于企业风险管理这一更加宽泛的领域。风险管理框架包括八大要素：内部环境、目标设定、事项识别、风险评估、风险应对、控制活动、信息与沟通、监控。

2017年9月6日，COSO发布了新版企业风险管理框架《企业风险管理——与战略和绩效整合》。该框架涵盖了从战略决策层面到应用层面的原则，将风险控制贯彻到整个组织，并为其提供了一条创造价值、保存价值和实现价值的路径。新版框架主要包括六方面内容：在制定和执行战略时，深入理解风险管理所扮演的角色；加强绩效和风险管理的联系；阐述对于公司治理和监管的期望；意识到全球化的重要性，企业需要应用一种通用的，却又具有一定特殊性的风控方式，以适用于不同的地区；在日益复杂的商业环境中，使用新的眼光来看待风险，用以设立和达成目标；介绍了最新的风控技术，以及数据分析在决策制定方面日益增长的重要性。

麻省大学洛威尔分校曼宁商学院院长 Sandra B. Richtermeyer 博士表示，"管理会计师需要坚实的风险管理、战略、组织文化知识，以实现商业的最佳决策。无论组织的规模、架构和商业模式如何，新版框架都使得专业人士能够为战略流程做出更多贡献，并且为利益相关者传递价值。"

7.6.2 风险管理和内部控制与业务流程

从最近的风险管理和内部控制理论中，我们可以看到，企业的风险管理和内部控制是一个过程——这个过程，就是风险管理和内部控制融入业务流程的过程。风险控制既是财务部门的事情，又不是财务部门的事情。这句话有点绕口，但是很能说明风险管理和内部控制的实质。所有的风控理论和框架都提出要建立一个专职负责风险管理和内部控制的部门，比如，我国财政部发布的《企业内部控制基本规范》第十二条规定："企业应当成立专门机构或者指定适当的机构具体负责组织协调内部控制的建立实施及日常工作。"因此，风险控制成为财务部门的事情。但是，风险控制的对象是经济活动过程中的风险，而风险的根源在于业务。财务部门本身从事的经济活动过程并不多，经济活动的主要部门是各类业务部门。风险控制最重要的是要让业务部门自身对风险进行控制，而不是仅仅依赖于财务部门。因此，风险控制其实又不是财务部门的事情。概言之，风控应该是整个公司所有部门和员工的事情，而不是财务部门一个部门的事情。如果成为财务部门一个部门的事情，则即便财务部门累得半死，风险也永远无法得到真正有效的控制。

风险来自于哪里？来自于企业开展的各类业务。如果企业不存在，或者说企业没有任何业务，那么，也就不存在企业的风险管理问题。

从企业业务全过程来看，可以划分为战略规划业务、重大决策业务、具体执行业务以及结果评价业务。相对应地，企业的风险包括战略风险、决策风险、执行风险和评价风险。企业的风险管理和内部控制必须通过对战略规划业务流程、重大决策业务流程、具体执行业务流程和结果评价业务流程管理来实质性地规避、缓解、降低风险，保证企业的风险在可以容忍的程度之内。

例如，企业必须设计并执行好战略规划业务流程和重大决策业务流程。一般来说，企业通过良好的公司治理来控制战略和重大决策风险——股东大会、董事会和高级管理层之间进行必要的权力的平衡，将战略和重大决策的建议、制定、批准、执行和监控的职能分开，避免出现一言堂所带来的独断专行。董事会下设战略委员会，来审核公司现有的战略并制定未来的战略。高级管理层通过公司内部战略规划部门，草拟公司的战略规划并提交董事会。董事会审核公司战略规划通过以后，最终提交股东大会审议批准。

我们再以合同管理业务流程为例，来说明风险管理和内部控制与业务流程的融合。一个企业要取得良好的经济绩效，必须以高质量的合同管理为基础。我上课的时候，问很多企业的财务部门主管以上级别的学员：经济类的合同什么时候到财务部门？绝对多数的人都回答：在签订合同之前财务部门根本就不了解合同的情况，直到业务部门签订合同之后，甚至有很多企业直到需要付款的时候，合同才会流转到财务部门。这种情况下，财务部门是很难真正管理和控制风险的——财务部门就是企业的出纳部门而已，履行收款和付款的职责，何来管理的能力？但是，在管理会计没有融入合同管理业务流程之前，也就是没有合理的流程来管理合同业务之前,财务部门也不能说业务部门的做法是错误的——因为财务部门从来没有告诉业务部门应该怎么做。财务部门需要做的事情,是与业务部门一起制定规范的合同管理业务流程。

企业需要通过强化合同管理来规范其经营行为,防范法律风险,有效维护自身的合法权益,保证经济绩效目标的实现。因此,企业需要制定符合相关法律、法规和企业目标的合同管理制度。但是,如果缺乏合同管理业务流程,将会引起各种风险:合同内容不完整,影响合同履行,致使生产经营受到影响;合同权利义务约定不明确,存在或然风险;合同条款不完善,出现加重企业责任或排除企业权利的情形,不利于企业合法权益的保护;违反相关法律、法规,导致合同不能成立、无效或被撤销;违反相关法律法规、侵害社会公共利益,受到行政或司法惩处;与企业整体绩效目标不一致,损害企业的经济利益。

为了防范各种合同风险,一个比较完整的、融入管理会计的合同管理业务流程包括:

- **合同依据**。合同主办部门应在本部门职责范围和权限内根据公司生产经营计划和预算订立合同。生产经营计划(预算)包括但不限于物资采购计划(预算)、产品销售计划(预算)、大中小修计划(预算)等。
- **资信调查**。合同主办部门应当审查(或者配合内部资信管理部门审查)拟签约对象的主体资格、资信情况及履约能力等,进行综合分析论证,合理选择签约对象,必要时可提请相关部门予以协助。
- **文本选择**。签订合同时,应首选使用企业法律事务部门颁布的合同示范文本;其次,使用对方在法律事务部门颁布的合同示范文本基础上修改形成的合同文本;再次,使用双方共同拟订的文本;最后,使用对方合同文本。
- **合同会签及审批**。合同主办部门根据合同的性质、种类、关联程度等确定合同会签部门,会签部门一般包括业务关联部门、计划部门、财务部门、法律事务部门等。合同会签的表现形式为《合同会签审批表》。各会签部门根据职责分工对相关条款进行审查，在《合同会签审批表》上发表会签意见。企业可采取业务信息管理系统等电子形式，进行合同审批工作，其审批流程设计应满足合同会签流程的要求。财务部门从企业经济绩效目标的角度对合同发表意见。会签部门有不同意见的，合同主办部门应主动与会签单位协商，取得一致意见；无法取得一致意见的，列出各方的理据，按规定权限报批。履行完会签程序的合同，按规定权限审批。经济类的合同必须经过财务部门的会签。在会签的过程中，会计师们需要按照合同的类别，分别考虑不同的管理会计问题。比如，对于采购合同，会计师们需要考虑采购价格、采购时间、付款条件、采购地点、采购风险等，从而可以帮助企业事先管理好库存，并控制好原材料成本。对于销售合同，会计师们需要考虑销售价格、收款条件、客户资质以及风险等，从而帮助企业获取更高的利润并保证及时收回现金。

- **文本审核**。合同签署前，文本必须经过合同管理员审核。
- **合同编号**。合同文本经过法律审核后，应当在合同签署前按照企业的有关合同规定对合同进行编号。
- **合同签署**。除法定代表人外，签约人应当持有授权委托书，在授权委托范围内签订合同。签约人在没有获得授权委托书前，不得对外签订合同。
- **合同盖章**。合同签署后，合同主办部门应当按照规定申请加盖合同专用章。盖章时，合同主办部门须同时出示《合同会签审批表》和相应授权委托书。合同一律使用合同专用章。合同超过一页的应加盖骑缝章。合同专用章由法律事务部门统一管理和使用。合同经编号、会签、审批及授权签约人签署后，方可加盖合同专用章，并建立合同专用章使用登记本。合同专用章使用后，应当立即收回并妥善保管。

- **合同履行**。合同履行过程中发生对方违约、履行不能等异常情况时，合同主办部门应及时通知法律事务部门并积极配合专职合同管理员处理。合同履行过程中发生合同纠纷的，按照企业的合同纠纷处理规定进行处理。
- **合同终结**。合同履行完毕后，合同主办单位应向合同管理人员申请办理销号手续，实行合同全过程的闭环管理。
- **合同台账和报表**。合同管理台账的主要内容应该包括：合同编号、合同名称、标的名称、合同类别、合同金额、履行期限、我方承办单位、我方签约代表、对方名称、对方签约代表、合同文本份数、招标议标及谈判情况、合同审查情况、签订日期、签订地点、履行情况、终结情况、备注等。
- **合同检查**。企业应当建立合同监督检查制度。

会计师通过多个环节融入了上述合同管理业务流程中：合同依据中包括业务计划和预算，预算管理是管理会计的工具之一；合同会签和审批环节，会计师可以对合同是否符合企业的业务目标和绩效目标开展分析，从而做出是否应当签订合同的判断；在合同台账和报表环节，可以对企业的收款和付款做出预测分析，从而做好资金管理；在合同检查环节，可以评价合同业务流程是否合理并得到有效执行。在此基础上，会计师们可以帮助企业提高合同质量，防范各类合同风险。

7.7 业务流程和成本管理

7.7.1 业务流程下的成本观念

传统的管理会计中，成本管理是核心内容，也是研究最深入的一个领域。成本性态分析、本量利分析、标准成本、作业成本、目标成本、责任成本、战略成本等成本管理的工具繁多。业务流程产生成本，成本管理只有在业务流程管理中才能实现。这些工具要通过业务流程，整合到一起来运用，比如标准作业成本、以作业成本为基础的目标成本分解，等等。

基于业务流程的成本管理，要求我们更新成本观念。业务流程服务于客户，因此，我们需要从客户的角度来认识成本。传统的成本会计里，只要是企业发生的支出，不管是否对客户有价值，会计师们都会采取各种计算方法，计入成本中。我们想当然地认为成本费用越低越好，然而，成本只有与经济绩效联系在一起的时候，才会对成本管理有正确的认识。德鲁克在《成果管理》一书中指出："成本不是独立存在的。它总是为成果而发生的，至少是在目的上。因此，重要的不是成本的绝对水平，而是付出的努力与成果之比。无论付出的努力有多么省钱或有效率，如果没有成果，它不是成本，而是浪费。如果它自始至终都不能产生成果，它从一开始就是不合理的浪费。因此，机会的最大化是提高付出的努力[1]与成果的比值的重要途径，从而实现对成本的控制和获得低成本。机会的最大化必须摆在第一位；其他成本控制的措施发挥的是补充作用，而不是中心作用。"

经济绩效不是来源于企业内部，而是来源于企业外部。严格意义上来说，企业内部没有利润中心，只有成本中心。对于任何业务活动来说，无论是设计、销售、制造还是会计，我们唯一可以确定的是这些业务活动需要企业付出努力，因此产生成本。成果不依赖于企业内部的任何人或受企业控制的任何事情。成果取决于企业外部的人——市场经济中的客户。决定企业付出的努力是否转化为经济成果或是否会落得竹篮打水一场空的总是外部的客户。

根据以上分析，所谓成本，是指客户为获得某些商品或服务，并从中

---

[1] 即成本。

获得全部用途而付出的代价——而不是企业所发生的支出。

7.7.2 有效的成本控制

大多数会计师凭空想象地认为，收入必然与成本相配比，然后，成本会创造收入，而且大多数会计报表也是以这样的假设为基础。但是，这种循环不是一个闭环的回路。收入显而易见地产生用于成本支出的资金。但是，在经营的过程中，任何企业都不可能做到不浪费它所付出的努力——就像任何机器在运转的过程中不可能没有摩擦损失一样。像摩擦可以减少一样，企业坚持不懈地开展成本分析和成本控制，引导企业付出的努力转变为创造收入的活动，企业的绩效和成本绩效是可以大幅提高的。如果没有成本分析和成本控制，成本往往不由自主地分配给什么也创造不出来的活动，分配给完全碌碌无为的活动。

有效的成本分析和成本控制需要遵循以下几个原则：

（1）以客户为出发点定义成本。对于客户有价值的支出才是成本，否则就是浪费。很多企业降低成本的典型计划的目标是让所有活动的成本都减少一点，比如5%或10%，而不是基于成本对于经济绩效的贡献的分析。这种一刀切的降低成本的方法多是无效的；在最差的情况下，它易于削弱创造出成果的重要工作，而这工作在启动阶段得到的资金通常满足不了它们的需要。但是，纯粹属于浪费的工作几乎得不到降低成本的典型计划的关注；这是因为它们在一开始就拥有了充足的预算，这非常具有代表性。

（2）与业务流程融合，把整个企业的业务活动视为一个成本流，采取价值链方法，运用价值工程分析每一项业务活动的成本与绩效。在降低成本上，最有效的方法是完全砍掉根本不应做的事情。

（3）着眼于整个企业甚至是整个行业的经济链。单一环节的成本控制有时候会适得其反。例如，为了降低制造环节的成本，企业将调整的负担推给存货和仓储部门。为了减少存货的成本，企业将无法控制的、起伏不定的成本推给了上游的制造环节。在大幅降低某些原材料的价格带来的成本后，企业却不得不处理质量非常差的替代原材料，机械加工的时间更长，速度更慢，成本更高。这样的例子层出不穷。

7.7.3　作业成本法

能够帮助我们实现有效成本控制的方法，就是作业成本法。作业成本法的指导思想是："成本对象消耗作业，作业消耗资源。"作业成本法把直接成本和间接成本（包括期间费用）作为产品（服务）消耗作业的成本同等地对待，拓宽了成本的计算范围，使计算出来的产品（服务）成本更准确真实。作业是成本的核心和基本对象，产品成本或服务成本是全部作业的成本总和，是实际耗用企业资源成本的终结。

传统的成本会计法是按照现行的会计制度，依据一定的规范计算材料费、人工费、管理费、财务费等的一种核算方法。然而，按照传统的成本会计法，不能反映出所从事的活动与成本之间的直接联系，实际成本通常是无法被提取出来的。在传统的成本会计法下，成本会计师必须为企业所花的每一分钱找到出处。由于成本会计师不能证明哪些成本是在制造这个或那个产品的过程中直接产生的，因此他必须分配成本。成本会计师假设所有的非直接成本要么与直接成本成正比例，要么与产品的销售价格成正比例。只要分配的数额只占所有成本的一小部分，即10%或20%，这种做法就是无可非议的。在生产活动中，50年前的情况就是如此。然而今天，在所有成本中，大部分成本都不是直接成本，即大部分成本不是在生产出一个单位的某种产品时产生的，也不只是在这个过程中产生的。只有在外面采购的原材料和物资仍旧可以被视为真正的直接成本。今天，甚至所谓的直接人工成本也不随着单位产量的起伏而波动。无论工厂提供什么样的产品组合，它都是几乎不会发生变化的。无论总产量有多少，大多数直接人工成本甚至都不会发生变化。大多数制造行业和所有服务业的劳动力成本都是与时间有关的费用，而不是与产量或产品数量有关。在现代企业中，除了原材料成本外，其他成本都是随流程的变化而变化，而且是由流程决定的。

而作业成本法相当于一个滤镜，它对原来的成本方法做了重新调整，使得人们能够看到成本的消耗和所从事工作之间的直接联系，这样人们可以分析哪些成本投入是有效的，哪些成本投入是无效的。作业成本法主要关注业务流程，关注具体业务活动及相应的成本，同时强化基于活动的成本管理。作业成本法在精确成本信息，改善经营过程，为资源决策、产品定价及组合决策提供完善的信息等方面，都受到了广泛的赞誉。自20世纪90年代以来，计算机信息技术的普及，使得作业成本法的推广成为可能，世界上许多先进的公司已经实施作业成本法以改善原有的会计系统，增强企业的竞争力。

成本大体上与业务流程中的活动直接成正比例，这种说法很少会让人感到惊讶。例如，50 000元订单的处理成本通常不会超过500元订单的处理成本，前者的成本当然不会是后者的100倍；设计一个卖不出去的新产品与设计取得成功的产品，企业要付出同样高的代价；小额订单和大额订单在文案工作的成本上是相差无几的，即都要做相同的工作，如订单的记录、下达生产通知、安排进度、计费和收款等。对于小额和大额订单来说，设计、制造、包装、储存和运输产品的成本甚至几乎是相同的。对于小额订单来说，实际的制造活动是唯一占用时间比较少的环节；在今天的企业中，这通常是次要的成本因素。其他所有活动需要的时间和处理工作都是相同的。

传统的成本会计法衡量的是工作的成本，例如切割螺纹。作业成本法还记录了非工作的成本，例如机器停机的成本、等待所需的零配件或工具的成本、等待装运的存货的成本和重新加工或拆掉存在缺陷的零件的成本。非工作的成本常常相当于,而且有时甚至超过工作的成本。传统的成本会计法不记录也无法记录这些成本。因此,作业成本法不仅可以更好地控制成本,而且越来越能够控制成果目标的实现。传统的成本会计法认为,如果必须做某项工作,例如热处理,我们必须在现在做这项工作的地方做这项工作。作业成本法提出:"我们必须做这项工作吗? 如果必须做,在哪儿做最好?"作业成本法融多项分析功能于一身,如价值分析、流程分析、质量管理和成本计算,而以前这些分析活动均是分开进行的。通过采用这种方法,作业成本法可以大幅度地降低制造成本,降幅在某些情况下能够达到1/3或更多。

7.7.4 流程中的作业

会计师在管理会计实践中,需要确定适当的作业单位。在企业的许多作业中,我们如何确定哪一项作业代表着实际的成本结构?一成不变的答案是不存在的。这是由企业的性质决定的,而不是由传统的会计观念决定的。

在许多企业中,发出的发货单的数量是最简单和最容易得到的作业单位。由于企业围绕着发货单的数量来组织占用大量成本的文书处理工作,因此一张发货单可以相当可靠地成为考察某个产品负担的实际成本的指标。有时,发货量是更方便的作业单位,特别是一张发货单上有许多不同的产品。

某个制造科研用计算机的中型公司认为,为获取一份订单而必须编写的方案数量属于事务处理单位。由于方案涉及大量技术和文书工作,因此它是真正的成本中心,也是消化公司最有限和最昂贵的资源(即最优秀的技术人才)的无底洞。

在某个铝材轧制厂,真正的作业单位是通过热轧环节的生产活动的数量。然而,在同一个公司的冲压车间(生产汽车用水箱或冰箱门把手等产品），恰当的作业单位是熟练的开模工为冲压出任何特定的形状而在准备冲压机的过程中需要的时间（小时）。

对于从事商业运营的航空公司来说，最有意义的成本单位是特定航线或特定航班的有效但未售出的座位里程数，即不工作的成本。

对于需要投入大量资金的加工业（例如造纸或石油化工）来说，最有意义的成本计算单位可能是时间，即不同的产品实现相同的销售价值（当然扣除原材料的采购成本）需要的时间。在这种行业中，成本往往取决于运行时间（小时）的长短。

确定哪些作业单位适合于特定企业是管理会计实践的一部分内容。它本身是一大进步，有利于我们了解企业及其经济状况。它还是名副其实的企业决策，既具有重要影响，又存在很大的风险。会计师可以提出有效的选择和结果。管理层的责任是做出最终的决策。

管理者一旦领会了作业成本这个概念（特别是这个概念是通过具体的例子传达的，而不是靠学术论文表达的），通常可以在他们熟知的企业中应用。直觉至少会帮助管理者找到正确的答案。

在特定的企业中完全可能存在不同的作业，它们都可以成为成本单位。我知道在一个大型化工公司中，发货单、帮助顾客使用产品的服务需求的数量和为特殊用途而变更产品的行为都可能被认为是具有代表性的作业单位和真正的成本计量单位。如果同一个产品因采用了不同的尺度而产生截然不同的成本，这些信息实质上是相互关联的。它们至少让企业中的人们认识到，在就他们讨论的产品的优点和经济绩效发表意见时，他们为什么会发生冲突。

在可以把截然不同和独立的操作环节分解出来的企业中，企业可以，而且通常应该可以根据各个操作环节的典型作业确定它们的成本。所有操作环节的成本加在一起就是企业负担的总成本。

例如，对于海运公司来说，任何海运业务都包含三个截然不同的操作环节。首先是文书处理工作，以单独的运输业务的数量为中心。无论运输的货物是大是小，是高价值的，还是低成本的，是体积大的，还是占空间小的，在一张发货单上列出 30 个项目，还是列出 1 个项目，文书处理工作的成本都是相同的。这是法律规定的，企业必须提供和处理符合法律规定的单据。因此，任何运输业务的文书处理成本都是总的文书处理成本除以选择同一运输路线的运输业务的总数。其次是装卸操作，在这里，成本单位是用小时表示的装卸时间。无论吊货网装载的货物多少，它每个小时往返的次数只能是那么多。同时，全体船员始终必须在轮船的货舱里和在码头上待命。时间是成本单位，装卸成本等于总装卸成本除以某次运输业务的总装卸时间。这当然意味着，对于运输公司来说，大批量的货物比小批量的货物更划算。最后是运输作业的成本，无论轮船运什么，它实际上是固定不变的。轮船空船航行时的资本成本、维护费、船员工资、保险费甚至燃料费用与满载航行时完全一样高。因此，某次运输业务的运输作业成本在运输作业总成本中的比例相当于在典型的运输业务历经的典型航程中，带来收入的货物所占用的轮船装载空间的比例。某次运输业务的总成本是这三个独立的成本之和。

7.8　业务流程与价值链

要在竞争日益激烈的全球市场立于不败之地，企业必须了解其所在的整个价值链的成本，并与价值链的其他成员一起控制成本以及最大限度地提高经济绩效。因此，企业需要计算整个经济流程的成本。在市场上发挥重要作用的是经济现实，即整个流程的成本。

哈佛大学商学院教授迈克尔·波特于 1985 年提出价值链的概念，波特认为，"每一个企业都是在设计、生产、销售、发送和辅助其产品的过程中进行种种活动的集合体。所有这些活动可以用一个价值链来表明。"

企业的价值创造是通过一系列活动构成的，这些活动可分为基本活动和辅助活动两类，基本活动包括内部后勤、生产作业、外部后勤、市场和销售、服务等，而辅助活动则包括采购、技术开发、人力资源管理和企业基础设施等。这些互不相同但又相互关联的生产经营活动，构成了一个创造价值的动态过程，即价值链。

价值链在经济活动中是无处不在的，上下游关联的企业与企业之间存在行业价值链，企业内部各业务单元的联系构成了企业的价值链，企业内部各业务单元之间也存在着价值链联结。价值链上的每一项价值活动都会对企业最终能够实现多大的价值造成影响。

丰田公司掌握和控制了供应商和经销商的成本，在这方面，它是最引人注目的。当然，这些供应商和经销商都是丰田企业联盟的成员。通过这个网络，丰田控制了汽车制造、销售和维修的成本，使得这些成本合并到一个成本流中，谁的成本最低、效益最高，丰田公司就选谁。

7.9　业务流程与全面质量管理

产品或服务的质量问题，是在业务流程中发生的。要全面提升产品或服务的质量，就需要改进业务流程。

全面质量管理，是指一个企业以质量为中心，以全员参与为基础，目的在于通过顾客满意和本组织所有成员及社会受益而达到长期成功的管理途径。全面质量管理和企业经济绩效目标的实现密切相关。

全面质量管理具有如下特点：一是全面性，全面质量管理的对象是企业全部业务流程的全过程。二是全员性，全面质量管理要依靠全体员工。三是预防性，全面质量管理应具有高度的预防性。四是服务性，主要表现在企业以自己的产品或劳务满足用户的需要，为用户服务。五是科学性，质量管理必须科学化，必须更加自觉地利用现代科学技术和先进的科学管理方法。

全面质量管理，对企业的成本、风险管理、价值链、流程效率等，都会产生巨大的影响。比如，很多企业在管理中为了提升营运效率，提出了降低存货的目标——存货占用了企业的资金会提高资金成本，同时会增加仓储管理成本、存货损坏成本等——引入及时制（JIT）系统。然而，及时制系统是以全面质量管理为基础的。试想，如果一个制造业企业在生产过程中有10个加工制造环节，每个环节的质量合格率为98%，从第一个环节领用原材料开始到最终生产出来100个合格产品，需要多少库存？第二个环节生产100个合格半成品，需要从第一个环节领用102个半成品，以此类推，整个企业必须在中间环节准备125个库存，企业才能顺畅生产并保证100个最终合格产品。

企业的经济绩效取决于其质量管理体系，企业的顺畅运转取决于其质量管理体系，企业的成本是否具有竞争力取决于其质量管理体系。因此，质量管理体系是一个企业的根基。质量的高低，与业务流程管理密切相关，可以说，全面质量管理就是全面业务质量流程管理。

7.10 业务流程与精益管理

集业务流程、作业成本、价值链、质量管理、风险控制于一体的管理会计工具，莫过于精益管理。精益管理（lean thinking）源于20世纪80年代日本丰田发明的精益生产方式，它是大野耐一在实践中得到的，其核心是以整体优化的观点合理地配置和利用企业拥有的生产要素，消除生产全过程一切不产生附加价值的业务活动和资源，追求"尽善尽美"，以增强企业适应市场多元需求的应变能力，获得更高的经济效益。精益管理，把企业的全部业务流程视为一个完整的价值流，因此精益管理最终体现为精益流程。

在精益管理出现的数十年,极大地降低了制造成本,缩短了开发和制造的周期,显著地增强了企业的竞争能力,而且精益制造创造了工业企业再造的奇迹,在汽车、航空、电子等高技术行业被作为新一代工业革命在推广着。精益管理更进一步从理论的高度归纳了精益生产中所包含的新的管理思维,并将精益方式扩大到制造业以外的所有领域,尤其是第三产业,把精益生产方法外延到企业活动的各个方面,不再局限于生产领域,从而促使管理人员重新思考企业流程,消灭浪费,创造价值。精益模式冲击和再造正在改变人们的工作方式,提高了人类各种社会活动的效率,节省了资源的消耗,改进了人们生产生活的效率和质量。

当前很多企业都缺乏这方面的认识和经验。我接触到一家上市公司,作为中国企业中管理比较好的企业竟有许多低级问题,不知道应用精益管理,最厉害的一次是生产4万件左右的产品,竟出现1万件左右的次品,这对于企业来说是一个很大的浪费。首先是直接成本:原材料、工人当天的工资、机器的磨损;其次是间接成本:这些产品本来可以卖出去,赚取利润,结果却坏掉了,同时有些次品没查到,流入市场,让企业受损。这个公司的机器很多都是从我国台湾地区和外国进口的,机器缺少柔性,换模慢,导致一种产品大量生产,出现很多库存,造成大量的资金被占用,需要额外的场地,要雇用人员看管,总之浪费很多。这个企业不仅出现上面的浪费,还有很多等待时间的浪费、搬运造成的浪费等。我举这个例子就是为了说明我国有很多企业对精益管理并不了解,也不会使用,它们把浪费带来的损失归结为机器的问题,其实它们并不知道事情的严重,因为若没有正确的方法,就不能做正确的事,结果将会更为恶劣,有时甚至会出现危机。要想占据市场,获得利润,就要学会正确面对浪费带来的害处,从领导开始,重新整理生产线和企业内部的组织。

精益管理有助于从根本上解决"去库存"问题。当前中央提出了去产能、去库存、去杠杆、降成本、补短板五大任务。对于其中的去库存,大家可以发现，这与经济危机周期有关，基本上过一段时间，就会面临去库存的问题。我认为，精益管理的顾客拉动理念——根据客户的需求生产商品和提供服务，而不是先生产商品然后去寻找顾客，将帮助我们从根本上解决部分的去库存问题。至少，对于传统的制造业来说，精益管理及其实践将会给企业带来翻天覆地的变化，带来焕然一新的面貌。

精益管理将是会计师们的利器——业务流程应该怎么安排，如何消除浪费，如何更有效率等问题，都有赖于精益管理的指导。

7.10.1 精益管理的核心

精益管理的核心就是消除浪费，创造价值，以越来越少的投入——较少的人力、较少的设备、较短的时间和较小的场地创造出尽可能多的价值；同时也越来越接近用户，提供他们确实要的东西。精确地定义价值是精益管理关键性的第一步。确定每个产品或某项服务的全部价值流是精益管理的第二步。紧接着就是要使保留下来的、创造价值的各个步骤流动起来，使需要若干天才能办完的手续，在几小时内办完，使传统的物资生产完成时间由几个月或几周减少到几天或几分钟；随后就要及时跟上不断变化的顾客需求，因为一旦具备了在用户真正需要的时候就能设计、安排生产和制造出用户真正需要的产品的能力，就意味着可以抛开销售，直接按用户告知的实际要求进行生产。这就是说，可以按用户需要拉动产品，而不是把用户不想要的产品硬推给用户。第三步是拉动需求，让顾客在规定的时间得到想要的东西。第四步就是循环以上几个步骤，逐渐做到尽善尽美，它的基本目标是零库存、高柔性、无缺陷，主要目标是创造更多的财富。

浪费就是所有业务过程中消耗了资源而不增值的活动，精益管理用"浪费"将传统企业不适应新经济的弊病表面化、通俗化，更易于企业理解和接受。精益管理把浪费归为七类，分别是：残次品造成的浪费、无需求商品超量生产造成的浪费、库存造成的浪费、不必要的搬运造成的浪费、等待造成的浪费、人员不必要的动作造成的浪费、工艺流程造成的浪费。这些浪费不仅掩盖了时间的浪费，还掩盖了效率的低下，最主要的是使得企业的利润减少，甚至给企业带来很大的麻烦。

7.10.2 精益管理的具体做法

7.10.2.1 顾客确定价值

顾客确定价值就是以客户的观点来确定企业从设计到生产到交付的全部过程，实现客户需求的最大满足。以客户的观点确定价值还必须将生产的全过程的多余消耗减至最少，不将额外的花销转嫁给用户。精益价值观将商家和客户的利益统一起来，而不是过去那种对立的观点。以客户为中心的价值观来审视企业的产品设计、制造过程、服务项目就会发现太多的浪费，从不满足客户需求到过分的功能和多余的非增值消耗。当然，消灭这些浪费的直接受益者既是客户也是商家。与之对照的是，企业过去的价值观都是以自己为中心的。完全由商家设计和制造的产品、完全由商家设计好的服务项目，大吹大擂那些目的在于增加盈利的、额外的甚至是"画蛇添足"的功能，并不一定是用户所需要的或必需的。最后将大量的浪费以成本的方式转嫁给了用户，而用户享受到的仅仅是为实现这个转嫁的殷勤。

7.10.2.2 识别价值流

价值流是指从原材料转变为成品，并给它赋予价值的全部活动。这些活动包括：从概念到设计和工程，到投产的技术过程，从订单处理到计划，到送货的信息过程，和从原材料到产品的物质转换过程，以及产品全生命周期的支持和服务过程。精益管理识别价值流的含义是在价值流中找到哪些是真正增值的活动，哪些是可以立即去掉的不增值活动。精益管理将所有业务过程中消耗了资源而不增值的活动叫作浪费。识别价值流就是发现浪费和消灭浪费。识别价值流的方法是"价值流分析"(value stream map analysis)——首先按产品族为单位画出当前的价值流图,然后以客户的观点分析每一个活动的必要性。价值流分析成为实施精益管理最重要的工具。

价值流并不是从自己企业内部开始的,多数价值流都向前延伸到供应商,向后延长到向客户交付的活动。按照最终用户的观点全面考察价值流,寻求全过程的整体最佳,特别是推敲部门之间交接的过程,往往存在着更多的浪费。

7.10.2.3 价值流动

如果正确确定价值是精益管理的前提,识别价值流是精益管理的准备和入门的话,"流动"(flow)和"拉动"(pull)则是精益管理实现价值的中坚。精益管理要求创造价值的各个活动(步骤)流动起来,强调的是不间断地"流动"。"价值流"本身的含义就是"动"的,但是由于根深蒂固的传统观念和做法,如部门的分工(部门间交接和转移时的等待)、大批量生产(机床旁边等待的在制品)等阻断了本应动起来的价值流。精益将所有的停滞作为企业的浪费,号召"所有的人都必须和部门化的、批量生产的思想做斗争",用持续改进、JIT、单件流(one-piece flow)等方法在任何批量生产条件下创造价值的连续流动。当然,使价值流流动起来,必须具备必要的环境条件。这些条件是:过失、废品和返工都造成过程的中断、回流。实现连续的流动要求每个过程和每个产品都是正确的。全面质量管理和后来的六西格玛都成为精益管理的重要组成部分。环境、设备的完好性是流动的保证。5S、TPM 全员生产保全都是价值流动的前提条件之一。有正确规模的人力和设备能力,才能避免瓶颈造成的阻塞。

7.10.2.4 需求拉动

"拉动"就是按客户的需求投入和产出,使用户精确地在他们需要的时间得到需要的东西。实行拉动以后,用户或制造的下游就像在超市的货架上取他们所需要的东西，而不是把用户不太想要的产品强行推给用户。拉动原则由于生产和需求直接对应，消除了过早、过量的投入，而减少了大量的库存和现场在制品，大量地压缩了提前期。拉动原则更深远的意义在于企业具备了当用户一旦需要，就能立即进行设计、计划和制造出用户真正需要的产品的能力，最后实现抛开预测，直接按用户的实际需要进行生产。

实现拉动的方法是实行 JIT 生产和单件流。当然，JIT 和单件流的实现最好采用单元布置，对原有的制造流程做深刻的改造。流动和拉动将使产品开发时间减少 50%、订货周期减少 75%、生产周期降低 90%，这对传统的改进来说简直是个奇迹。

7.10.2.5 尽善尽美

奇迹的出现是上述 4 个原则相互作用的结果。改进的结果必然是价值流动速度显著加快。这样就必须不断地用价值流分析方法找出更隐藏的浪费，做进一步的改进。这样的良性循环成为趋于尽善尽美的过程。Womack 又反复地阐述了精益制造的目标："通过尽善尽美的价值创造过程（包括设计、制造和对产品或服务整个生命周期的支持），为用户提供尽善尽美的价值。""尽善尽美"是永远达不到的，但持续地追求尽善尽美，将造就一个永远充满活力、不断进步的企业。

7.11 业务流程与管理审计

传统的审计以事后财务审计和监督为主要内容。然而，有越来越多的企业，开始采用管理审计。管理审计，是审计人员对企业业务流程行为进行监督、检查及评价并深入剖析的一种活动。它的目的是使企业的资源配置和业务活动更加富有效率。

管理审计在一定程度上就是业务流程审计。管理审计，以企业的战略、决策和控制等业务活动为对象，通过对各种管理活动的健全性和有效性的评估，以考查管理水平的高低、管理素质的优劣，以及管理活动的经济性、效率性，并针对管理中所存在的问题，提出改进的建议和意见。如对决策流程的审查，主要应查明是否制定科学的决策和程序，是否遵守合理的决策原则；决策的方法是否科学、恰当；决策的过程是否符合程序；决策的结果是否具有成效等。对控制流程的审查，主要应查明有无健全和科学的内部控制制度，各项控制制度是否严格执行，其实际效果如何等。

7.12 业务流程终端的会计信息系统

会计信息系统是公司所有业务流程的价值结果的终点。企业的所有业务流程及其行为最终都将通过会计信息系统得到反映和总结。会计信息处理系统依赖业务流程所产生的交易事项和数据，会计师们通过业务流程中的管理会计活动对于公司交易业务和事项的前期介入，是保证会计信息系统中会计信息真实的前提。会计信息系统是基于公司经济绩效目标的全流程业务活动的总结。管理会计对交易行为的控制，可以保证与交易行为对应的支持文件和业务数据的真实性，为会计系统产出客观、真实的会计信息奠定了基础。我们可以用图 7-6 来表示。

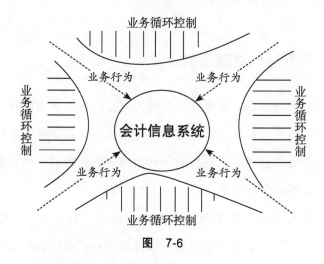

图 7-6

7.13 管理会计与业务流程融合：以采购为例

传统的公司采购管理目标是防止采购的差错和舞弊，但是如前文所述，公司的一切业务活动都应当基于经济绩效目标而展开，采购业务也不例外。因此，采购控制除了防止采购的差错和舞弊以外，应当追求在最佳的时点、以最低的采购成本购买到符合质量要求的原材料或者设备。

为了实现采购的管理目标，业务流程中必须融入管理会计。采购业务流程的设计如图 7-7 所示。

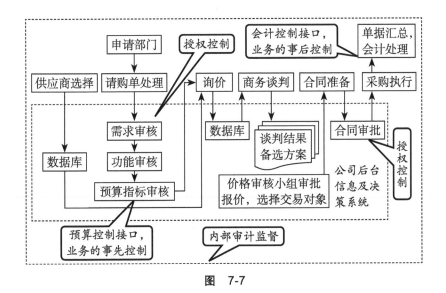

图 7-7

上述流程的具体特点有：每个采购人员只负责全部流程的一个环节；个人没有决策权或不做最终决定，只为下一流程环节提供信息和基础，或只是执行决策。流程职能分割，决策功能与执行功能分离，执行者不决策，决策者不执行，决策者与供应商隔离，不与外部接触，而与外部接触者无决策权。凡涉及决策，要么以流程处理，如合同审批；要么小组审核，共同签字，如谈判结果的选择。

采购业务的流程整合管理会计中授权管理、预算管理、成本管理、事后会计信息反映等工具。例如授权管理，体现为需求审核中的授权、合同审批中的授权等；预算管理，体现在在业务行为开始的时点介入实现财务的事先控制；成本管理，体现在对采购时点、价格、质量的审核；会计信息系统反映和内部审计，体现为单据汇总过程中的事后审核，实现财务的事后控制和内部审计监督。通过上述流程，保证了管理会计的落地执行。

第 8 章

管理会计与绩效评价激励

8.1　会计师在绩效评价激励中的职责

绩效评价，是指企业依照预先确定的标准和一定的评价程序，运用科学的评价方法，按照评价的内容和标准，对评价对象的工作能力、工作业绩进行考核和评价。

在实务中，大多数企业的绩效评价由人力资源部门负责。那么，会计师在绩效评价中又起到什么作用呢？如果会计师参与到绩效评价中，人力资源部门是否会认为会计师在抢自己的饭碗？

企业的首要职能是追求经济绩效——经济绩效的标准，显然不是由人力资源部来制定，而需要会计师来确定。会计师参与企业的绩效评价，并不是说要去执行具体的评价活动，比如编制、发放、回收评价的表格，等等。而是说，会计师要参与制定绩效评价的政策、制度，尤其是与财务有关的内容，如责任中心的确定、绩效指标与标准的确定，等等。同时，在具体评价中，给人力资源部门提供相关的经济绩效的结果。可惜的是，在很多企业中，财务部门放弃了参与绩效评价的职责——也因为此，财务部门在企业中失去了应有的影响力。有什么样的绩效标准，就会有什么样的行为，在很大程度上，财务部门需要通过绩效评价职能来发挥影响力——你要让别人重视你的意见，就必须与他的利益直接相关。

我在多家公司担任会计专业人士的外部董事，并且一般来说是董事会审计委员会的主任委员。有一年6月份我加入一家公司的董事会，在年底12月份的时候，该公司审计部经理向审计委员会提交当年的审计工作总结和下一年度的审计计划。当年度的审计工作总结非常详细，可以看出来审计部做了非常多的工作，审计中也发现了各类问题，但是总结中缺少了非常重要的内容——审计问题整改情况。我特意与审计部经理进行了电话沟通。审计部经理解释：虽然审计部在审计完成后，与相关责任部门进行了沟通，并督促整改，但是相关部门一直拖延，所以审计问题整改完成情况不理想，就没有写入工作总结。我要求审计部经理把这一情况补充加入审计工作总结，并就此问题与董事长进行了沟通——希望能把审计整改完成情况纳入相关部门的业绩考核评价。董事会和高管层统一认识，采纳了我的建议。等到召开年度董事会的时候，审计整改完成结果大为改观。可见，说话要有人听、得到大家的重视，就必须抓住绩效考核评价这个牛鼻子。从企业整体绩效的角度来看，财务部门更是应该如此，这样才能保证整个企业团结一心。

8.2 责任中心与绩效评价

在现代典型的大型企业中，产品种类繁多、分支机构分布广泛、组织机构复杂，企业的管理者必须对组织中的权力归属和责任做出决策，同时对这样的决策者如何进行评价和奖惩的问题做出决定。在绩效评价中，我们需要明确评价对象。这些评价对象包括企业整体、下属分子公司、下属事业部、下属职能部门，即责任中心。评价的目的就是要看看责任的履行和完成情况。由于不同企业的组织结构不同，其绩效评价也存在着差异。但是，不管是何种组织结构，会计师们都需要确定绩效评价中的责任中心。责任中心是指承担一定经济责任，并享有一定权利的企业内部（责任）单位。

在管理会计教材中，我们通常把责任中心划分为成本中心、收入中心、费用中心、利润中心，投资中心。这种分类也许满足了传统的财务管理的需要，但是与企业管理存在着差距。为了解决不同中心之间的关系，管理会计又专门研究了转移定价问题——这只是增加了企业内部的管理成本而已。我非常赞同德鲁克先生的观点："多年以前，我发明了'利润中心'这个名词，今天我对此惭愧之至，因为在一家企业内部，其实根本没有'利润中心'，只有'成本中心'。利润只能从外界取得，当顾客重复下订单的时候，当他的支票不会被银行退票的时候，你才有利润中心，如果不是这样，你就只有成本中心。"也就是说，企业的经济绩效是所有责任中心共同努力的成果，而能否取得成果则取决于客户的认可。

我们认为，责任中心的界定依然是必需的，但是在管理会计中，需要淡化传统的分类概念，而直接采用"责任中心"这一名词。

责任中心的确定，必须满足如下原则：一是企业的组织结构必须支持企业的战略目标，责任中心的设置必须与企业的组织结构相适应。二是责任中心是责权利的结合体，其责任目标、责任范围和责任程度必须明确。

8.3 绩效评价的难点

如何保持责任中心与企业绩效目标的一致性是绩效评价的难题。在责任中心里，各中心的管理者都在选择和实行活动方面具有一定的自主权。为了指导管理者的业务活动，并评估其经营业绩和该中心的经营成果，我们需要有一个业绩计量标准。然而，详细说明对于下级的经营业绩的标准，或许是最困难的问题。利用这个标准，企业可以表达他们希望下级管理人员应该如何做并对他们的业绩进行判断和评价。企业需要为下级的业务活动制定规则、标准和奖励制度，以使这些活动与企业的总目标一致。

这些指导和激励措施必须能促使个人或部门的目标与企业总目标一致，并且试图将协调的成本减少到最小。显然，这不是一件轻而易举的事。关于责任中心的问题，最清晰和最有见解性的观点来自艾尔弗雷德·斯隆。在其所著的《我在通用汽车的岁月》一书中，可以看到，在他就任通用汽车公司总裁期间，提出了多部门公司的组织原型理论。斯隆和他的财务主管布朗用"协调控制的分权管理"表述他们的观点："良好的管理制度应该是集权和分权（分权经营）二者之间的协调，或者是具有集权控制的分权制度。集权和分权这两个相互冲突的因素对公司的经营各自具有独特的影响。利用分权（分权经营）我们可以使人们的创造力、责任心得到发展，决策更接近实际，也更加灵活。简而言之，它能够使组织达到适应所有新情况所必需的质量水平。利用集权和分权的相互协调，我们能获得经营效率。显而易见，分权经营单位的协调工作实际应用起来并不容易。要归纳整理出各种责任并且采取最好的方式分配它们是没有严格规则的。公司和分部二者责任的平衡协调是不断变化的，这由决策方案、时代环境、过去经验和高级管理者的性格和技巧等因素决定。"

在集中决策的条件下，责任中心的下级管理人员遵循着指导他们如何行动的详细的规则。这些决策由上面制定，由下面执行实施。在集权制度下，任何经营不善相对来说都很明显，因为工作规则和任务都非常明确。在分权经营的条件下，规则（即指导责任中心的集权控制规则）的详细程度大大降低。因此，业绩评价就更为困难。我们可以把规则看成由两部分构成：限制条件和目标。首先，规则详细规定了允许的和可采纳的行为规范，并限制了管理人员可以选择的行动方案。例如，禁止采取非法行为，管理人员按指示向特定的代理商采购，应该达到的质量标准，应该满足特殊顾客的需求，以及禁止管理人员处置某些资产等。

但是，在分权管理下，责任中心可能以牺牲企业或其他部门的目标为代价来提高自己部门的业绩。例如，销售部门的销售经理可能试图使得总收入而不是边际贡献达到最大;生产部门的生产经理可能试图生产更多的产品而不是考虑是否能够在市场上销售出去;研发部门的研发经理则可能研发根本没有现实需求的技术。各部门经理们会试图为提高本部门的绩效,而把所有其他的目标排除在外。这就使得适当地确定某一个单独的责任中心的绩效标准变得非常困难。

解决困难的方法,就是不断聚焦于企业的整体目标来判断部门绩效标准是否与企业目标保持一致。比如,很多企业以销售收入来考核销售部门的业绩,就会导致销售部门的活动与企业经济绩效目标发生偏离。企业经济绩效目标是赚取更多的现金利润,因此,对销售部门的业绩标准,应当在销售收入的基础上加上毛利额和现金回款额。对于企业来说,收入越高,毛利越多,现金收回速度越快,经济绩效就会越好。

在绩效评价中,面临的另外一个挑战是知识工作者的崛起。对于传统的体力劳动者或者传统的制造业,我们可以每人生产的产品数量、每小时机器生产的产品数量或者每百元资本创造的利润等来衡量其绩效。然而,知识工作者的绩效却很难衡量——知识工作者的绩效更多时候不是取决于数量,而是取决于其质量。这方面的难题,目前依然尚未找到很好的解决方法。

8.4 财务业绩指标及其局限性

财务业绩指标的广泛使用有两个主要原因:第一,财务业绩指标是一个企业业务活动的最终成果,并且会计信息系统可以提供相应的定量数据;第二,恰当的财务业绩指标能综合地反映公司业绩。

每个责任中心的业务性质存在差异,因此财务业绩指标也会存在不同。从企业整体层面来说,最流行的财务业绩指标就是利润以及与利润有关的指标。由于利润是企业一定期间经营收入和经营成本、费用的差额,反映了当期经营活动中投入与产出对比的结果,在一定程度上体现了企业经济效益的高低。因而，追求利润最大化成为很多企业的目标。基于利润的业绩考核与评价指标往往根据考核的需要而定，主要包括利润总额、营业利润率、成本费用利润率、资产报酬率、净资产收益率和总资产报酬率等，而针对上市公司则经常采用每股收益、每股股利等指标。

传统的评价企业财务绩效的单个指标虽然可以分别用来分析影响和决定企业获利能力的不同因素，包括销售业绩、资产管理水平、成本控制水平等，从某一特定的角度对企业的绩效进行评价，却都不足以全面地评价企业的总体绩效。为了弥补这一不足，就必须有一种方法，它能够进行相互关联的分析，采用适当的标准进行综合性的分析评价，既全面体现企业整体财务状况，又指出指标与指标之间的内在联系。杜邦分析法是利用几种主要的财务比率之间的关系来综合地评价企业绩效的一种方法，最早由美国杜邦公司使用，故名杜邦分析法。杜邦分析法是从财务角度评价企业绩效的一种经典方法。其基本思想是将企业净资产收益率逐级分解为多项财务比率乘积，从而有助于深入分析和比较企业经营业绩。在斯隆掌管通用汽车的时代，通用汽车也引入了该方法并对通用汽车的发展发挥了巨大的作用。

最经典的杜邦分析法的计算公式如下：

净资产收益率 = 净利润 / 净资产 × 100%

$$= \frac{营业收入}{净利润} \times \frac{营业收入}{总资产} \times \frac{总资产}{净资产} \times 100\%$$

从上述公式，我们可以看到，一个企业的净资产收益率取决于三个因素：销售净利率、资产周转率和财务杠杆倍数。销售净利率与资产周转率可进一步分解，其分解后的组成部分可以用于分析各部门对于企业绩效全面评价的作用。

利润指标存在的一个缺陷是并没有考虑股东投入资本的成本。管理大师彼得·德鲁克 1995 年在《哈佛商业评论》刊登文章指出：只要一家公司的利润低于资金成本，公司就处于亏损状态，尽管公司仍要缴纳所得税，好像公司真的盈利一样。相对于消耗的资源来说，企业对国民经济的贡献太少。在创造财富之前，企业一直在消耗财富。许多公司往往只关注常规的会计利润。会计利润扣除了债务利息，但完全没有考虑股东资金的成本。同样，大多数业务经理只关注经营利润，而经营利润甚至没有扣除债务利息。股东资金的成本像其他所有成本一样，被扣除后的才是真正的利润。为了解决上述问题，就产生了经济增加值这一指标。

经济增加值（EVA）是美国思腾思特咨询公司于1982年提出并实施的以经济增加值理念为基础的财务管理系统、决策机制及激励报酬制度。它是基于税后营业净利润和产生这些利润所需资本投入的总成本（即资本成本）的一种企业绩效财务评价方法。公司每年创造的经济增加值等于税后净营业利润与全部资本成本之间的差额。其中，资本成本既包括债务资本的成本，也包括股本资本的成本。

然而，不管是利润，还是经济增加值，在绩效评价中，都存在着很大的缺陷：一是利润存在着人为调节的可能性，而经济增加值也是以利润为基础进行调整后计算的结果；二是考核与评价依赖的是历史信息，无法体现企业未来的发展状况；三是业绩考核与评价仅反映财务数据，无法全面反映企业的经营状况；四是可能造成短视行为，无法全面反映企业的长远利益。例如，为了达到考核的目的，很可能导致管理层为了降低成本而不进行技术改造及设备更新、不开发新产品、不处理积压商品、不进行正常的设备维修和保养。

8.5　正确的赚钱逻辑：平衡计分卡

为了应对财务指标存在的局限性，管理会计引入了平衡计分卡。企业的绩效只能取决于外部的客户——按照管理学大师德鲁克的看法，企业只有两项职能：营销和创新。因此，一个企业创造经济绩效的正确逻辑是：创造客户需求。德鲁克先生在《管理的实践》中指出，"如果我们想知道企业是什么，我们必须先了解企业的目的，而企业的目的必须超越企业本身。事实上，由于企业是社会的一分子，因此企业的目的也必须在社会之中。"德鲁克先生也曾告诫我们，"对所有的企业来讲，我们都应该记住的最重要的一点就是：结果只存在于企业的外部。商业经营的目标是让顾客满意，医院的目标是治愈病人，学校的目标是使学生学到一些在10年后参与的工作中能使用到的知识。而在企业的内部，只有成本。"

平衡计分卡把企业的使命和战略转变为目标和各种指标。它并不是对传统战略评估方法的否定，而是对其进行了进一步的发展和改进。在保留财务层面的基础上，又加上了客户、内部运营、学习与成长三个方面。平衡计分卡通过四大指标体系设计来阐明和沟通企业战略，促使个人、部门和组织的行动方案达成一致和协调，以实现企业价值最大化和长期发展的目标。经典的平衡计分卡如图8-1所示。

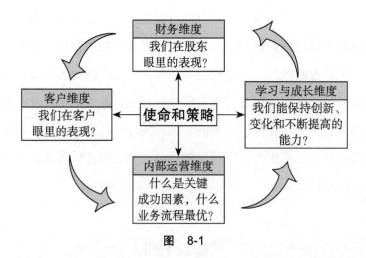

图 8-1

在此，我们不详细介绍平衡计分卡的具体使用。每个企业运用所有管理会计工具，都会因企业的业务性质不同，而存在着差异。平衡计分卡在不同企业，其要平衡的地方也存在着不同——如果阿里巴巴和宝武钢铁要采用平衡计分卡，那么其维度的设计、每个维度的具体指标，必定会存在着巨大的差异。对于会计师而言，重要的是通过平衡计分卡的原理，找到企业正确的赚钱逻辑，并按照这个逻辑来设计绩效评价指标。换句话说，平衡计分卡的核心要义在于：因为财务指标是结果指标，是滞后指标，所以会计师们要找到影响企业经济绩效的关键因素并将其作为先行指标——先行指标好了，结果指标自然而然就好了。这与我们在前面论述的过程决定结果是一个道理。

如果以"这是一种流行的工具，别人有的，我也要要有"这样一种心态引入平衡计分卡，是很难取得理想的效果的。在应用平衡计分卡的过程中，按照教科书的四个维度生搬硬套，设计各类根本就没有逻辑关系的所谓平衡绩效指标，颇有"少年不识愁滋味，为赋新词强说愁"的味道。

《孙子兵法·虚实篇》中说："水因地而制流，兵因敌而制胜。故兵无常势，水无常形，能因敌变化而取胜者，谓之神。"所有管理会计工具的应用，在具体的每一个企业，都会存在着其特性，这就是所谓的"运用之妙，存乎一心"。会计师们在明确运用工具的目标之后，一定要掌握其精髓，学会活学活用，而不要成为"本本主义"者和"教条主义"者。

8.6 激励

为了保持责任中心和全体员工与企业目标保持一致，在评价的基础上，企业还需要建立奖惩机制。奖励方面，包括员工职务的晋升、薪酬增加、精神荣誉以及奖金等物质激励；惩罚方面，包括员工职务降低、薪酬减少、精神批评等。

与会计师最密切相关的奖惩问题，就是要建立激励报酬安排。

奖金，是指根据责任中心和员工完成的绩效给予的奖励。奖金基本属于短期的激励方式，容易引起短期行为。为了克服短期激励的缺陷，有些企业采用延期奖金的激励方式，把部分奖金延迟到以后年度发放，例如，宝钢集团就采用了长期利润分享计划。上市公司则会采取股票期权的方式。还有一些企业为了保持员工与企业目标的一致性，采取了全员持股的方式，比如华为。

各种不同的激励方式有其适用性。会计师需要根据企业的实际情况，选择适当的激励方式。

8.7 管理改进

在绩效评价的基础上，会计师需要对下一步的管理改进提出方案。我在上课的时候，经常会与学员们一起思考：大家拿到体检报告的时候，最关心什么内容？大家异口同声地回答：看有没有指标偏高。其实，不仅仅看是否指标偏高，还要看体检报告中的建议。因此，体检报告打开来第一页就是结论和建议。但是，体检报告中的建议很多时候是通用的，几乎可以适用于绝大多数人，比如少抽烟、少喝酒、多吃蔬菜、多吃水果、不要熬夜，等等。

对于企业领导层来说，拿到绩效评价报告，除了关心结果，当然更关心下一步的改进建议。为什么很多财务分析报告，提交到领导那里得不到重视？原因很简单，因为没有他想看的内容。很多公司的财务分析报告就是简单的数据计算——去年总资产多少，今年总资产多少，今年比去年增长了多少；去年净利润多少，今年净利润多少，今年比去年增长了多少……这其实只是简单的计算。绩效评价和分析，必须是与历史比，与同行业比，分析"为什么"，也就是查找原因。我们为什么比别人差？如何改进？我们为什么比别人好？是否能够持续？改进的建议，不能跟体检报告一样，而必须是可以切实采取的行动——原因、责任部门、责任人、具体措施、行动时间、跟踪检查，等等。

8.8 标杆管理

我们在前面讲到了要进行比较来确定绩效和改进管理。在比较中，通常用标杆管理这一工具。

标杆管理法是美国施乐公司于 1979 年首创，西方管理学界将其与企业再造、战略联盟一起并称为 20 世纪 90 年代三大管理方法。标杆管理方法较好地体现了现代知识管理中追求竞争优势的本质特性。

标杆管理又称"基准管理"，其本质是不断寻找最佳实践，以此为基准不断地"测量分析与持续改进"。标杆管理是创造模板的工具，它可以帮助企业创造自身的管理模式或工作模板，是实现管理创新并获得竞争优势的最佳工具。

标杆管理法由立标、对标、达标、创标四个环节构成，前后衔接，形成持续改进，围绕"创建规则"和"标准本身"的不断超越、螺旋上升的良性循环。

立标——有两重含义，其一是选择业内外最佳的实践方法，以此作为基准，作为学习对象。其二是在企业内部培养、塑造最佳学习样板，可以是具体方法、某个流程、某个管理模式，甚至是某个先进个人，成为企业内部其他部门或个人的榜样，即试点工作。

对标——对照标杆测量分析，发现自身的短板、寻找差距，并分析与尝试自身的改进方法，探索达到或超越标杆水平的方法与途径。

达标——改进落实，在实践中达到标杆水平或实现改进成效。

创标——运用标杆四法创新并实施知识沉淀，超越最初选定的标杆对象，形成新的、更先进的实践方法，直至成为行业标杆。

标杆管理法的原理非常简单，但是，在实践中，通常面临着如何获取标杆企业的相关资料的难题。会计师们可以根据标杆企业的公开财务数据和指标，测算标杆企业的业务数据和指标，从而帮助企业更好地运用标杆管理法，改进企业的管理。

第 9 章

管理会计与信息化

9.1 信息化时代与管理会计

信息化时代扑面而来，世界发生变化的速度太快。阿尔法狗战胜人类、财务机器人的出现、基金机器人超过基金经理……不是我不明白，而是这世界实在变化太快。

信息化已经对多数企业的商业模式产生了重大甚至决定性的影响，互联网电子商务正在重新定义企业的价值链。企业内部及企业与外部之间的反应越来越快，可以实现即时沟通，导致价值链中诸多的环节被取消。比如，线上替代线下，导致很多零售行业面临困境，甚至导致原先的线下票务代理公司直接消失；原来的纸质信息越来越多地被比特信息替代，几千年来的鸿雁传书只需手指轻轻一按在瞬间就发出去，邮局日渐没落；诸如此类，不胜枚举。

管理会计必须了解一日千里的信息技术和日益复杂的互联网电子商务环境，这样才能在未来的竞争中获得成功。电子商务项目对管理会计而言，意味着一个为企业增值，从而实现管理会计目标的机会。大中型企业应当考虑建立企业资源计划系统（enterprise resource planning，ERP）。企业资源计划系统，是指在信息技术基础上，以系统化的管理思想，为企业决策层及员工提供决策运行手段的管理平台。ERP 系统集信息技术与先进的管理思想于一身，成为现代企业的运行模式，反映电子商务对企业合理调配资源，最大化地创造社会财富的要求，成为企业在信息时代生存、发展的基石。

信息技术给管理会计的发展带来的第一个重大机遇，是将会计师从烦琐的账簿中解放出来，会计师可以投入更多的时间和精力从事更有价值的管理工作——会计师具备了从记账员转型为管理者的前提和基础。在20世纪80年代初，对于全球性的集团公司来说，在年度结束后24小时内出财务报告，简直是天方夜谭：下属分子公司的手工会计处理到形成报告，再从分子公司传真到集团公司汇总合并，中间需要对数据差错进行反复核对和确认，出具财务报告是费时费力的活儿。在今天，对于管理优秀的公司，在年度结束后24小时内出具财务报告，已成为一种现实。很多基础的标准化、程序化工作，都已经由计算机系统自动完成，比如账务的核对、电子凭证的制作、报表的生成、通用财务指标的分析，等等。

信息技术给管理会计带来的第二个重大机遇，是更多管理会计工具的潜能的释放。在手工会计时代，类似作业成本法这样的管理会计工具，虽然理念非常先进，但是使用的成本实在太高，远远超过其所能带来的效益，因此被很多企业放弃。而信息技术下的信息和数据采集能力使这些工具的使用成本大幅降低，从而可以给管理会计的实践提供更多的选择和可能性。

信息技术给管理会计带来的第三个重大机遇，是管理会计需要的大量基础数据和信息及其及时性、准确性得以大幅提升。管理会计的战略规划、重大决策、流程管理以及绩效评价激励，都需要数据和信息的支持。在信息技术普及之前，会计师得到这些数据和信息需要付出极高的成本。试想一下，如果会计师需要像古代战争中那样"八百里加急"来获取信息，是很难履行好管理会计的职能的。

但是，信息技术也给会计师带来了巨大的挑战。首先，信息技术解放了会计师，但是解放之后如果会计师做不了管理会计工作，那么会计师就会被淘汰。其次，信息技术带来的海量数据和信息，需要会计师掌握更强的分析能力，否则就会被数据和信息的海洋湮没而失去自我。

9.2　不仅仅是大数据，重要的是信息和知识

会计师已经能熟练使用计算机，但是，许多会计师还是信息盲。大多数人仍旧需要学习如何利用数据。

新闻中一直说我们生活在大数据时代，的确如此。大数据，指无法在一定时间范围内用常规软件工具进行捕捉、管理和处理的数据集合，是需要新处理模式才能具有更强的决策力、洞察发现力和流程优化能力的海量、高增长率和多样化的信息资产。在维克托·迈尔－舍恩伯格及肯尼斯·库克耶编写的《大数据时代》中，大数据指不用随机分析法（抽样调查）这种捷径，而采用所有数据进行分析处理。

大数据一般有如下几个特点：第一，信息规模超大，目前大数据计量单位以 ZB 量级计量也有可能。第二，数据多样性，大数据下数据不同于传统数据那样的结构化特点，而是不仅包含结构化数据，还包含非结构化数据，而且大数据技术更强调对数据的分析。第三，处理速度快，大数据技术下要求必须对搜集到的数据实时分析并立即处理，因为如果不这样做，按照传统数据库查询得到的结果可能会过时且无价值。第四，复杂关联性，大数据下数据间往往存在紧密的联系，可以转化为有效商业信息。第五，价值密度低，大数据中冗余信息较多，需要数据挖掘技术来对海量信息进行提取挖掘，以便找到有价值的数据，但这部分很可能只是微小的一部分。

大数据技术的意义不在于掌握庞大的数据，而在于对这些含有意义的数据进行专业化处理。换言之，如果把大数据比作一种产业，那么这种产业实现盈利的关键，在于提高对数据的"加工能力"，通过"加工"实现

数据的"增值"。有人把数据比喻为蕴藏能量的煤矿。煤炭按照性质有焦煤、无烟煤、肥煤、贫煤等分类，而露天煤矿、深山煤矿的挖掘成本又不一样。与此类似，大数据并不在"大"，而在于"有用"。价值含量、挖掘成本比数量更为重要。对于很多行业而言，如何利用这些大规模数据是赢得竞争的关键。"大数据"在经济发展中的巨大意义并不代表其能取代一切对于社会问题的理性思考，科学发展的逻辑不能被湮没在海量数据中。著名经济学家路德维希·冯·米塞斯曾提醒过："就今日言，有很多人忙碌于资料之无益累积，以致对问题之说明与解决，丧失了其对特殊的经济意义的了解。"

有一句话是这么说的——"数据是爆炸了，信息却很贫乏"，那么数据与信息之间到底有什么关系呢？数据和信息之间是相互联系的。数据是反映客观事物属性的记录，是信息的具体表现形式。数据经过加工处理之后，就成为信息；而信息需要经过数字化，转变成数据才能存储和传输。那么，数据是否就是指可以存储和传输的信息呢？未必！数据和信息是有区别的。从信息论的观点来看，描述信源的数据是信息和数据冗余之和，即数据＝信息＋数据冗余。数据是数据采集时提供的，信息是从采集的数据中获取的有用信息。由此可见，信息可以简单地理解为数据中包含的有用的内容。其两者之间的关系如图 9-1 所示。

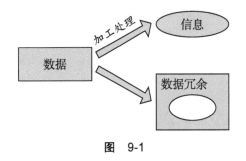

图 9-1

在运用信息技术获取庞大数据之前，数据其实一直在客观世界存在，只是以前我们无法抓取，或者我们没有意识到这些数据所包含的信息而已。信息技术帮助我们解决了数据抓取的问题，然而，如何运用知识挖掘数据所包含的信息，依然是一个摆在会计师面前的难题。

我们以某指挥官判断敌方指挥部的例子来说明数据和信息之间的关系。在战场上，某指挥官有收集整理数据的习惯，身上带着的小本记载着每次战斗歼敌数量、缴获武器数量，下属纵队、师、团均需要向指挥部汇报每日大小战况数据。这囊括俘虏、物资、火炮、枪支等繁杂数据，指挥部按要求统计清楚各数据类别与大小，如俘获军官与士兵多少、长枪与短枪比例大小、轻重火炮数量对比等，并以此来判断敌人的指挥部位置。其逻辑是：短枪、军官、汽车数量数据高，那么极有可能是敌人极为重要的核心队伍。而事实也确实如此，在战役中往往能迅速击毁敌方指挥部。在上述例子中，其实指挥官做出判断依据的数据，对于所有人来说，都是客观存在的，但是只有该指挥官知道自己的数据需求，在持续地抓取这些数据，并且厘清了数据的逻辑后知道数据所包含的信息。换成一般人，就是拿到再多的数据也没有用。在信息技术普及的大数据时代，数据和技术已经不是问题，关键在于想清楚自己的数据需求，厘清数据和信息之间的逻辑关系，建立因果关系模型。

我们再来看看下面的例子。

数据：5000万元，52%。

通过这个你能看出什么吗？估计很难。

信息

单位名称：永清股份有限公司。

时间：2017年4月6日。

情况：永清股份的存货为5000万元，比上年同期增长了52%。

这个时候，5000万元和52%才成为有意义的信息。

知识

会计师的问题：存货的增长是否正常呢？这个时候该知识出场了。

知识:"存货的增长应该与营业收入的增长成一定的比例,因为备货是为了销售。在一些特殊情况下,存货可能会超过销售的增长,比如预期原材料价格涨价情况下的囤积,或者预期未来销售形势将迅速增长的提前备货。"

为什么以上的信息是知识呢?并不是因为这些信息写在教科书上或者哪位专家提及,而是因为这是通过许多案例总结出来并在实践中公认正确的。

通过将数据转换为信息,以信息作为基础,用知识进行判断:

永清股份的产品非常畅销,营业收入比上年同期增长了82%,为了满足销售需求,增加了原材料采购,存货的增长是企业发展良好的一个积极信号。

经过以上可以看出,如果没有数据和信息,知识很难发挥作用。在大数据时代,数据的获取则相对比较简单,转换成有用的信息相对比较难,最后则只有综合知识能够帮助解决问题。

为了达到上述目的,会计师需要学会问以下问题:"我在工作时需要什么样的信息?我什么时候需要?以什么形式?我应该向谁要这些信息?这些信息通过哪些数据得到反映?数据和信息之间的逻辑关系是什么?在获得所有这些数据后,我可以处理哪些新任务?我应该放弃哪些旧任务?我应该采用不同的方式执行哪些任务?"同时,会计师需要回答:"我有义务提供哪些信息?向谁提供?什么时候?以什么样的方式?"这些问题一经提出,就说明企业即使能完全获得其最依赖的信息,这些信息也只是简单而杂乱无章的。企业在决策时,特别是在做出战略决策时,其最需要的数据来源于企业外部。成果、机会和威胁只存在于企业外部。迄今为止,在大多数公司的信息系统和决策程序中利用的、唯一来自外部的数据是日常的市场数据:现有顾客购买的产品、地点和方式。但是,其他外部数据和信息则严重缺乏,包括人口状况、实际和潜在竞争对手的行为和计划、技术、经济情况、预示着外汇波动即将来临的变化和资本的流动等，企业根本就得不到这些方面的数据，抑或得到的只是最广义的一般性数据。会计师很少会思考这种信息对企业决策的影响。如何获得这些数据，如何检验它们的正确性，如何让它们融入现有的信息系统，使之在企业的决策过程中发挥有效的作用是会计师需要急迫解决的问题。今天，企业的决策要么依赖于内部数据，例如成本，要么依靠未经检验的、有关外部的假设。在上述任何一种情况下，企业都无法取得持续的成功。

无论大数据在内容上有多么丰富，它都不是信息。它只是富含信息的矿石。要让原材料转变成信息，我们必须针对某项任务对它进行整理，让它直接服务于特定绩效的实现，并在决策过程中加以运用。原材料无法自己做到。计算机程序员或软件工程师也无法做到。软件工程师是工具的制造者。无论是管理者，还是专业人员，他们都是使用数据的人，他们决定要使用什么样的数据得到什么样的信息、信息的用途和使用的方式。他们必须让自己掌握信息。这是会计师面临的巨大挑战。

9.3　财务数据、业务数据和信息处理系统合而为一

绝大多数企业现在同时运行着三套信息系统：计算机信息处理系统、业务数据系统和财务数据系统。这三套信息系统在操作上处于各自为政的状态。在高等院校，我们分别开设针对会计人员的会计专业，针对计算机技术人员的计算机科学专业（或信息技术专业），以及针对业务人员的化学、物理、电机等专业，分别授予不同的学位。从事这些工作的人拥有不同的背景、不同的价值观和不同的职业发展道路。他们在不同的部门工作，受不同的上司管理。负责计算机数据处理业务的是"首席信息官"，通常具有计算机技术背景，在工作中只考虑技术的问题。管理会计事务的一般是"首席财务官"，他们常常具有为企业融资和理财的背景，在工作

中往往只关注资金的问题。管理业务的一般是业务背景出身的专业人员，通常具有相应的职业背景，在工作中往往只考虑业务的观点。换句话说，没有人真正重视信息。

会计师需要将三套系统合并在一起，或至少让这三套系统能够和谐共处。人们通常认为会计属于"财务"上的事情。但是，这只说对了一部分，几百年之前，会计处理的是资产、负债和现金流量，这些只是现代会计的一小部分。会计的大多数工作涉及业务活动，而不仅仅是财务活动。我们在前面已经论述过业财融合的问题。对于管理会计来说，盘钱只是反映非货币事件的符号和语言。实际上，在将财务会计转变为管理会计的改革浪潮中，会计的职能已经被极大地拓展了。

管理会计通过我们前面的流程管理，试图建立业务活动与预期的经济绩效之间的关系，通过信息技术将业务数据、会计数据转化为信息，实现业务流、财务流和信息流的统一，为管理层决策服务。换句话说，业务数据系统和财务数据系统与基于计算机的数据处理系统拥有共同的目标。

很多企业管理人员仍旧关心计算机信息处理系统是否有更快的速度和更大的内存。但是，挑战将越来越不是技术领域的，相反，如何把数据转化为实际使用的有用信息将是我们面临的挑战。而会计师们则需要帮助企业有效应对这一挑战。未来，我们在信息科技上所看到的变化，比起在会计上看到的变化，根本就是小巫见大巫。

在未来，我们必须将信息技术部门和财务部门合并在一起——所有业务流程的信息终点在财务部门，因此需要财务部门提出数据和信息的需求、设计信息流程和路径后，由信息技术部门提供的技术手段来实现。我猜想未来的10到20年中，所有的大、中型企业会将今天分担给两个人负责的职务，交由一个人做。今天，首席财务官负责财务工作，首席信息官负责信息技术工作，未来将合并为首席财务与信息官。我在很多场合与一些大型企业集团的首席财务官或者总会计师交换名片的时候，发现已经有越来越多的人的名片同时印上了"首席财务官"和"首席信息官"的头衔。

今天,卓越的企业已经通过信息技术的运用,实现业务和财务的有机融合。而在未来,将有越来越多的企业往这个方向努力。

但是,不管信息技术如何发展,我可以向你保证,财务目标的重要性不会降低,恰恰相反,财务目标会变得更重要。但会计师必须知道,如何把财务目标同建立与维持企业的需求整合为一。

9.4 会计师在企业信息化过程中的工作

那么,会计师是否需要去学习现在软件工程师所需的知识,比如学习如何编写程序呢?非也!会计师根本就不需要学习编程语言。

会计师重要的是学会如何搭建理想中的企业信息化整体框架,描绘出适应企业管理需求的信息化蓝图。思想比技术更加重要。从信息技术的角度来说,很多时候是"就怕你想不到",而不是"做不到";只要你能想到的,信息技术都能帮你实现。

阿里巴巴网络技术有限公司是以曾担任英语教师的马云为首的18人于1999年在浙江杭州创立的,业务(包括关联公司的业务)包括:淘宝网、天猫、聚划算、全球速卖通、阿里巴巴国际交易市场、1688、阿里妈妈、阿里云、蚂蚁金服、菜鸟网络等。马云在内部讲话中提到:"到今天为止,我几乎是一个电脑盲,我只会收发电子邮件和上网。很多技术专家经常把技术看得非常重,我一直觉得,不懂技术没关系,真正的技术从来都是为不懂技术的人服务的,我们这些不懂技术的人创造了全球最大的电子商务公司,所以我认为外行是可以领导内行的,关键是要尊重内行。我没法跟技术人员吵架,他们讲的东西我听不懂,我说的话他们也觉得奇怪。我告诉他们,中国80%的人,都和我想的一样。别人经常说我们是高科技公司,其实在客户面前,越说是高科技公司,客户越怕你。所以,要把客户的麻烦留给自己。把麻烦留给自己，你的麻烦就会越来越少。"

马云的成功，显然不是因为他懂计算机技术或者软件编程——懂计算机技术或者软件编程的人，都成了他的工程师——重要的是他的思想。马云描绘出蓝图，提出需求，工程师帮他实现。

同样的道理，企业做信息化建设，重要的不是用金蝶、用友还是SAP，也不是有多少个信息技术人员，重要的是确定企业的信息化最终要达到什么样的目标和结果，怎么样做才能真正有助于企业经济绩效的提升。

会计师要做的工作包括：

- 明确企业对信息技术的投资计划。信息技术之所以能为会计师提供帮助，真正的原因在于它可以整合来自企业内部不同领域以及企业外部（市场和经济环境）的关键数据，而且始终能够针对计划提供全面的背景化绩效视图。在使用软件解决方案实现信息可视性后，会计师便可以按需访问那些支持策略业务活动与企业目标相契合的关键标准了。在业务一线上，信息技术可以为会计师提供所需的工具，帮助他们分析业务流程，识别和消除瓶颈，更有效地利用资源以及缩减成本。对信息技术领域做出明智的投资并制订相应的计划，可以让业务效率翻番，还能帮助财务部门为企业管理者实现信息可视性。随着决策者可用信息的数量、质量和时效性的提高，决策制定将愈加迅速，为企业带来的收益也愈加可观。

- 构建未来的框架。会计师的信息可视性由一个由政策、最佳业务实践以及技术构成的框架提供支持。构建未来框架需要对企业的当前状况进行周密分析，其关键是要确定会计师所需的信息，然后将对这种信息的访问构建到框架当中。要了解企业现状，分析业务流程与企业目标的契合程度。确定是否建立了可跟踪这种契合程度的关键标准。检查企业当前用于响应市场环境和客户需求的信息类型，并考虑其他种类的信息是否有助于更有效地做出响应。识别那些由需要通过信息技术自动进行的人工流程造成的瓶颈。会计师必须评估组织的各种活动，并创建可简化信息技术部门工作的业务结构。

为了更好、更快地运用信息技术，会计师通过以下三个步骤帮助企业创建精确可行的组织全方位视图并快速启动流程。

第一步，开发通用方针及标准框架。开发一种可以将企业的各种活动和政策与企业绩效目标相契合的路线图，包括：资金如何注入和流出组织，组织对于稀缺资源（资金、人员、资产、工厂、设备等）的利用程度，以及组织对于行业标准和法规合规问题的有效遵守程度。确定各种成本及风险，从而可以追求具有最大经济绩效的优先事务或机遇。

第二步，评估当前事态。对企业目前的信息系统状况进行分析，看业务数据系统、财务数据系统和计算机信息系统的融合程度，标明存在着哪些断头的数据接口以及下一步的计划。

第三步，执行计划并做出相应调整。消除信息孤岛，业务流、资金流和信息流合而为一，为管理会计的智能商务决策提供数据和信息基础。

第 10 章

管理会计和会计师的未来

10.1 管理会计发展的驱动力

我们认为,五个方面的驱动力在推动着我国管理会计的发展。这五个方面的驱动力是价值量、信息化、智能化、全球化和新常态。价值量是管理会计发展的原动力,信息化和智能化是助动力,全球化和新常态是促动力。

10.1.1 价值量

管理会计发展的第一股驱动力,源自于人类对价值的追求。管理会计萌芽于19世纪的工业成本会计,工业革命推动了生产规模和生产效率的极大提高,为了更准确地核算产品成本,会计人员开始按照复式簿记法记录所有成本账户。20世纪20年代以后,企业管理者逐渐认识到成本信息在决策与控制方面的意义,成本会计从单纯的计算发展到了计算与控制相结合,并与对外报告的财务会计相区分,形成了以内部管理为导向的管理会计。国际会计师联合会(IFAC)将管理会计的发展划分为成本确定与财务控制、管理规划和管理控制、流程优化和资源集约、资源利用和价值创造等四个主要阶段(1998)。虽然这一划分有一定的合理性,但是我们认为,最后一个阶段才是价值创造阶段,有失偏颇——因为从管理会计产生和发展的每一阶段中,我们都可以看出,管理会计自产生之日起,其核心就是围绕如何进行价值创造,只是不同的阶段,其表现形式有所不同。离开了价值创造,管理会计就失去了其产生、发展的土壤。可以说,人类孜孜以求的价值创造是一切管理会计的理论、方法、技术和应用的原始驱动力。

10.1.2 信息化

信息化代表了一种信息技术被高度应用,信息资源被高度共享,从而使得人的智能潜力以及社会物质资源潜力被充分发挥,个人行为、组织决策和社会运行趋于合理化的理想状态。同时,信息化也是IT产业发展与IT在社会经济各部门扩散的基础之上,不断运用IT改造传统的经济、社会结构从而通往如前所述的理想状态的一段持续的过程。

随着经济环境的不断变化、企业经营活动种类的增多和规模的扩大,传统会计信息系统所需处理的数据量越来越大,改善经营、加强管理、提高效益的要求也就越来越高,传统会计信息系统越来越显得捉襟见肘:第一,会计数据处理的效率低下;第二,及时性差;第三,数据处理的差错率高;第四,信息处理成本高。传统会计信息系统随着企业组织外部环境的变化和内部经营管理的提高,由于自身的条件所限,提供的会计信息及其会计信息所能实现的价值是十分有限的。

在上述背景下,信息技术的兴起、信息化的发展以及会计信息化的应用,成为管理会计发展的第二股驱动力。企业运用IT技术建立企业资源计划信息系统(ERP),通过这个系统提供大量的各类信息。会计信息系统就是该集成信息系统的一部分,通过IT技术可以实现会计信息系统与管理信息系统中的其他子系统和企业组织外部的相关经济信息系统的无缝连接,达到物流、资金流、信息流和业务流的融合,从而极大地推动了会计核算基础信息、会计经营管理支持、会计商业智能决策、企业战略财务和战略会计等管理会计工具、方法和技术在企业的应用和发展。

10.1.3 智能化

　　智能化是指由现代通信与信息技术、计算机网络技术、行业技术、智能控制技术汇集而成的针对某一个方面的应用。智能化应用的领域不断拓展，会计智能化也得到了持续发展，标准的程序化会计工作被人工智能替代已无可避免。人工智能兴起，机器、数据处理器开始以高效、出错率低、省人工成本等无可比拟的优势，替代人工操作，基础工作岗位上的会计人员地位越来越岌岌可危。这是会计行业发展必然的进程，是人类历史前进步伐下必然会有的影响。

　　在这个向前发展的行业中，会计职业如果想要保全自己的地位，就必须给自己找到新的定位。传统的基础会计人员将被机器所取代。为了避免被取代的悲惨命运，会计人员已经到了必须自我革命、自我进化、自我转型的地步。会计职业要从被动型转向主动型，要从反映型转向参与型，要从消极型转向积极型，要从记账型转向管理型，要从标准化向智能化转型，要从低附加值工作向高附加值工作转型。传统的财务部门，是被动地适应业务部门的需要，很少主动地推动公司管理变革；是事后反映公司的业务情况，但很少参与到经济活动的过程中；是消极地等待公司高层和其他领导的指示，但是很少积极地去发现问题、解决问题；是完成报表就万事大吉的记账型，而很少是开放进取的管理型；是面对相同业务进行标准化会计处理的低附加值工作，而很少是针对规划、决策、控制和评价的高附加值工作。

　　智能化的好处是可以将会计人员从最基础的标准化程序性工作中解放出来，从事人工智能无法胜任的战略规划、经营决策、执行控制和绩效评价等工作。上述工作就是管理会计的核心职能。因此，智能化成为管理会计发展的第三股驱动力，会计职业未来的进化方向就是管理会计。

10.1.4 全球化

在全球化的大背景下，全球联系不断增强，国与国之间在政治、经济贸易上互相依存。通过全球贸易，世界已经相互连接在一起，全球贸易提供了新市场和新机会，但也让业务面临海外竞争者的新竞争，企业面临的竞争更加激烈，形势更加复杂。在全球化背景下，企业需要时刻警惕，随时准备应对新的风险和机遇；需要发展自己的适应能力和应变能力，不断将资源集中于回报更高、前景更好的细分市场、产品或渠道；需要更好地管理风险，以便为潜在事件做好充分准备；需要进行更深刻的分析和更清晰的前瞻思维，做出敏捷的分析和预测，以便做出明智的决策，采取迅速行动。企业必须应用全球管理会计最佳实践以应对上述机遇和挑战，从而在全球化的竞争中获得优势。因此，全球化为管理会计提供了用武之地，打开了管理会计发展的空间，成为推动管理会计发展的第三股驱动力。

全球化的一个结果是带来会计的全球化——在过去的数年间，会计全球化的最典型成果就是国际财务报告准则的推广和应用。可以预见，全球管理会计最佳实践的推广和应用将成为下一个会计全球化的热点。

10.1.5 新常态

习近平在2014年5月考察河南的行程中第一次提及"新常态"："我国发展仍处于重要战略机遇期，我们要增强信心，从当前我国经济发展的阶段性特征出发，适应新常态，保持战略上的平常心态。"新常态就是不同以往的、相对稳定的状态。这是一种趋势性、不可逆的发展状态，意味着中国经济已进入一个与过去30多年高速增长期不同的新阶段。

中国经济呈现出新常态，从高速增长转为中高速增长，经济结构优化升级，从要素驱动、投资驱动转向创新驱动。中国企业必须适应经济新常态，比如人口红利不再、资源要素成本上升等挑战。企业转型成为企业应对新常态的关键。企业转型有两个方向：一是从原来的粗放式低成本转向精益管理的低成本，二是从原来的低成本企业转向差异化企业。而精益管理和差异化竞争策略的实施，离不开管理会计的作业成本管理、价值链分析、平衡计分卡等工具和方法。

因此，经济新常态倒逼中国企业必须持续运用管理会计改善管理，成为我国管理会计发展的第五股驱动力。

10.2 管理会计的未来趋势

在上面五股驱动力的推动下，管理会计将呈现出如下未来趋势。

10.2.1 从关注结果到重视过程

从价值量角度而言，企业创造价值是从战略规划、经营决策、执行控制到绩效评价的一个动态过程。传统会计注重利润、现金流、财务状况等结果，而管理会计的重点在于参与创造价值的过程。

管理会计的战略计分卡、战略地图、平衡计分卡等理论和工具，有助于企业制定科学的战略规划；管理会计的全面预算管理、投融资管理、价值链等理论和工具，有助于企业进行合理的经营决策；管理会计的作业成本管理、成本性态分析、全面风险管理和内部控制、有效约束理论等理论和工具，有助于企业做出有效的执行控制；管理会计的标杆管理、管理质量改进、营运分析和绩效管理等理论和工具，则有助于企业做出公正的绩效评价。

随着管理会计的推广和应用，未来的财务部门将从关注结果转为重视过程。因此，财务和业务的有机融合，将成为未来管理会计的重要趋势之一。

业财融合对我国管理会计发展提出的巨大挑战在于：绝大多数会计人员的知识结构和能力以会计准则、税法为核心，而业务知识和能力则远远不能满足要求。因此，如何实现会计人员知识结构和能力的转型，成为我国管理会计发展的关键。

10.2.2　从书写历史到塑造未来

就信息化角度而言，企业更加需要能够对未来情况做出前瞻性预测的信息，这样才能做出更加科学的决策。传统会计被人喻为"后视镜"，即以提供历史信息为主；而管理会计则不仅重视历史信息，更加重视即时信息和未来的预测性信息。

会计信息化融入企业管理信息系统，即时信息将不再成为难题；通过企业业务、财务的信息流、资金流、业务流、实物流等数据，建立各种数据模型，提供未来的预测性信息的能力也将得到极大的提升。因此，未来的管理会计将从传统的"书写历史"转向"塑造未来"。

信息化对我国当前管理会计发展提出的巨大挑战在于：信息技术手段已经不存在问题，但是绝大多数会计人员无法运用这些手段，没有信息思维，不能提出具体的信息需求，从而无法真正应用信息化的成果。如何培养和加强我国会计人员提出信息需求、收集信息、整理信息、分析信息、挖掘数据、建立模型等能力，成为我国管理会计发展的第二个关键问题。

10.2.3　从依赖人工到依靠技术

从智能化的角度而言，企业将会更多地运用智能技术以在竞争中获取优势。传统的会计以依赖人工为主，是劳动密集型行业；未来的管理会计将以运用智能技术为主，是脑力密集型行业。

智能化可以极大地解放现有烦琐的体力型会计劳动，从而对企业未来的财务组织架构产生重大的影响。越来越多的大型公司对财务组织架构进行了改革，将原来的职能型财务组织架构改为智能型财务组织架构。新的组织架构包括战略财务、业务财务、绩效财务和财务共享服务中心

（会计工厂）。

战略财务是指参与企业未来规划和战略决策，制定企业财务政策的财务管理体系。业务财务是指财务主动介入业务，通过实时的业务反馈和信息传递，终端的财务人员参与业务一起提升经营的效率和效果，从而为企业创造更多的价值。绩效财务是指财务参与到绩效目标设定、绩效过程管理、绩效结果评价和激励的过程。财务共享服务中心是指企业各种财务流程集中在一个特定的地点和平台来完成，通常包括财务应付、应收、总账、固定资产等的处理。

会计智能化在提高效率、控制成本、加强内控、信息共享、提升客户满意度以及资源管理等方面，会带来明显的效果。未来的管理会计将从依赖人工转向更多依靠技术。

智能化对我国管理会计发展提出的挑战在于：我国有2000多万会计从业人员，一旦大规模智能化，那么原先从事标准化程序性基础会计工作的会计人员是否会面临失业？未来的出路在哪里？

10.2.4 从聚焦内部到统筹内外

就全球化和新常态而言，企业受到全球和国内宏观经济影响的程度越来越大，因此企业不仅要练好内功，还要时刻关注外部形势的变化。传统的会计注重练内功，而管理会计则需要统筹内外。

我国企业全球化已经成为潮流。在走出去的过程中，地缘战略、政治风险、汇率风险等因素成为企业的重要风险。经济新常态下，"三去一降一补"的去产能、去库存、去杠杆、降成本、补短板成为企业面临的严峻形势。

全球化和新常态的大背景下，未来的管理会计从聚焦内部转为统筹内外，成为重要趋势之一。

全球化和新常态对我国管理会计发展提出的挑战在于：如何培养和造

就更多的国际化复合型高层次管理会计人才?

10.2.5 从规范制度到注重发现

就上述五个方面驱动力而言,企业要从规范制度、合法合规,转为发现价值、创造价值。传统会计注重合规,而管理会计则在注重合规的同时,还要注重发现。

从发现的角度出发,管理会计需要运用信息技术手段,通过智能技术,发现全球化和新常态的价值机遇和面临的挑战,并采用价值链分析、精益管理等工具,解决战略落地和执行到位的问题。发现问题、解决问题、创造价值成为管理会计的核心。

从规范制度到注重发现成为管理会计发展的重要趋势之一。这一趋势的挑战在于:需要我们颠覆对会计的传统定位,在已有的会计核算基础上,将会计的管理职能置于核心地位。

总而言之,在价值量、信息化、智能化、全球化和新常态的五股驱动力下,我国未来管理会计的发展将呈现五个趋势:从关注结果到重视过程,从书写历史到塑造未来,从依赖人工到依靠技术,从聚焦内部到统筹内外,从规范制度到注重发现。在政府部门、企业界和学术界的推动下,我国管理会计必将为国民经济的发展提供强大的驱动力。

10.3 会计会消失,还是会计师的岗位会消失

我个人的看法,会计不会消失,但大部分会计师的岗位会消失。

不管任何时代,不管任何企业,都需要计算最终的经济绩效——也就是说,需要会计的职能。因此,会计永远不会消失。

但是,与其他行业一样,标准化、程序化的工作,在将来都会被机器人替代。工厂里的蓝领工人被工业机器人替代,会计里的记账员被财务机

器人替代，银行里的柜员被自助服务机替代。这将是大势所趋，不可阻挡。因此，现有的大部分会计师的岗位会消失。

我们看看如下新闻吧。

2016年9月初，据《华尔街日报》报道，沃尔玛将削减美国后台部门职位，裁员人数达7000人。其中部分员工将被给予内部转岗选择，从事与客户接触更多的工作，促进销售和维护店面。沃尔玛发言人Deisha Barnett向CNBC证实了裁员消息。沃尔玛将在未来几个月内裁掉7000名员工，主要集中在公司后台部门，如会计、开发收据等岗位。

2017年10月，某央企的一家子公司因实施财务共享服务项目，财务部由之前的800多人锐减到100人左右。

2017年11月，英国广播公司（BBC）基于剑桥大学研究者Michael Osborne和Carl Frey的数据体系分析了365种职业在未来的"被淘汰概率"。其中，人们印象中最稳定的工作，如会计师、银行职员、政府职员，被取代的概率分别为96.8%、97.6%、96.8%。

再来看看财务机器人的进展。

2017年上半年，四大会计师事务所都推出了财务机器人。机器人流程自动化RPA将极大减少人为从事基于某些标准、大批量活动的需求。例如，普华永道机器人方案使用智能软件完成原本由人工执行的重复性任务和工作流程，不需改变现有应用系统或技术，使原先那些耗时、操作规范化、重复性强的手工作业，以更低的成本和更快的速度实现自动化。具体参见图10-1。

2017年10月15日，在上海2017中国管理·全球论坛上，金蝶重磅发布基于云端的财务机器人，金蝶财务机器人将应用云计算、大数据、图像语音识别、LBS等AI技术，为企业提供多场景全方位的智能财务服务。

因此，在未来，财务部门的组织结构，将从现有的金字塔形转变为菱形，见图10-2。

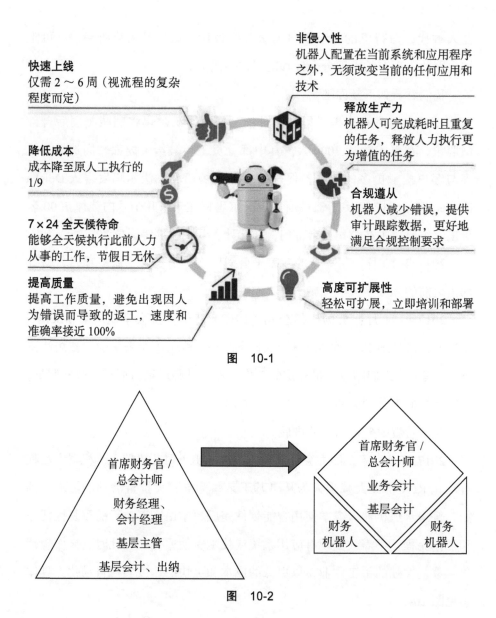

图 10-1

图 10-2

10.4 会计师未来的知识结构和能力

当会计的发展遇到信息技术，未来智能会计工厂替代会计蓝领的工作，是大概率事件了。未来，会计师的知识应该是 T 字形结构，即知识面要宽、专业知识要深。这个从财政部发布的管理会计应用指引也可以看出来：管理会计师要具备战略、投融资、预算、运营管理、成本管理、绩效管理等多方面的知识，已经远远超出了传统意义上对会计人员角色的理解和定位。皇家特许管理会计师公会的《全球特许管理会计能力框架》（简称《CGMA 管理会计能力框架》）可以作为对会计师未来能力要求的一个参考。

2012 年年初，由皇家特许管理会计师公会（CIMA）与美国注册会计师协会（AICPA）共同推出全球特许管理会计师（CGMA），旨在提升管理会计职业的全球影响力。作为两会合作的一项基础成果，2014 年 4 月，CIMA 和 AICPA 联合发布了《CGMA 管理会计能力框架》。《CGMA 管理会计能力框架》对管理会计人才提出了全面的能力标准及要求。它以道德、诚信和专业精神为基础，构建了全球特许管理会计师的四方面职业技能：技术技能、商业技能、人际技能和领导技能，具体见图 10-3。会计师需要专家级知识，从而制定战略愿景，为组织的总体方向和成功提供独特洞察力，对业务领域正式负责，其行动和决策具备高层战略影响力。

图 10-3

技术技能的知识包括：财务会计与报告、成本会计与管理、业务规划、管理报告与分析、公司财务与财资管理、风险管理与内部控制、会计信息系统、税务策略、筹划与合规。

商业技能的知识包括：战略、市场与法规环境、流程管理、商业关系、项目管理、宏观分析。

人际技能的知识包括：影响力、判断与决策、沟通、协作与合作。

领导技能的知识包括：团队建设、辅导与指导、推动绩效、激励与鼓舞、变革管理。

10.5 管理会计实践的法则和会计师的软技能

"管理会计"的核心在于管理，而管理除了知识外，更重要的是软技能的提升，否则会计师无法取得成功。管理会计是影响力的会计，是沟通的会计。通过沟通有价值的信息，参与到企业管理过程中去，帮助企业提高经济绩效。管理会计实践必须遵循几条法则：

第一条法则是影响力法则。管理会计要求会计师必须学会用接地气的语言与领导者、业务人员进行沟通，并影响他们的行为。因此，会计师要跳出会计看会计，用换位思维来思考各类问题，并提出切实可行的解决方案。会计师要学会在企业内部推销财务部门的意见和建议。

第二条是过程法则。管理会计在企业的实践不是一天两天的事情，它是个连续的过程。会计师要学会以问题为导向，按照界定问题、分析问题、制定方案、实施行动的步骤，遵循先易后难、先急后缓的原则，循序渐进地在企业中推进管理会计工作的落地。

第三条是增值法则。检验管理会计的唯一标准就是能否帮助企业提升经济绩效。只有帮助企业或业务部门增值，管理会计才能最终在企业中得到认可，并且生根发芽，具备生命力。

会计师应该具备哪些软技能呢？从现状出发，我们认为，当务之急，会计师至少应该加强如下八个方面管理软技能的学习和应用。

一是主动精神。主动精神就是做好财务会计本职工作之外的事情，能够对公司的核心使命和价值有所贡献，即做一些超出本职工作范围但是有利于公司发展的事情。当前部分会计人员缺少这种积极参与公司发展的主动意识和精神。在课堂上，很多学员会提问：老师，公司不给我多发一分钱工资和奖金，我做那么多事干什么？守好自己的一亩三分田就够了呀。这个问题犹如先有鸡还是先有蛋。我的答案是：当你有了改变，职务、工资、奖金才会有改变——正确的赚钱"姿势"不是斤斤计较于目前的工资、奖金，而是为所在的组织做出贡献。当我们无法改变外部环境的时候，能改变的唯有我们自己——有为才能有位。当然，如果为组织做出贡献但组织一直无动于衷，那么，离开所在组织也许是一个自己应该做出的选择。

二是构建管理会计师工作网络的能力。管理会计师与财务会计人员的工作区别在于：财务会计人员往往可以在办公室内通过自己来独立完成原始票据审核、凭证填制、报表编制等工作，而管理会计师则必须通过与其他部门和人员的合作来完成战略制定、降低成本、改进运营管理、提升公司绩效等工作。因此，管理会计是沟通的会计，管理会计师是沟通的会计师，构建管理会计工作网络成为管理会计必须具备的工作能力——内部控制需要网络，风险管理需要网络，成本改进需要网络，一切管理会计工作都需要网络。管理会计师只有懂得构建工作网络，才能提高工作效率，从而更好地推进并完成管理会计工作。诚如管理学大师彼得·德鲁克所言："平庸的管理者等待自己需要的信息，然后通知他人去获取信息。明星管理者明白没有知识网络，工作是难以完成的，你需要提前准备构建网络。"一个优秀的管理会计师，即使没有过高的职务，也会知道在组织内如何构建开展管理会计工作所需的网络，获得组织的支持以落实管理会计工作。

三是自我管理能力。管理工作，从管理自己开始。彼得·德鲁克的《卓有成效的管理者》一书中指出："卓有成效是管理者必须做到的事，在所有的知识组织中,每一位知识工作者其实都是管理者,即使他没有所谓的职权,只要他能为组织做出突出的贡献。管理者的成效往往是决定组织工作成效的最关键因素;并不是只有高级管理人员才是管理者,所有负责行动和决策而又有助于提高机构工作效能的人,都应该像管理者一样工作和思考。"管理会计师作为企业的一名管理人员,首先要提升自我管理能力,改进自我的工作效率和业绩,这样才能具有说服力并获取其他部门和其他人员的信任。如何提升自我管理能力?重视管理会计师的目标和绩效,只做正确的事情,记录并分析时间的使用情况,把眼光集中在贡献上,充分发挥人的长处,要事优先,有效决策。

四是换位思考能力。平庸的会计人员总是只从自己的角度看问题,优秀的管理会计师努力站在老板、同事、顾客和竞争对手的角度看问题。视角的深度使他们可以发现更好的解决方法。不仅是发现问题,更重要的是换位思考提出解决问题的方法。管理会计师的工作什么时候才能体现价值?改进体现价值——管理会计师应当发现问题,提出方案,切实改进,提升业绩——这一切都需要管理会计师不仅仅是站在会计人员的立场,更需要站在其他方的立场来思考。换位思考能力是优秀管理会计师的必备能力。

五是领导力。优秀的管理会计师不仅知道怎样提升自我的绩效,在公司中脱颖而出,而且懂得如何引领别人——通过了解他人的兴趣爱好和说服他人,能够把他人最好的一面引导出来。人们都希望领导者知识渊博,能为项目带来能量并激发其他成员的能量。当前会计人员最缺乏的就是领导力。有些学员跟我开玩笑:财务分析报告每次都写相同的问题、相同的建议,可就是无法得到解决——财务部门缺乏推动企业改变的领导力。

六是团队精神。管理会计师首先要管理好自己的工作团队。其次,管理会计师还需要积极参与能够为公司带来改变的工作团队,成为优秀的参与者。管理会计师需要积极参与到各类积极、有效工作的网络型团队中。

七是组织才能。管理会计师需要尽量处理好各种利益关系以实现自己的工作目标。在企业管理中，往往不只有一个观点是对的，而是会有许多观点并存。管理会计师需要把各类人才聚集到一起，用其所长、避其所短，推动组织的进步和改进。

八是沟通能力。当前，会计人员存在的一个问题是自娱自乐、自说自话，与大家所说的语言和思维不在一个波长上面，无法引起大家的共鸣。在正式或非正式会议上，管理会计师需要知道怎样构思自己的信息，并合理地安排以引起大家的关注。为了更好地掌握沟通能力，管理会计师应当学会如何在公司的环境中用大家可以理解的语言并用有效的方法传达这些信息。

上述软技能是可以通过学习掌握的，就像提高体育技能一样。如果会计人员确定转型的目标，要成为一名管理会计师，就应当对照上述软技能的要求，发现自己的不足之处，然后勤加练习。

第 11 章

河北联通的管理会计实践

11.1 企业简介

河北联通是河北省具有百年发展历史的通信运营企业,其历史可追溯到 1884 年成立的北洋官电局。公司的前身是 1951 年成立的河北省邮电管理局。近年来,先后经历了政企分开、邮政电信分营、移动分离、融合重组等电信体制改革。目前,公司下辖 11 个市分公司、151 个县级分公司。按照集团公司要求,成立河北省网络分公司,下辖 11 个市分公司和干线维护中心。

河北联通主要经营固定通信业务,移动通信业务,国内、国际通信设施服务业务,卫星国际专线业务,数据通信业务,网络接入业务和各类电信增值业务,与通信信息业务相关的系统集成业务等。

近年来,中国联通的资产、人员、用户和收入规模明显扩大,企业综合实力得到明显提升。目前,河北联通固定资产原值近 730 亿元,年缴纳税金 7 亿元以上,全口径用工总数达到 3.8 万人,各类电话客户、宽带客户总量达到 3800 万户。综合通信信息服务能力不仅在省内领先,在全国也名列前茅,为地方经济发展发挥了积极作用。

河北联通网络能力领先,拥有覆盖全省、通达世界的现代通信网络,积极推进固定网络和移动网络的宽带化,为广大用户提供全方位、高品质信息通信服务。截至目前,公司 2G、3G 人口覆盖率分别达到 98.3% 和

62.7%，宽带总容量接近 1500 万线，其中光纤容量 500 万线。

河北联通始终保持技术领先，在过去的 5 年时间里，河北联通成为"河北 3G 时代的领先者"，建成了省内 3G 时代技术最成熟的 WCDMA 网络，覆盖全省 5000 万人口；2012 年开通了"3.5G"技术的 HSPA+ 网络，下载速率可达 21.6M；2013 年年底进一步将全省网络提速至 42M。截至目前，河北联通 3G 用户已达 800 万户。同时，河北联通积极落实"宽带中国"战略。成功签约河北省"智慧河北"战略合作项目，与各市携手建设"数字城市""智慧城市"，加速了政务、行业、企业和家庭信息化进程。4G 时代已经到来，河北联通携独特的"4G+3G"网络优势、3G 用户规模和品牌形象优势、3G 时代所积累的运营经验优势等，致力于成为 4G 时代的行业领导者。

面对电信业创新转型和河北省深入推进信息化与工业化融合带来的新机遇和新挑战，河北联通将全面实施"移动宽带领先与一体化创新"战略，以全业务经营、3G 和 4G 发展为引擎，坚持以用户为中心，加强技术、业务、服务和管理创新，不断提升综合实力和核心竞争力，全面满足广大用户的信息服务需求，致力于成为区域信息生活的创新服务领导者，在河北省国民经济和社会信息化进程中发挥主力军作用。

11.2　企业运营变革刻不容缓

随着中国经济由高速增长调整为中高速增长，增速放缓已成为通信业的新常态。通信市场跨入 4G 竞争、存量竞争的时代，运营商通信业务收入以及数据业务收入均增幅放缓，行业形势严峻。传统电信产品面临着 OTT 业务替代的严峻挑战，电信企业营收与盈利模式已经发生根本性转变。传统电信业务萎缩已不可避免，互联网、移动商务、物联网、智慧城市等不同层次的新应用需求促进流量业务迅速增长，且增长空间巨大。但是，目前移动互联网业务收入增幅难以抵消传统语音业务下滑幅度，电信运营商被管道化的趋势愈加明显。

市场饱和与产品同质化加剧了运营商间的竞争。但对投资者和企业的长期发展而言，只有通过运营转型，提高运营效率，才是提升企业可持续盈利能力的核心。管理的集中化和互联网化不仅仅提升运营效率，也促进资源集约化，并通过加载新的通信运营服务拓展了商业模式。

困境成为推动电信企业转型的动因，"去电信化"向移动互联网型商业模式转型成为运营商面临的最后机遇。楼继伟部长提出了加快发展中国特色管理会计，促进经济转型升级的总要求，以《财政部关于全面推进管理会计体系建设的指导意见》财会〔2014〕27号为指引，全面推进河北联通管理会计体系建设，既是企业经济转型升级的迫切需要，也是可持续发展的内在需求。

11.3　管理会计视角下审视的行业资源优势

管理会计因企业行业背景、宏观环境及自身优势而不同。首先，要提高管理理念及经营认识，管理会计也体现为企业最持久的、不可复制的核心竞争优势。其次，电信运营商为应对"新常态"发展，必须要适应发展速度的变化，要适应商业模式创新与盈利模式创新驱动。最后，运营能力就是利用资源创造价值的能力，是电信企业经营转型的核心。因此，在管理会计视角下，电信企业资源独特性体现为对人、财、物的管控，以及对商务流的利用。

（1）客户资源是根本。2014年年报披露，我国电信企业拥有海量用户资源，中国联通拥有4亿存量用户群。预付费是商业转型的倍增器。

（2）用户预付费以企业预收账款的形式沉淀下来，尚没有作为拉动用户消费需求的杠杆。

（3）结算方式与征信体系是商业转型的推手。手机支付系统与手机预付费的结合，辅以征信系统，能推动小额金融消费贷款等创新性商业应用，此商业模式的成长性类比支付宝。

（4）物的联网与定位降低了交易风险。电信企业具有得天独厚的优势条件，不需要增加特别的投资与设施，就能实现对物移动定位、跟踪与管控。

（5）员工是企业价值创造力的源泉。电信企业是传统行业，在互联网时代唯一的优势就是产业互联网，员工、产品与互联网的结合构成了中国联通产业链优势三要素。

（6）平台运营能力主要是指搭建平台获取资源和对外合作获取资源，通过平台运营可以整合资源、获取资源、提高效率、降低成本。

（7）管理信息化奠定了管理会计应用的基础。信息技术的发展为管理会计应用创造了条件，细化了管理的粒度，提升了管理响应速度，信息作为资源拓展了管理幅度。

电信企业产品既是国家信息的命脉，也是联通千家万户及广大消费者的基础服务平台，其作用不可替代。河北联通作为全业务运营商，区域资源优势显著。管理会计的发展能实现企业、经销商、用户之间，实物、货币与商务流之间的融合，实现运营模式、资本运作与商务模式的转换过程中，趋近于企业的战略目标。作为面向市场化全面放开的竞争领域，由管理倒逼机制改革推动了电信企业管理的流程化、过程化、信息化，管理会计体系将在电信行业转型过程中发挥重要作用。

11.4　河北联通以价值创造为导向的运营矩阵

当变化成为一种常态时，创新就成了推动技术进步、商业模式转化和生活方式演变的驱动因素。管理会计为处于变化常态下的管理者提供决策信息、决策方法、决策实施手段、监督成果手段，体现为公司战略管理层面的长期性决策、分部及事业部层面的年度运营管理、业务流程级别的规范三个层次。

以价值创造为目标提出的三维度价值创造管理矩阵如图11-1所示,由运营维度、级次维度和管控维度组成。河北联通的管理会计体系必然与企业运营特点、业务构架和组织结构息息相关,且以此为基础。其中,管控维度以全成本的业务活动为主线,包括市场线、信息化线、行政线、运维线、建设线五类支出活动。市场线指与市场营销活动相关的成本,信息化线反映为信息化建设而投入的经费,行政线指管理职能的日常费用,运维线指电信资源的维护成本,而建设线指建设性长期资本投入。级次维度按省、市、县、基层单元分为四级,这是传统的运营组织构架,政令自上而下传达,任务自下而上汇总,管控能力和执行力随着层级呈现逐层衰减趋势。管控维度主要围绕业务活动的执行过程分为组织职能层面、控制活动层面和能力及提升层面。

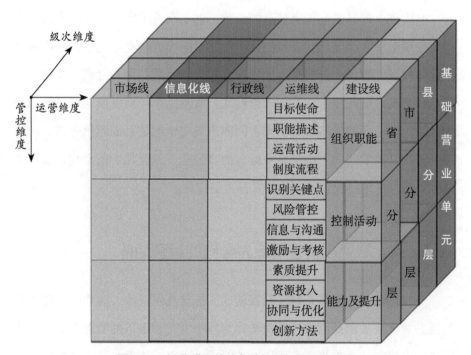

图11-1 河北联通价值创造为目标的运营矩阵

11.4.1 级次维度

级次维度与运营维度之间因职责的不同而存在不同的内在联系。以市场活动为例，业务活动自下而上汇集，市场是由基层单元完成客户受理和维护，而品牌的影响度和市场营销策略却是自上而下实施。对于所实现的收入活动而言，自下而上，层层汇总，层层考核。而对于销售费用而言，依据市场活动所影响的受众范围，逐层按区域分解。因此，运营维度的活动与所在层次直接相关，某类活动在不同的层次，有着不同的管理目标，并适用不同的管控方法。不同的管理层级，不同的使命，某类活动所消耗资源占总经费的比例不尽相同，管控方法、管理目标和管理的精细化程度均存在差异。

11.4.2 运营维度

运营维度按全成本线及其业务活动属性和特点，与运营特性相关，与规划相关，与组织构架及省公司设计的运营模式相关。支出线划分的业务遵循战略层面集团协调，利用规划、计划、预算控制等手段分解到项目投入的产出。运营维度以市场为起点，分别反映业务活动或支出所创造的价值与时间的关系程度。市场线支出为与市场策略和活动直接相关的支出，信息化支出为企业搭建了信息化支撑平台而投入的资源，行政性支出为公司日常管理提供了保障条件，运营线支出维护了网络资源及通信系统的日常运转。

11.4.3 管控维度

基于业务与职能为主线的管理矩阵纵向分为组织职能、控制活动和能力提升三个层面。组织职能层面首先提出了目标，目标对应着某个职能部门的使命，以年度预算为起点，提出了业务活动和职能部门之间的关系，反映业务活动规则与承担主体的内在联系，且每个级次维度各个支出线消耗资源所需要完成的各类行为和活动，通过制度和规范对业务行为的流程和规范进行定义。组织职能层面所涉及的内容就是部门职责、岗位职责、业务规范等相关文件定义的内容在该矩阵坐标的描述。

控制活动层面包括管理短板、风险管控、沟通与信息化、绩效激励四个层面，反映了由识别运营管理短板、识别风险到绩效考核监督构成闭环的各个环节。管理是一个制定目标、识别偏差、修正方法或目标的过程，识别管理短板是一个提升管理能力，实现企业价值创造的过程。偏差意味着不确定性及其代表的风险，消除偏差的过程就是风险管控的过程。在进行偏差识别和管控的过程中，沟通是必要的。管理的约束及业务的主动性均来自于绩效与考核。控制层面描述了业务和经济行为活动的关系，构成财务与业务管理的对象和实体。

能力提升层面主要描述的是价值再创造及扩大价值再创造能力的驱动因素及方法，包括素质提升、资源投入、协同与优化提升、创新提升四种类型。这四种类型分别代表了生产力改善、资源投入加大、内在管理的改善、产品技术方法的创新等方面。

11.5　以创造价值为目标的河北联通运营变革路径

应该说，当下电信企业已经步入决定命运与发展的抉择点。一方面是固守传统的产品和服务，逐步萎缩为通信管道的提供者。另一方面，却又掌握着用户、结算方式、信用评价、移动定位、电子商务、区域布局、人才优势等，成为移动互联网经济、物联网产业、智能生活的推动者和参与者，使得向互联网金融、电商平台、物流及个性化服务平台等融合业务转型，向领先的及未认知的商业模式转型成为可能。

11.5.1　在业务层面深入细节，以精细管理提升竞争力

管理会计对企业价值创造的影响取决于对业务过程及信息的管控。传

统会计核算模式下，基于凭证数据的成本管控与预算控制就只是数字游戏，无法对市场研判、绩效激励、效率提升、效益目标的管理提供支撑，企业的价值创造过程将不可控。因此，企业对产品、资金、投入、产出效益与效率的关注比以往更迫切，精细化管理促进了管理向业务活动级深入。

深入是指从业务活动、组织层次、实物量化与货币化计量等维度，运用管理会计的方法强化对经济和运营活动的过程管控，利用"开源"和"节流"提升企业资源的利用效率和管理效益，提升企业价值创造能力。深入的管理会计内涵还包括利用海量数据的关联性分析，挖掘信息资源的内在商业价值。

在当前资费竞争过度、用户趋于饱和、行业政策多重的环境下，运营能力已经成为电信运营商的核心竞争力，运营能力的提升成为市场价值发展转型的关键所在。只有通过产业链与产品链环节分析业务内在联系与模型，以实现层次化与差别化考核，才能建立不同层次绩效与责任体的关联度。企业在绩效考核过程中，呈现层级、关联及差异化的特点，基于活动进行细化的管理模式对管理体制与经营模式变化具有更强的适应性。只有推动面向业务活动的会计管理，才能打破会计在核算及计量方面的制约，提升企业的运营能力。

移动互联网时代的到来，颠覆了传统商业模式。联通的管理会计实践围绕预算管理、全成本数据应用、细化网络核算、人工成本分配、网上商城、沃易购等核心业务推动财务转型，ERP与业务系统创造了海量数据，为企业管理提供了更细致、多维度、多角度、多层次的数据展现。面对瞬息万变的市场环境，企业决策也由事后管理向事中、事前管控转化，实时管控与决策支撑、预测与风险管控等管理需求均对会计人员提出了更高的要求。

市场策略与客户成本的组合应用，促进了企业价值创造能力和资源效率的统一。电信企业通过对内抓管理、对外抓市场、优化网络投入，提升客户认同感，向管理要效益。联通利用关联市场业务，在海量数据基础上，分析业务活动与价值创造的内在联系；通过科学地细分市场，把握消费需求变化对企业价值创造的影响，提升产品的市场价值；通过推进财务与业务的融合，拓展会计管理职能，提升企业精细化管理能力；通过同质低价和同价优质的产品策略取胜市场份额。同质低价采用集中低成本战略，需要有较强的成本控制水平和渠道能力；同价优质采用集中差异化战略，需要建立面向客户的战略成本体系，有针对产品、客户级别的成本测算能力。

总之，商业机遇与挑战并存，机制能否支撑转型是电信企业成败的关键。绩效考核、风险管控、流程优化、激发活力等措施，均是企业深入业务活动的细节，实现运营转型某个侧面，而非全部。管理会计是管理实践的创新，通过实践不断丰富与完善管理体系，而不是在EMBA的课堂上。

11.5.2 在运营层面融合发展，拓展市场领域创造价值

随着移动互联网时代的到来，为适应网络化的用户和营销体系，三家电信企业均加快了运营转型，推进价值创造向产业链上下游转移，或以多产品融合打包的策略实现价值创造目标。融合是指对产品和服务向产业链上下游的拓展，利用移动互联时代的产品跨界和功能融合特性，通过市场策略拓展产品与服务领域，促进企业商业模式的转型，打造企业价值创造力。

业务融合首先要融入产业链和价值的增值过程，以产品融合提升差异化的竞争能力，以产业融合带动商业模式转型。中国联通的沃·家庭产品就是一个很好的融合业务案例，该业务是面向家庭客户提供基于高速宽带及3G/4G特征的，集固定电话、手机、宽带、增值应用及家庭服务于一体

的融合套餐产品。跨界产品的核算与利益的相关性直接影响绩效考核的多元化、利益长期化，以及价值创造的非显性化。

在融合业务模式下，运营商具有一定的天然优势。企业的盈利模式由单产品向组合产品演变，往往一种或一类产品免费，另一种产品收费，或多个终端产品共享服务并集中计费。融合模式将价值创造向产业链或产品系列拓展，在拉动市场的同时，其成本核算模式、绩效考核模式、盈利模式均变得更复杂。除了产品维度和过程维度外，还附加了供应链、产品生命周期、专业及部门等维度，给传统的量本利分析、作业成本、资源配置、预算体系等管理会计方法带来全新挑战。

11.5.3 在战略层面资本运作，以杠杆创造价值谋长远

谋长远是指企业采用战略投资及资本运作手段，利用资本及资金优势，通过战略投资方向转变与商业模式转型，促进企业由实体运营向资本运作与股权经营模式转变，进而拓展产业链，整合行业资源，提升抗风险能力，以实现企业中长期战略目标。

随着移动互联网时代的到来，通信企业需要在产业链中重新定位，寻求新的市场突破和市场地位。在运营转型的同时，也开启并购重组和资本投资，通过资金、网络覆盖上的互补，以及并购等资本杠杆手段大大改善企业的盈利情况。从战略布局角度考虑，以资本为纽带，以产业为抓手，以资本运作带动企业转型成为传统电信企业普遍采用的方法。资本方式促进企业转型过程中，业务形态稳中求变，体制与机制转变过程中实现高效、快速、差别化与市场化。以技术驱动产品形态，创新驱动新业务形态，产业融合商业模式，资本运作整合资源。在逐利的同时，实现企业价值创造与风险分担的管理目标。

新常态下的通信行业发展，须以移动互联网为基础，通过创新提升效率，通过创新实现价值。运营商在人才、技术、运营、管理、网络等方面

的优势，将成为创新并获取市场地位、加快发展速度的绝对动力。通信企业与金融企业融合，发展互联网金融及小额信贷，利用用户优势、支付结算、信用体系等向互联网金融企业转型。另外，物联网的应用对通信技术提出了新的要求，传统运营厂商只有融入智能家居、智慧城市、云办公与云计算等新兴产业和市场，才能避免任由内容及服务商家宰割的命运。将企业盈利模式向全产业链转移，提升用户对品牌的黏性；采用免费或低价通信模式，吸引用户向商务平台及电子平台转移。

总之，运用资本杠杆能提升效益，提高竞争力，至少能给企业争取更长的时间推进业务转型。但电信企业的根本出路仍然是彻底改革商业模式，适应由互联网技术推动的社会发展需求，否则最终难以摆脱被淘汰的厄运。

11.6　河北联通基于价值创造的管理会计实践

自2012年以来，河北联通的收入利润率、固定资产回报率与行业平均差距逐年扩大，市场份额亟待提升，宽带主导地位急需稳固，移动业务发展质量有待提高。为此，河北联通提出了"二次创业"的思路，将财务管理作为实施的助推器，加速经营模式和增长方式的转变，提出以"管理创新"和"价值创造"为核心，建立由基础规范控制风险、支撑服务提升能力、管理会计引领价值创造三个层次组成的财务管理体系（见图11-2）。三个层次相互支撑且融为一体：通过优化制度、流程及加强内部控制等，夯实管理基础，控制财务风险；通过财务业务一体化及实施财务集中共享等，强化财务向业务全过程渗透；通过责权重构、资源下沉及预算趋准、市场化配置等，构建具有特色的管理会计体系，引领价值创造。而构建基于价值创造的管理会计体系是整个财务管理体系的核心内容。

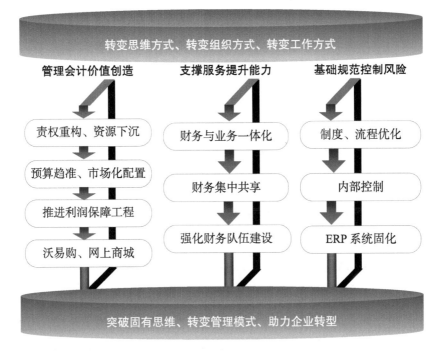

图 11-2　基于价值创造的财务管理体系

11.6.1 激发基层责任单元活力，重构"责、权、利"经营体系

河北联通通过划小基层核算单元，采用去行政化、职能化的手段强化基层的专业化能力，重构了任务到位、资源到位、激励到位、直面市场的"责、权、利"一体化运营体系。在横向业务间，通过设计内部劳务及资源使用的虚拟结算体系，强化了各专业线基于毛利的管理目标。纵向看，将可管、可控、可提升价值创造能力的各类资源下沉到基层责任单元，赋予基层责任单元与此相关的人、财、物管理权，实现"任务、资源、权利、激励"等纵向穿透。同时，建立简单、直观的考核激励机制，以绩效激励价值创造和任务目标，确保配套各项改革的资源包、任务包、权利包到位，达到激发基层经营团队活力的目标。此外，采用行为红线控制基层责任单元风险，利用财务共享、内部电子商城、信息化系统等手段实现资金流、物流的分离，在资源下沉的基础上，实现了公开、透明、实时的业务活动管控。

通过激发基层责任单元活力改革，河北联通将资源配置由省、市、县、乡四级逐层分解优化为三级垂直专业化管控，倒逼各项管理支撑，确保资源切实下沉。激发基层责任单元活力改革实现了资源投入与任务挂钩、业务发展与绩效挂钩、企业价值与个人薪酬挂钩的目标。

11.6.2 构建财务业务一体化体系，实现管理联动

河北联通以规范公司运营行为为发端，按内部价值形成机制建立了财务业务一体化体系（见图11-3），明确了财务支撑前端业务的职责，引导财务管理渗透至产品、渠道、商业模式、会计政策、风险防范等方面，推进财务职能由事后控制向事前、事中转移，由会计核算向决策支撑、风险管控转移。主要做法：一是聚焦重点业务，对重点业务部门实行"专人负责、一点接入、内部协调"的工作机制；二是成立跨部门工作组，引领财务人员深入业务前端，预判政策风险，推进全业务渗透过程中财务与业务部门的融合；三是将预算管理前移，实施市场化资源配置，实现事中管控，及时纠偏；四是构建决策与评估模型，建立评估、评价指标池，为业务部门提供数据、运营、政策支撑，为管理层决策提供建议。

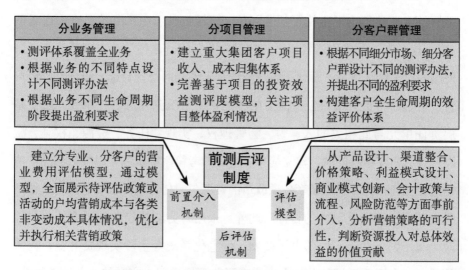

图 11-3 全业务渗透的财务业务一体化体系

联通在构建管理会计体系、助力企业转型的过程中有如下体会。

11.7.1 认识实施管理会计引领价值创造的重要性,并制定相应办法加以分步实施

为实施基于价值创造的管理会计体系,河北联通制定了五步法分阶段实施路径:第一是业务规范化、信息化阶段。以 2008 年《企业内部控制基本规范》和 2010 年总公司建成的 ERP 及其外围系统为标志,为企业搭建了基础会计环境和财务管理平台。第二是信息共享阶段。以 2012 年开始启动的财务共享和上线的网上商城为标志,在全省范围内实现了信息流、资金流、实物流共享。第三是运营模式变革阶段。以 2013 年启动激发基层责任单元活力改革为代表,拉开了以组织构架转型促进运营模式变革的大序幕。第四是大数据阶段。以 2014 年启动的精准化营销项目为代表,构建领先的信息服务网络。第五是运营能力与商业模式融合阶段。以 2014 年公司上线的"沃易购"平台为代表,开启了河北联通商业模式创新应用的新时代。

11.7.2 推动省、分公司职能的转变,发挥引领作用

河北联通拥有丰富的设备、场地等物化资源,还有客户、人才、社会影响力等非物化资源。如何有机协调资源、发挥更大作用是河北联通需要进一步探索的课题。财务转型与运营变革相辅相成。为实现战略目标,做优、做强企业,河北联通发挥总部引领作用,以思维方式转变带动组织方式、工作方式的转变。省本部职能向产品策划和制定价格策略转型,而地市分公司则向渠道运营与促销组织转型。

11.7.3 管理会计要以公司战略为导向,持续深化"集中化、扁平化、专业化"的变革

管理会计在助力企业转型和价值提升的过程中,要以战略落地、价值

理、经营管控,改变了传统的产业链经营模式和价值分配模式,强化了电信运营商在产业链中的核心地位。自 2014 年 6 月"沃易购"平台正式上线以来,渠道采购成本较之前平均下降 7%,产品销售周期由 8 天降低至 3 天以内。转变的商业模式带来了明显的经济效益和社会效益。

11.6.6 搭建财务共享平台,促进财务职能向决策支撑、风险管控转化

2014 年 7 月,河北联通实现了全省范围内的财务共享,设立省财务共享中心,集中提供会计核算、资金支付、数据支撑、流程管理等标准化的财务服务,通过会计作业流程制度化、稽核标准化、资金收付规范化,确保财务信息的准确性、相关性和及时性,有效防范资金及资源管控风险。财务共享平台在实现共享信息、压缩管理层级、提高效率的同时,为财务管理搭建了由事后控制向事前、事中控制转移的平台,促进财务职能向决策支撑、风险管控转化。

自财务共享平台实施以来,从事基础业务的人员由 170 人降为 43 人,财务资源大幅优化。平台报账业务处理量达 99% 以上,手工核算业务较共享前下降 45%,财务信息质量大幅提升。单业务周期处理时效较共享前优化 37%,工作效率大幅提升。未达账项下降近 50%,借款额下降 23%,有效降低了财务风险。

11.7 河北联通构建管理会计体系、助力企业转型的启示

在助力企业转型的过程中,各项管理会计方法不是独立个体,而是相辅相成甚至互为基础、互为条件的有机整体。各种管理会计方法均在业务活动管控过程中体现出管理价值,又都围绕着相同的企业战略持续完善。随着企业深化转型和外部环境的变化,管理会计方法也应顺势而变。河北

为载体推进面向客户市场活动的管控，制定了 47 项市场过程管控要点，围绕销售毛利率设置了 20 项后评价指标；针对网络维护和建设，采用集中化和项目化的管理手段，实施作业成本管理；2012 年年初，以精益成本管理为目标搭建了立体化的利润保障体系，针对产品与收入保障、资产与物资管理、运营成本管理、投资与采购管理、资金与债务管理、人力资源管理 6 项利润源，拟定了《利润源项目及对应策略措施指南》，并辅以纵向到岗的责权体系指导业务活动；2013 年，以财务报表指标为出发点，实施全要素价值管理、授权审批一体化等管理措施；2014 年，通过优化重点，聚焦收入增长、资源配置、资产效率等价值动因，完善了全要素价值管理框架，推进客户价值管理，强化月度预测监控。

自精益成本管理实施以来，公司取得了较好的成效：河北联通通过实施利润保障计划直接增收 2.8 亿元，节支 2.9 亿元；盘活网络资产 4.3 亿元，节省投资 3.76 亿元；实现光进铜退净收益 3.1 亿元；房产直接出租实现收入 1.8 亿元；其他间接收益 6.2 亿元。

11.6.5　拓展互联网应用，实现业务活动全生命周期管控

河北联通依托"内部电子商城"提升供应链管理水平，积极推进业务活动"去现金化、去行政化、去库存化"。建立了"供应商选择—商品比价—预算下达—订单生成—资金结算—成本核算"管理环节分离、IT 系统串联控制的全流程管控机制，一揽子解决了物资供应、流程优化、风险控制的问题。目前，河北联通"内部电子商城"上线物资达 4.62 万件，年交易额为 2.5 亿元，节约资金 4000 万元。自启动"内部电子商城"以来，业务报销由原来每季度 30 000 余笔降低至 3000 笔。企业的物资采购效率、成本核算效率和资金结算效率也大幅提升。

构建"沃易购"平台，整合产业链资源，实现了物流、信息流和资金流实时、全过程管控的目标。该平台通过资源分发、信息发布、业务受

财务业务一体化体系自实施以来，河北联通累计评估营销方案 688 项，否决不合格方案 35 项，增加效益 7520 万元；累计评估集团客户投资项目 2716 项，涉及金额 11.6 亿元，否决不合格项目 15 项，压缩投资 3455 万元；评估 2019 个乡村宽带接入项目，涉及投资金额 11.73 亿元，否决不合格项目 1471 个，否决低效投资 2745 万元。

11.6.3 创新预算管理方式，推动企业效益最大化

按照公司运营模式转型的有关要求，河北联通启动了预算趋准与市场化资源配置相结合的创新模式，建立效益导向的动态预算管理机制，推动预算管理由资源导向型向目标导向型转化。具体做法为：按照"高目标牵引、高资源配置、高激励协同"的原则建立预算趋准机制，鼓励自我提升，以解决预算目标分解过程中上下层级因信息不对称而存在的博弈；采用基准预算与增量预算相结合的资源配置模式，对分档设置的预算增量收入累进配置资源与激励薪酬；运用收入目标函数测算考核得分，申报越趋准，考核分值越高；对于申报的增量预算收入，构建公开、透明的资源分配规则，并以预配或借贷机制，牵引资源向高价值创造区流动；利用基准利润对标设置 A、B、C 三档收入预算目标，按增幅分段配置资源及激励薪酬，鼓励自我挑战。

2012 年，全省 11 个地市中只有 8 个申报预算目标高于省公司下达指标，而到 2013 年、2014 年，全部地市申报目标均高于省公司预期。创新的预算分配措施大大减少了省、市分公司预算分解时的博弈，使预算更趋于精准。

11.6.4 实施精益成本管理，提升资源配置效益

精益成本管理理念是以客户价值增值为导向，融合精益供应链、精益产品设计、精益生产服务等环节，将精益管理思想与成本管理思想相结合，形成一种全新的成本管理理念。河北联通的具体做法为：以营销方案

驱动、消除制约瓶颈为导向开展工作。以"信息生活的创新服务领导者"为愿景，实现"聚焦增长，提升效率，三分天下有其一"的战略目标过程中，河北联通的管理会计聚焦收入增长、资源配置、资产效率、客户感知、风险动因等管理目标，依托人员转型和流程优化、IT系统支撑构建了精细化价值创造体系。此外，深化财务转型要坚持融入系统、融入流程、融入业务，并在激发基层责任单元活力的基础上，持续推进组织架构变革，强化专业化服务支撑能力，降低变革风险，提升运营效率。

参考文献

[1] 王斌，顾惠忠. 内嵌于组织管理活动的管理会计：边界、信息特征及研究未来 [J]. 会计研究，2014(1):13-21.

[2] 郭永清. 基于目标和质量特征的管理会计概念框架研究 [R]. 财政部课题报告，2015.

[3] 郭永清. 中国企业业财融合问题研究 [J]. 会计之友，2017.

[4] 郭永清. 不同竞争策略下的公司财报特征 [J]. 会计之友，2017.

[5] 郭永清. 从投资活动现金流量看公司的战略 [J]. 商业会计，2017.

[6] 郭永清. 管理会计师需要提升的管理软技能 [J]. 中国会计报，2017.

[7] 郭永清. 管理会计涵盖的边界及其面临的挑战 [J]. 财务与会计导刊，2016(12):1.

[8] 李扣庆. 管理会计应用必须坚持问题导向 [J]. 中国会计报，2015(5).

[9] 郭永清，李扣庆. 管理会计发展的驱动力与未来趋势 [J]. 管理会计研究，2017.

[10] 薛杰，乔菲，郭永清. 论管理会计的概念框架的逻辑起点 [J]. 会计之友，2017(4).

[11] 郭永清. 河北联通业财融合的实践 [J]. 财务与会计，2017(3).

[12] 郭永清. 管理会计涵盖的边界及其面临的挑战 [J]. 财务与会计导刊，2016(12).

[13] 郭永清. 产能过剩的管理会计解读与启示 [J]. 会计之友，2016(5).

[14] 郭永清. 财务部门功能塑造浅谈 [J]. 新会计，2016(5).

[15] 郭永清. 企业管理会计目标研究 [J]. 中国农业会计，2015(11).

[16] 郭永清. 企业管理会计应用工具研究 [J]. 新会计，2015(9).

[17] 郭永清，夏大慰. 基于公司治理的内部控制整合研究 [J]. 商业经济与管理，2009(7).

[18] 郭永清，任刚. 上海大众滚动预算的编制 [J]. 财务与会计（综合版），2009(3).

[19] 郭永清. 战略管理会计的兴起与发展 [J]. 财经问题研究，2004(3).

[20] 郭永清. 财务报表分析与股票估值 [M]. 北京：机械工业出版社，2017.

[21] 彼得·德鲁克. 管理的实践 [M]. 北京：机械工业出版社，2009.

[22] 彼得·德鲁克. 成果管理 [M]. 北京：机械工业出版社，2009.

[23] 彼得·德鲁克. 下一个社会的管理 [M]. 北京：机械工业出版社，2009.

[24] 彼得·德鲁克. 巨变时代的管理 [M]. 北京：机械工业出版社，2009.

[25] 彼得·德鲁克. 人与绩效 [M]. 北京：机械工业出版社，2009.

[26] 彼得·德鲁克. 管理：使命、责任、实务 [M]. 北京：机械工业出版社，2009.

[27] 彼得·德鲁克. 德鲁克管理思想精要 [M]. 北京：机械工业出版社，2009.

[28] 彼得·德鲁克. 创新与企业家精神 [M]. 北京：机械工业出版社，2009.

[29] 彼得·德鲁克. 管理未来 [M]. 北京：机械工业出版社，2009.

[30] 孙茂竹，文光伟，杨万贵. 管理会计学 [M]. 北京：中国人民大学出版社，2015.

[31] 吴大军，牛彦秀. 管理会计 [M]. 大连：东北财经大学出版社，2017.

[32] 宋献中，胡玉明. 管理会计：战略与价值链分析 [M]. 北京：北京大学出版社，2006.

[33] 美国管理会计师协会. 管理会计公告 [M]. 刘霄伦，译. 北京：人民邮电出版社，2013.

[34] 林毅夫，董先安. 信息化、经济增长和社会转型 [R]. 国家信息化领导小组委托课题报告，2003.

[35] 上海国家会计学院，CIMA，安永会计师事务所. 业财融合 2016[R]，2016.

[36] CGMA. 管理会计师的基本工具：支持企业取得可持续成功的工具和技术 [R]，2013.

[37] 艾尔弗雷德·斯隆. 我在通用汽车的岁月 [M]. 刘昕，译. 北京：华夏出版社，2005.

[38] 迈克尔·波特. 竞争战略 [M]. 陈小悦，译. 北京：华夏出版社，2005.

[39] 郭永清. 透视公司财报数字 [M]. 大连：大连出版社，2011.

会计极速入职晋级

书号	定价	书名	作者	特点
66560	49	一看就懂的会计入门书	钟小灵	非常简单的会计入门书；丰富的实际应用举例，贴心提示注意事项，大量图解，通俗易懂，一看就会
44258	49	世界上最简单的会计书	（美）穆利斯 等	被读者誉为最真材实料的易懂又有用的会计入门书
71111	59	会计地图：一图掌控企业资金动态	（日）近藤哲朗 等	风靡日本的会计入门书，全面讲解企业的钱是怎么来的，是怎么花掉的，要想实现企业利润最大化，该如何利用会计常识开源和节流
59148	69	管理会计实践	郭永清	总结调查了近1000家企业问卷，教你构建全面管理会计图景，在实务中融会贯通地去应用和实践
69322	59	中小企业税务与会计实务（第2版）	张海涛	厘清常见经济事项的会计和税务处理，对日常工作中容易遇到的重点和难点财税事项，结合案例详细阐释
42845	30	财务是个真实的谎言（珍藏版）	钟文庆	被读者誉为最生动易懂的财务书；作者是沃尔沃原财务总监
64673	79	全面预算管理：案例与实务指引（第2版）	龚巧莉	权威预算专家精心总结的实操经验，大量现成的制度、图形、表单等工具，即改即用
75747	89	全面预算管理：战略落地与计划推进的高效工具	李欣	拉通财务与经营人员的预算共识；数字化提升全面预算执行效能
75945	99	企业内部控制从懂到用（第2版）	冯萌 等	完备的理论框架及丰富的现实案例，展示企业实操经验教训，提出切实解决方案
75748	99	轻松合并财务报表：原理、过程与Excel实战（第2版）	宋明月	87张大型实战图表，教你用EXCEL做好合并报表工作；书中表格和合并报表编制方法可直接用于工作实务
70990	89	合并财务报表落地实操	蔺龙文	深入讲解合并原理、逻辑和实操要点；14个全景式实操案例
69178	169	财务报告与分析：一种国际化视角	丁远 等	从财务信息使用者角度解读财务与会计，强调创业者和创新的重要作用
64686	69	500强企业成本核算实务	范晓东	详细的成本核算逻辑和方法，全景展示先进500强企业的成本核算做法
74688	89	优秀FP&A：财务计划与分析从入门到精通	詹世谦	源自黑石等500强企业的实战经验；七个实用财务模型
75482	89	财务数字化：全球领先企业和CFO的经验	[英]米歇尔·哈普特	从工程师、企业家、经济学家三个视角，讨论财务如何推动企业转型的关键杠杆
74137	69	财会面试实用指南：规划、策略与真题	宋明月 等	来自资深面试官的真实经验，大量面试真题
55845	68	内部审计工作法	谭丽丽 等	8家知名企业内部审计部长联手分享，从思维到方法，一手经验，全面展现
72569	59	超简单的选股策略：通过投资于身边的公司获利	爱德华·瑞安	简单易学的投资策略，带你找到对你来说有可能赚钱的股票，避免错过那些事后会后悔没买进的好股票
73601	59	逻辑学的奇妙世界：提升批判性思维和表达能力	[日]野矢茂树	资深哲学教授写作的有趣入门书；适合所有想在工作、学习和生活中变得更有逻辑的人
69738	79	我在摩根的收益预测课：用Excel高效建模和预测业务利润	（日）熊野整	来自投资银行摩根士丹利的工作经验；详细的建模、预测及分析步骤；大量的经营模拟案例
60448	45	左手外贸右手英语	朱子斌	22年外贸老手，实录外贸成交秘诀，提示你陷阱和套路，告诉你方法和策略，大量范本和实例
70696	69	第一次做生意	丹牛	中小创业者的实战心经；赚到钱、活下去、管好人、走对路；实现从0到亿元营收跨越
70625	69	聪明人的个人成长	（美）史蒂夫·帕弗利纳	全球上亿用户一致践行的成长七原则，护航人生中每一个重要转变

财务知识轻松学

书号	定价	书名	作者	特点
71576	79	IPO财务透视：注册制下的方法、重点和案例	叶金福	大华会计师事务所合伙人作品，基于辅导IPO公司的实务经验，针对IPO中最常问询的财务主题，给出明确可操作的财务解决思路
58925	49	从报表看舞弊：财务报表分析与风险识别	叶金福	从财务舞弊和盈余管理的角度，融合工作实务中的体会、总结和思考，提供全新的报表分析思维和方法，黄世忠、夏草、梁春、苗润生、徐珊推荐阅读
62368	79	一本书看透股权架构	李利威	126张股权结构图，9种可套用架构模型；挖出38个节税的点，避开95个法律的坑；蚂蚁金服、小米、华谊兄弟等30个真实案例
70557	89	一本书看透股权节税	李利威	零基础50个案例搞定股权税收
62606	79	财务诡计（原书第4版）	（美）施利特 等	畅销25年，告诉你如何通过财务报告发现会计造假和欺诈
70738	79	财务智慧：如何理解数字的真正含义（原书第2版）	（美）伯曼 等	畅销15年，经典名著；4个维度，带你学会用财务术语交流，对财务数据提问，将财务信息用于工作
67215	89	财务报表分析与股票估值（第2版）	郭永清	源自上海国家会计学院内部讲义，估值方法经过资本市场验证
73993	79	从现金看财报	郭永清	源自上海国家会计学院内部讲义，带你以现金的视角，重新看财务报告
67559	79	500强企业财务分析实务（第2版）	李燕翔	作者将其在外企工作期间积攒下的财务分析方法倾囊而授，被业界称为最实用的管理会计书
67063	89	财务报表阅读与信贷分析实务（第2版）	崔宏	重点介绍商业银行授信风险管理工作中如何使用和分析财务信息
58308	69	一本书看透信贷：信贷业务全流程深度剖析	何华平	作者长期从事信贷管理与风险模型开发，大量一手从业经验，结合法规、理论和实操融会贯通讲解
75289	89	信贷业务全流程实战：报表分析、风险评估与模型搭建	周艺博	融合了多家国际银行的信贷经验；完整、系统地介绍公司信贷思维框架和方法
75670	89	金融操作风险管理真经：来自全球知名银行的实践经验	（英）埃琳娜·皮科娃	花旗等顶尖银行操作风险实践经验
60011	99	一本书看透IPO：注册制IPO全流程深度剖析	沈春晖	资深投资银行家沈春晖作品；全景式介绍注册制IPO全貌；大量方法、步骤和案例
65858	79	投行十讲	沈春晖	20年的投行老兵，带你透彻了解"投行是什么"和"怎么干投行"；权威讲解注册制、新证券法对投行的影响
73881	89	成功IPO：全面注册制企业上市实战	屠博	迅速了解注册制IPO的全景图，掌握IPO推进的过程管理工具和战略模型
70094	129	李若山谈独立董事：对外懂事，对内独立	李若山	作者获评2010年度上市公司优秀独立董事；9个案例深度复盘独董工作要领；既有怎样发挥独董价值的系统思考，还有独董如何自我保护的实践经验
68080	79	中小企业融资：案例与实务指引	吴瑕	畅销10年，帮助了众多企业；从实务层面，帮助中小企业解决融资难、融资贵问题
74247	79	利润的12个定律（珍藏版）	史永翔	15个行业冠军企业，亲身分享利润创造过程；带你重新理解客户、产品和销售方式
69051	79	华为财经密码	杨爱国 等	揭示华为财经管理的核心思想和商业逻辑
73113	89	估值的逻辑：思考与实战	陈玮	源于3000多篇投资复盘笔记，55个真实案例描述价值判断标准，展示投资机构的估值思维和操作细节
62193	49	财务分析：挖掘数字背后的商业价值	吴坚	著名外企财务总监的工作日志和思考笔记；财务分析视角侧重于为管理决策提供支持；提供财务管理和分析决策工具
74895	79	数字驱动：如何做好财务分析和经营分析	刘冬	带你掌握构建企业财务与经营分析体系的方法
58302	49	财务报表解读：教你快速学会分析一家公司	续芹	26家国内外上市公司财报分析案例，17家相关竞争对手、同行业分析，遍及教育、房地产等20个行业；通俗易懂，有趣有用